普通高等教育经管类专业"十三五"规划教材

管理会计

(第2版)

钱文菁　主编

清华大学出版社
北　京

内容简介

本书基于学科发展和课程教学的需要，结合财政部《管理会计应用指引》的相关规定，对管理会计的基本概念进行介绍，并且详细阐述了变动成本法、本量利分析法、预测分析法、短期经营决策、长期投资决策、全面预算、标准成本法、责任会计、作业成本法等管理会计工作中主要涉及的决策方法。同时，本书结合新时期经济发展的特点，探讨了管理会计发展的前沿问题。

本书通过课堂讨论的形式，融入课程思政元素，可作为高等院校会计、财务管理专业的教学用书，也可供需要学习管理会计知识的相关人士参考使用。

本书封面贴有清华大学出版社防伪标签，无标签者不得销售。

版权所有，侵权必究。举报：010-62782989，beiqinquan@tup.tsinghua.edu.cn。

图书在版编目(CIP)数据

管理会计 / 钱文菁主编. —2版. —北京：清华大学出版社，2021.1（2024.8重印）
普通高等教育经管类专业"十三五"规划教材
ISBN 978-7-302-56995-4

Ⅰ.①管… Ⅱ.①钱… Ⅲ.①管理会计—高等学校—教材 Ⅳ.①F234.3

中国版本图书馆 CIP 数据核字(2020)第 231933 号

责任编辑：崔 伟 高晓晴
封面设计：周晓亮
版式设计：孔祥峰
责任校对：马遥遥
责任印制：宋 林

出版发行：清华大学出版社
网　　址：https://www.tup.com.cn，https://www.wqxuetang.com
地　　址：北京清华大学学研大厦A座　　　邮　编：100084
社 总 机：010-83470000　　　　　　　　　邮　购：010-62786544
投稿与读者服务：010-62776969，c-service@tup.tsinghua.edu.cn
质 量 反 馈：010-62772015，zhiliang@tup.tsinghua.edu.cn

印 装 者：大厂回族自治县彩虹印刷有限公司
经　　销：全国新华书店
开　　本：185mm×260mm　　印　张：16　　字　数：366千字
　　　　　（练习册1本）
版　　次：2014年7月第1版　　2021年2月第2版　　印　次：2024年8月第3次印刷
定　　价：55.00元

产品编号：089576-01

第 2 版前言

随着经济的飞速发展和金融环境的不断变化，管理会计的内容也在逐步拓展与丰富。2014 年 10 月 27 日，中华人民共和国财政部发布《关于全面推进管理会计体系建设的指导意见》，旨在推进管理会计理论体系建设，自此我国管理会计的理论与实践日渐丰富。

党的二十大报告提出，要"团结带领全国各族人民全面建成社会主义现代化强国、实现第二个百年奋斗目标，以中国式现代化全面推进中华民族伟大复兴"。中国式现代化建议要以经济建设为中心，要推动经济高质量发展。推动高质量发展的过程中，要不断"完善中国特色现代企业制度，弘扬企业家精神，加快建设世界一流企业"。

本书第一版自出版以来，陆续收到很多读者的宝贵意见和建议。为了适应新时期经济发展的需求变化，以及这些变化给会计行业带来的新的挑战，我们重新修订了这本教材。本次修订的内容主要包括以下几个方面：

第一，结合财政部最新发布的《管理会计应用指引》，对教材中相关章节的内容进行修改。

第二，增加引导案例、延伸阅读等相关内容，使得教材的内容体系更加丰富。同时，将原来书中每章的计算题和案例分析题提炼出来，与新补充的选择题、判断题单独集结成册，更加方便教学。

第三，结合教育部提出的有关课程思政的要求，在教材中结合课程具体内容补充了思政元素，作为一种新的尝试。

修订后，全书章节没有变化，依然是十章，分别为：第一章总论，第二章变动成本法，第三章本量利分析法，第四章预测分析法，第五章短期经营决策，第六章长期投资决策，第七章全面预算，第八章标准成本法，第九章责任会计和第十章作业成本法。

本书由重庆理工大学会计学院教师团队编写，具体分工为：钱文菁编写第一章、第四章、第五章、第七章，安灵编写第二章、第十章，罗平编写第三章，黄金曦编写第六章，闵志慧编写第八章、第九章。钱文菁负责教材的整体框架设计、编写提纲、组织分工及总纂定稿。

感谢各兄弟院校在使用本教材之后提出的宝贵意见，感谢清华大学出版社编辑的大力支持。在编写过程中，本书引用了许多参考文献，在此向各位作者表示感谢！

本书提供了丰富的教学资源，教师可扫描右侧二维码获取。

教学资源

党的二十大报告强调,"问题是时代的声音,回答并指导解决问题是理论的根本任务。今天我们所面临问题的复杂程度、解决问题的艰巨程度明显加大,给理论创新提出了全新要求。"中国特色现代企业制度、基于信息技术的智能化、大数据及新的商业模式等对会计工作、会计理论研究提出了新课题、新考验,在这种新情况下,如何结合新问题、结合中国实际改进、完善本书是我们正在努力做的工作。

受作者水平所限,书中不当之处在所难免,敬请广大读者批评指正。

编 者
2023 年 6 月

目　录

第一章　总论 …………………………………… 1
　第一节　管理会计概述 ……………………… 2
　　一、管理会计的定义 ……………………… 2
　　二、管理会计的内容 ……………………… 3
　　三、管理会计的职能 ……………………… 4
　第二节　管理会计的特征 …………………… 5
　　一、管理会计与财务会计的联系 ………… 5
　　二、管理会计的主要特点 ………………… 6
　第三节　管理会计的形成和发展 …………… 8
　　一、管理会计的形成与发展概述 ………… 8
　　二、西方管理会计的发展与变化 ………… 10
　　三、管理会计在我国的发展情况 ………… 11

第二章　变动成本法 …………………………… 15
　第一节　成本分类 …………………………… 16
　　一、按经济用途分类 ……………………… 16
　　二、按性态分类 …………………………… 18
　　三、成本的其他分类 ……………………… 26
　第二节　混合成本分解 ……………………… 26
　　一、历史成本分析法 ……………………… 26
　　二、技术测定法 …………………………… 30
　　三、账户分析法 …………………………… 31
　　四、合同确认法 …………………………… 32
　第三节　变动成本法概述 …………………… 32
　　一、边际贡献的概念 ……………………… 32
　　二、变动成本法的意义 …………………… 33
　　三、变动成本法计算的理论依据 ………… 34
　　四、变动成本法与完全成本法的比较 …… 35
　　五、变动成本法的评价 …………………… 38

第三章　本量利分析法 ………………………… 43
　第一节　本量利分析概述 …………………… 44
　　一、本量利分析的逻辑起点 ……………… 44
　　二、本量利分析的基本假设 ……………… 45
　第二节　本量利分析的基本内容 …………… 46
　　一、盈亏临界点分析 ……………………… 46
　　二、实现目标利润分析 …………………… 61
　　三、本量利关系中的敏感性分析 ………… 65

第四章　预测分析法 …………………………… 73
　第一节　预测分析概述 ……………………… 74
　　一、预测的概念与作用 …………………… 74
　　二、预测的基本原理 ……………………… 74
　　三、预测的程序与内容 …………………… 75
　第二节　销售预测 …………………………… 77
　　一、销售预测的重要性 …………………… 77
　　二、销售预测的基本方法 ………………… 77
　第三节　利润、成本的预测 ………………… 86
　　一、利润预测 ……………………………… 86
　　二、成本预测 ……………………………… 89

第五章　短期经营决策 ………………………… 93
　第一节　决策分析的基本问题 ……………… 94
　　一、决策概述 ……………………………… 94
　　二、决策分析中的成本因素 ……………… 97
　第二节　短期经营决策常用
　　　　　分析方法 ………………………… 100
　　一、确定型决策分析方法 ……………… 100
　　二、风险型决策分析方法 ……………… 105

三、不确定型决策分析方法⋯⋯⋯ 108
　第三节　短期经营决策方法的
　　　　　应用⋯⋯⋯⋯⋯⋯⋯⋯⋯ 111
　　　一、产品生产决策⋯⋯⋯⋯⋯⋯ 112
　　　二、亏损产品生产决策⋯⋯⋯⋯ 116
　　　三、半成品进一步加工或出售的
　　　　　决策分析⋯⋯⋯⋯⋯⋯⋯ 118
　　　四、零部件自制或外购的决策分析⋯ 119
　　　五、是否接受追加订货的决策分析⋯ 122

第六章　长期投资决策⋯⋯⋯⋯⋯⋯ 125
　第一节　长期投资决策基础⋯⋯⋯⋯ 126
　　　一、货币时间价值⋯⋯⋯⋯⋯⋯ 126
　　　二、项目计算期的构成⋯⋯⋯⋯ 134
　　　三、现金流量⋯⋯⋯⋯⋯⋯⋯ 135
　第二节　长期投资决策指标⋯⋯⋯⋯ 140
　　　一、静态评价指标⋯⋯⋯⋯⋯⋯ 140
　　　二、动态评价指标⋯⋯⋯⋯⋯⋯ 142
　第三节　几种典型的长期投资
　　　　　决策⋯⋯⋯⋯⋯⋯⋯⋯⋯ 147
　　　一、单纯固定资产投资项目决策⋯ 147
　　　二、完整工业投资项目决策⋯⋯ 148
　　　三、固定资产更新决策⋯⋯⋯⋯ 149

第七章　全面预算⋯⋯⋯⋯⋯⋯⋯⋯ 155
　第一节　全面预算的作用及
　　　　　编制程序⋯⋯⋯⋯⋯⋯⋯ 156
　　　一、全面预算的概念及作用⋯⋯ 156
　　　二、全面预算的编制程序⋯⋯⋯ 156
　第二节　全面预算的内容及
　　　　　编制方法⋯⋯⋯⋯⋯⋯⋯ 157
　　　一、全面预算的内容⋯⋯⋯⋯⋯ 157
　　　二、全面预算的编制方法⋯⋯⋯ 157
　第三节　预算的编制方法⋯⋯⋯⋯⋯ 167
　　　一、固定预算法与弹性预算法⋯ 167
　　　二、增量预算法和零基预算法⋯⋯ 170

　　　三、定期预算法和滚动预算法⋯⋯ 171
　　　四、概率预算法⋯⋯⋯⋯⋯⋯⋯ 172

第八章　标准成本法⋯⋯⋯⋯⋯⋯⋯ 175
　第一节　标准成本法概述⋯⋯⋯⋯⋯ 176
　　　一、标准成本法的产生背景⋯⋯ 176
　　　二、标准成本的含义⋯⋯⋯⋯⋯ 176
　　　三、标准成本法的内容⋯⋯⋯⋯ 177
　　　四、标准成本法的作用⋯⋯⋯⋯ 177
　第二节　标准成本的分类与制定⋯⋯ 178
　　　一、标准成本的分类⋯⋯⋯⋯⋯ 178
　　　二、标准成本的制定⋯⋯⋯⋯⋯ 179
　第三节　成本差异的计算与分析⋯⋯ 181
　　　一、成本差异计算的原理⋯⋯⋯ 182
　　　二、各成本项目成本差异的
　　　　　计算与分析⋯⋯⋯⋯⋯⋯ 183
　第四节　成本差异的账务处理⋯⋯⋯ 186
　　　一、"原材料""生产成本"和
　　　　　"产成品"账户登记标准成本⋯ 187
　　　二、设置成本差异账户分别记录
　　　　　各种成本差异⋯⋯⋯⋯⋯ 187
　　　三、各会计期末对成本差异进行
　　　　　处理⋯⋯⋯⋯⋯⋯⋯⋯⋯ 188

第九章　责任会计⋯⋯⋯⋯⋯⋯⋯⋯ 191
　第一节　责任会计概述⋯⋯⋯⋯⋯⋯ 192
　　　一、责任会计的发展及意义⋯⋯ 192
　　　二、责任会计的概念及其制度构成⋯ 192
　　　三、责任会计的基本内容⋯⋯⋯ 193
　　　四、责任会计的构成原则⋯⋯⋯ 194
　第二节　责任中心及其种类⋯⋯⋯⋯ 195
　　　一、责任中心的概念及其特征⋯ 195
　　　二、责任中心的种类⋯⋯⋯⋯⋯ 196
　第三节　责任中心的评价与考核⋯⋯ 199
　　　一、成本中心的评价与考核⋯⋯ 199
　　　二、利润中心的评价与考核⋯⋯ 200

三、投资中心的评价与考核⋯⋯⋯ 201
第四节　内部转移价格⋯⋯⋯⋯⋯ 204
　　一、内部转移价格的概念及意义⋯ 204
　　二、制定内部转移价格的原则⋯⋯ 205
　　三、内部转移价格的种类及
　　　　制定方法⋯⋯⋯⋯⋯⋯⋯ 206
　　四、责任预算、责任报告与
　　　　业绩考核⋯⋯⋯⋯⋯⋯⋯ 209

第十章　作业成本法⋯⋯⋯⋯⋯ 211
第一节　作业成本法概述⋯⋯⋯⋯ 212
　　一、作业成本法的产生⋯⋯⋯⋯ 212
　　二、作业成本法的基本概念⋯⋯ 214
　　三、作业成本法的计算程序⋯⋯ 218
　　四、作业成本法核算举例⋯⋯⋯ 219

第二节　作业管理⋯⋯⋯⋯⋯⋯⋯ 221
　　一、作业分析⋯⋯⋯⋯⋯⋯⋯ 221
　　二、作业改进⋯⋯⋯⋯⋯⋯⋯ 223
　　三、作业成本信息与企业经营决策⋯ 223

参考文献⋯⋯⋯⋯⋯⋯⋯⋯⋯⋯ 229

附录一　复利终值系数表($FVIF_{i,n}$)⋯⋯ 231

附录二　复利现值系数表($PVIF_{i,n}$)⋯⋯ 235

附录三　年金终值系数表($FVIFA_{i,n}$)⋯ 239

附录四　年金现值系数表($PVIFA_{i,n}$)⋯ 243

第一章

总　论

学习目标

通过本章的学习，要求学生：
- 了解管理会计的形成与发展过程。
- 掌握管理会计的定义、内容及职能。
- 理解管理会计的特点。

引导案例

黑龙江斯达国际纸业集团公司总裁董鹰在《利用信息技术来改造传统企业，加速实现管理创新》一文中提到：

"原来我们比较熟悉的是财务会计,那么实际上企业内部在变化的时候,企业现代化用'财会'这个外部概念描述就没有意义。我不知道'管理会计'这个概念大家都熟不熟悉，它有两个基本的职能。第一个叫预算规划；第二个叫控制评价。预算规划是对未来说的，控制评价是对当时说的。而财务会计是事后会计，是到月底做出整体的结算。我们实际上是把管理会计的预算与规划的哲理运用到战略中去。我们的战略恰恰是利用计算机技术，来解决飞速变化的市场及我们制定的目标与企业战略之间的矛盾……"

问题：
1. 什么是管理会计？
2. 管理会计与财务会计有哪些区别？
3. 管理会计具有哪些职能？
4. 董鹰总裁所提出的观点是否正确？

第一节 管理会计概述

会计学是一门提供经济管理信息的管理科学，管理会计是会计学的一个分支。对于管理会计的概念，国内外学者的论述并不相同，有些学者认为管理会计是预测、决策会计；有些学者认为管理会计是为企业内部提供决策信息的内部会计。

一、管理会计的定义

(一) 国外会计学界对管理会计的定义

国外会计学界对管理会计的定义大致可以分为两个阶段：在 20 世纪 20 年代至 70 年代，国外会计学界一直认为管理会计是为企业内部管理者提供计划与控制所需信息的内部会计；在 20 世纪 80 年代以后，管理会计的定义扩大到广义会计阶段。

1958 年，美国会计学会管理会计委员会对管理会计做了如下定义：管理会计就是运用适当的技术和概念，处理企业的和计划的经济信息，以帮助管理人员制订合理的、能够实现经营目标的计划，以及为达到各项目标所进行的决策。

1966 年，美国会计学会出版的著作《基本会计理论》中对管理会计的定义为：所谓管理会计，就是运用适当的技术和概念，对经济主体实际的和预计的经济数据进行处理，以帮助管理人员制订合理的经济目标，并为实现该目标而进行决策。

进入 20 世纪 70 年代以后，国外会计学界对管理会计的定义开始发生变化，出现了广义的管理会计概念。1986 年，美国全美会计师协会管理会计实务委员会对管理会计的基本定义为：管理会计是向管理当局提供用于企业内部计划、评价、控制及确保企业资源的合理使用和经管责任履行所需的财务信息，以及确认、计量、归集、分析、编报、解释和传递的过程。管理还包括编制供诸如股东、债权人、规章制定机构及税务当局等非管理集团使用的财务报表。

1988 年，国际会计师联合会(IFAC)将管理会计定义为：管理会计是在一个组织中，对管理当局用于规划、评价和控制的信息(包括财务信息和经营信息)进行确认、计量、积累、分析、处理、解释和传输的过程，以确保资源的合理利用并承担相应的责任。

1997 年，由美国著名管理会计学家罗伯特·S.卡普兰等四人合著的《管理会计(第 6 版)》中为管理会计所下的定义为：管理会计是一个为组织的员工和各级管理者提供财务和非财务信息的过程，这个过程受组织内部所有人员对信息的需求的驱动，并能引导他们做出各种经营和投资决策。

1997 年，美国管理会计师协会对管理会计所下的定义为：管理会计是提供价值增值，为企业规划设计、计量和管理财务与非财务信息系统的持续改进过程，通过此过程指导管理行动、激励管理行为，支持和创造达到组织战略、技术和经营目标所必需的文化价值。

通过上述定义的描述，我们能够发现管理会计的定义有以下几方面的变化：①管理会计服务主体的变化，管理会计是为组织服务的，并不是我们过去所认为的管理会计就是为企业服务的；②所使用的信息范围不断扩大，信息包括用于解释实际和计划的商业活动、经济环境，以及资产和负债的估价的因果关系所必需的货币性和非货币性信息，即不仅是财务信息，非财务信息(比如经营信息)也是管理会计使用的信息；③服务对象扩大，不仅是内部经营管理者，也包括组织的员工，还包括债权人、税务当局等；④目标变化，管理会计的目标是提供价值增值，而不是以往我们所认为的企业利润最大化。

(二) 国内学者对管理会计的定义

国内学者对于管理会计的内涵也存在着不同的观点。

李天民教授在其1984年编著的《管理会计》一书中认为，管理会计主要是通过一系列专门方法，利用财务会计提供的资料及其他有关资料进行整理、计算、对比和分析，使企业各级管理人员能据以对日常发生的一切经济活动进行控制，并帮助企业领导做出各种决策的一整套信息处理系统。

余绪缨教授(1999)认为，管理会计是为企业内部使用者提供管理信息的会计，它为使用者提供有助于正确进行经营决策和改善经营管理的有关资料，发挥会计信息的内部管理职能。

石人瑾教授(2003)认为，管理会计是会计与管理的直接结合，它是利用财务会计资料和其他资料，采用会计的、统计的和数学的方法，对未来的经营管理进行预测和决策，确定目标，编制计划(预算)，在执行过程中加以控制和考核，目的是调动积极因素，取得最佳经济效益。

2014年10月27日，财政部印发的《关于全面推进管理会计体系建设的指导意见》认为，管理会计是会计的重要分支，主要服务于单位(包括企业和行政事业单位)内部管理需要，是通过利用相关信息，有机融合财务与业务活动，在单位规划、决策、控制和评价等方面发挥重要作用的管理活动。

综合上述各类观点，本书认为：管理会计是会计科学与管理科学相结合的一门科学，它以管理科学为理论基础，以财务会计提供的会计资料为主要依据，同时兼顾其他经营活动的信息，通过规划、控制和组织等方式，为组织内部的经营管理提供决策支持，提高经济效益。

二、管理会计的内容

由于管理会计本身不受公认会计原则的约束，可以采用灵活多样的方式为管理当局服务，加上管理会计本身是一门发展中的科学，有许多领域尚待研究、开拓，因此目前管理会计的内容体系并无定论。1958年，美国会计学会在其年度报告书中曾对管理会计使用的各种方法表达了意见，指出管理会计的内容包括标准成本计算、预算控制、本量利分析、差别成本分析、弹性预算、边际分析、责任会计。这七个方面的内容也逐渐成为各种管理会计专著中必须具备的内容。

后来，为了使管理会计与财务会计相区别，美国会计学会对管理会计的内容进行了重新界定。1966年，美国会计学会出版的《基本会计理论意见书》中提出：管理会计体系可以区分为规划会计和执行会计两大部分。目前，对管理会计体系比较一致的观点也是将管理会计的内容划分为规划会计和执行会计两部分。

规划会计包括预测分析、长短期决策分析、各种业务预算、责任预算等具体内容。执行会计包括标准成本制度、变动成本核算、责任评价考核等具体内容。规划会计和执行会计通过全面预算和责任会计相联结，这是基于对企业生产经营活动的全面预算，既是一种目标和任务，又是具体评价考核业绩的标准和尺度。责任会计贯穿着责任预算编制、实际执行、业绩评价的全过程，是全面预算及其实施的具体组织方式。

由于管理会计的工作重点在于规划未来，因此规划会计是执行会计的前提和基础；执行会计以企业经济效果为核心，规划会计以企业经济效益为核心。经济效果一般通过企业内部体现，表现在企业内部生产效率、劳动消耗等方面，其高低取决于对计划预算的有效执行，通过执行会计加以解决。经济效益一般通过企业外部体现，是企业与外界经营环境联系的结果，其高低取决于企业对外部环境的判断能力和适应能力，并制定出正确的经营决策，通过规划会计予以解决。

三、管理会计的职能

管理会计的职能是指管理会计工作本身所固有的功能。由于管理会计是会计学科和管理学科的有机结合，并以现代管理科学为理论基石，其本质是为企业经营管理服务的一种决策支持系统，因此管理会计的职能在很大程度上受管理职能的制约。从企业管理职能出发，管理会计的职能可以归纳为如下五个方面。

(一) 预测职能

预测职能是指管理会计为企业管理活动提供企业经营前景的会计信息。在现代企业的生产经营活动中，客观地存在着大量且复杂的确定性和非确定性因素，利用财务会计所反映的过去已经完成事项去预计未来可能的结果，对一定条件下生产经营各个方面在未来某一期间内可能的情况做出推断是管理会计的首要工作。

(二) 决策职能

管理会计的决策职能即参与企业的经营决策。正确地做出经营决策是现代企业经营管理的核心，也是管理会计的主要工作内容，即在预测的基础上，经过归纳、整理、分析，针对企业管理的要求，从可行方案中决策出最优方案。在整个决策过程中，管理会计为管理当局提供决策所需信息，完成决策支持。

(三) 规划职能

在完成决策的基础上，管理会计还要将决策方案具体化，即将所选方案应用于具体实施中并对生产经营各环节和人员的要求用具体数据以计划的形式予以确定，形成全面预算体系。

(四) 控制职能

管理会计的控制职能是根据确定的各项计划目标，对实际发生的经济活动与计划目标进行对比分析，以保证计划目标的实现。控制的目的，是使生产经营活动尽可能按所规定的计划要求进行。在控制过程中必须对各项生产经营活动进行跟踪记录，如实反映计划的实际执行情况，并及时将计划与实际进行比较，计算差异并分析原因，促使有关责任单位采取措施纠正差异。

(五) 考核职能

考核职能是指管理会计根据预算或标准，考核实际业绩。为了实现企业预定的目标，对企业的生产经营过程和结果要进行严密的跟踪、记录，反映各种经营目标和预算执行的实际数据，并将这些实际数据与体现决策目标要求的预算、标准进行对比分析和检查考核。通过计算、分析、比较，可以据以评估有关责任单位和个人的工作成绩，实施奖惩，从而最大限度地调动各部门的积极性，实现企业的决策目标。

第二节 管理会计的特征

一、管理会计与财务会计的联系

管理会计是从传统财务会计中分离出来的，因此管理会计与财务会计在某些方面存在着必然的内在联系。这些联系主要表现在如下两个方面。

(一) 管理会计与财务会计的基本目标一致

尽管管理会计与财务会计采用不同的方法提供不同性质的会计信息，但是二者所提供会计信息的基本目标是一致的，都是提供与经营决策有关的信息。信息提供的决策相关性是管理会计与财务会计的共同目标。

(二) 管理会计与财务会计的同源、同质性

管理会计与财务会计所采用的原始资料同源，所提供的会计信息同质。管理会计与财务会计都要以生产经营活动的原始资料为依据，财务会计采用一整套会计核算的方法和程序对原始资料进行系统的整理、记录和加工，管理会计则通过对财务会计信息的进一步加工，结

合其他资料，为企业管理提供所需的会计信息。因此，财务会计信息是管理会计的基础，管理会计是对财务会计信息的进一步加工。此外，财务会计与管理会计均为信息使用者提供以货币形式表现的综合性财务信息。

二、管理会计的主要特点

尽管管理会计与财务会计存在着千丝万缕的联系，但是由于二者在内容、方法、要求等方面具有明显的区别，因此管理会计仍具有其自身的一些特点，主要表现在如下几方面。

(一) 管理会计侧重于为企业的内部管理提供所需信息

财务会计的服务对象主要是企业外部的相关利益团体，包括股东、债权人、银行、政府部门和职工等。财务会计通过会计确认、计量、记录和报告等环节，向这些相关利益团体提供有关企业财务状况、经营成果等方面的信息。财务会计虽然也能为企业管理当局提供评价企业经营活动的依据，但是由于它主要提供的是历史资料，因此只能对过去的事项进行评价和监督，不能为企业日常经营的计划、控制和解决经营活动中的专门问题提供必要的信息。

管理会计的服务对象是企业内部的各级管理人员，即管理会计是通过规划、控制等方法积累、加工资料，编制内部报表，协助管理当局做出各种专门决策。

(二) 管理会计的会计主体是企业内部的各责任单位

财务会计的会计主体是企业整体，即把独立核算、自负盈亏的企业作为一个整体，提供反映企业整体财务状况和经营成果的财务报表，对企业的财务状况和经营成果进行评价和考核。

管理会计的目的是为了更好地为企业的内部经营管理服务，因此管理会计主要是以企业内部的各个责任中心为核算对象，对它们的工作业绩和成果进行控制和考核，同时也从企业全局出发，认真考虑各项决策和计划之间的协调配合和综合平衡。

(三) 管理会计的工作重点在于规划未来

财务会计的工作重点在于反映过去。财务会计是通过确认、计量、记录等方法对企业的生产经营活动进行历史性的描述，反映各项已经发生的经济活动。

管理会计的工作重点在于规划未来。管理会计为了有效地服务于企业内部的经营管理，不仅要分析过去、控制现在，更重要的是要为规划未来提供信息。企业未来经营活动的有关问题，如制定决策、编制预算等，都需要管理会计为企业管理当局提供对未来经营活动进行规划所需的会计信息。

(四) 管理会计不受公认会计原则的约束

财务会计侧重于为企业外部的相关利益集团服务,因此它必须严格遵循公认的会计原则,要求从凭证、账簿到报表,以及对各有关资料进行综合汇总时,都应严格按照既定的会计程序和方法进行,有一个比较严密而稳定的基本结构。只有这样,才能使财务会计报表的外部使用者能用一个普遍公认的、较为客观的标准来了解企业的财务状况,这是财务会计信息取信于投资人、债权人等所必需的。

管理会计与财务会计不同,它主要是为改善企业内部的经营管理提供各种会计信息,它在许多方面可以不受公认会计原则的约束,只要在企业里按一套切实有效的规则编制内部报告,不必担心这些规则是否与外界会计原则相符。因此,管理会计结构比较松散,方法也灵活多样。

(五) 管理会计可使用各类数学方法,但不过分强调数字的精确性

财务会计只能以公认的会计原则所规定的会计方法,按规范的会计处理程序处理经济业务。

为了更好地为经营管理服务,管理会计可以广泛地使用数学计算方法,运用简明精确的数学模型,把复杂的经营活动表现出来,并对所掌握的有关数据进行科学的加工处理,以揭示有关经济现象之间的内在联系,掌握有关经济变量之间的客观规律,以便为企业各级管理人员正确进行经营决策提供科学的依据。同时,由于未来的不确定性,需要采用大量的估算,因此管理会计不要求数字的绝对准确,只要相对准确,能够满足决策需要即可。

(六) 信息质量强调相关性和及时性

财务会计是一种外部会计,其信息质量主要体现在会计信息的可靠性和客观性方面,要求会计账实、账证、账账、账表相符,如实反映已经发生的经济业务,并对对外报告的会计信息承担法律责任。

管理会计是一种内部会计,其信息质量主要体现在会计信息的相关性、及时性上,要求会计信息与企业的经营决策相关,重视数据的及时性,同时由于管理会计报告不对外公布,因此也不承担法律责任。

> 📖 **课堂讨论**
>
> **管理会计信息的法律责任问题**
>
> 瑞幸咖啡成立于 2017 年 10 月 31 日,18 个月后就在美国纳斯达克火速上市,首日总市值达到 47.4 亿美元。然而 2020 年 4 月 2 日,瑞幸咖啡却因一纸 22 亿元造假公告轰动资本市场,一时间,摩根士丹利、瑞士信贷、中金公司、海通国际等知名投行如坐针毡,四大会计师事务所之一安永忙于自保,唯独瑞幸咖啡管理层仍然"元气满满",成为开年以来资本市场的一出闹剧。

> 对于这类会计信息造假事件，我们已经不再陌生，不管是国内的蓝田、獐子岛，还是国外的安然、世通等。这些造假的公司也都受到了相应的惩罚。
>
> 企业造假涉及的都是财务会计信息，那么作为主要服务于内部管理的管理会计信息，是否涉及造假问题呢？如果存在造假问题，造假之后会影响到哪些利益主体？是否该承担相应的法律责任呢？作为一名未来的会计从业人员，你应该如何坚守职业道德底线呢？

综上所述，管理会计与财务会计既相互联系，又存在较大差别，因此在会计工作和经营管理中应相互配合、相互补充，共同发挥作用。

第三节 管理会计的形成和发展

一、管理会计的形成与发展概述

管理会计是适应经济发展的客观要求和现代管理的要求而产生的。早期的企业一般采用独资或合伙的形式，企业的经营活动由所有者亲自执行，所有权和经营权是统一的。同时，由于企业规模较小，经营活动相对简单，涉及的资金量也不是很多，经营者依靠传统会计所提供的信息足以满足生产经营的需要。随着经济的发展，企业的生产经营规模日益扩大，所需资金也迅速增加，于是出现了股份公司这种新的企业组织形式以适应这一变化。股份公司与独资、合伙企业的一个显著区别就是所有权和经营权的分离。股份公司产生使企业的经营规模不断扩大，企业间的竞争更加激烈，经济的发展要求企业的经营管理更加科学、合理，只有这样才能提高企业的竞争力，在激烈的竞争中求得生存与发展。这种新情况的出现，也给会计提出了新的要求，会计不仅要满足外部相关利益集团(投资人、债权人等)的信息需求，还要为企业内部的经营管理提供相关的信息，于是传统、单一的会计系统逐步发展、分化为两个相对独立的系统——财务会计与管理会计。

管理会计的形成与发展，经历了一个在传统会计内部孕育、积累和逐步形成的过程。1922年，美国学者奎因坦斯在其所著的《管理会计：财务管理入门》一书中，首次使用了"管理会计"这个名词。1924年，麦克金西撰写了《管理会计》一书，随后许多关于管理会计的专著相继问世，管理会计的内容也日益丰富和完善。

管理会计的形成与成本会计有着密切的联系，它是在成本会计的基础上发展起来的。成本会计产生于18世纪产业革命后期，由于机器设备的大量使用，会计核算中便出现了折旧的计算和间接费用的分摊，只有对此进行科学的计算、合理的分摊才有可能实现正确的产品定价、报价、接受订单，才会有利于企业参与市场竞争。

20世纪20年代，泰勒开创的科学管理学说，用标准化和大批量解决了管理落后的问题。科学管理学说的核心是强调提高工作效率，用著名的时间动作研究制订了在一定客观条件下经过努力才能够达到的工作标准。起初为改进工资制度，建立计件工资制度，采用了标准人工成本的概念，以后又将标准人工成本概念引申到标准材料成本和标准制造费用等，以此作为评价和考核的依据，要求企业内部实现高度的标准化。为配合管理上的要求，在会计核算中出现了"标准成本""成本差异分析"等概念，并成为成本会计的一部分。这推动了成本会计的进步，使传统的历史成本事后计算向着预定成本的事前计算迈出了重要一步。与此同时，预算控制方法也逐渐形成和发展起来，它通过汇总调整部门预算，从而确定整个企业的预算，再通过预算执行的考核评价来明确各部门的责任，进而改善企业的经营管理。

20世纪30年代，标准成本和预算控制方法已日益完善。1928年美国的一些工程技术人员与会计人员共同设计出了弹性预算，最初出现在银行的财务报表分析方法也为广大企业所运用。标准成本等内容起初独立于会计系统之外，哈特菲尔德、韦伯纳等会计学家主张将其纳入会计系统，认为只有科学的事前的标准成本纳入会计系统，才能形成真正的标准成本会计。以泰勒的科学管理思想为基础形成的早期管理会计存在着较大局限性，表现为以标准成本、预算控制、差异分析为主要内容，它是在企业的战略、方向等重大决策已确定的情况下，着重解决决策实施中的执行问题，着眼点是经济性和工作效率的好坏，解决的是局部问题，因而这些内容被称为管理会计的"执行会计"部分。

20世纪50年代，西方资本主义世界进入战后经济发展时期。在这一时期，科学技术飞速发展，生产力迅速提高，同时由于企业大量集中，跨国公司不断出现，企业的经营环境日益复杂，市场变幻莫测，竞争激烈。严峻的条件和环境给企业的经营管理提出了新的要求：企业内部管理要科学合理，企业要有适应外部环境的灵活反应能力和适应能力，否则会在激烈的市场竞争中被淘汰。面对新的形势和新的要求，泰勒制的弱点逐渐暴露出来。泰勒制片面强调提高劳动效率，使得劳资关系不断激化，同时由于泰勒制只强调企业的内部管理，不重视企业与外部环境的关系，造成企业在激烈的市场竞争中经常做出错误的决策，给企业带来惨重的后果。于是以运筹学和行为科学为主要内容的现代管理科学应运而生并且取代了泰勒制。运筹学主要是运用数学与数理统计学的原理和方法，建立了许多定量的管理方法与技术，它可以协助管理人员对生产经营活动按最优的要求实行预测、决策、组织、安排和控制，促使企业生产经营实现最佳效益。行为科学主要是运用心理学、社会学等方面的研究成果对人的各种行为的规律性进行研究，在企业管理中采用"管理民主化""参与制"等措施来增强职工的归属感和责任感，以调动职工的积极性和主动性。公司内部责任会计的内容就是按行为科学的理论建立的，贯穿管理会计有关内容的"目标管理原则"与"例外管理原则"也是遵循行为科学的一些理论而提出的。在20世纪50年代以后，按现代管理科学原理和方法要求缩减的管理会计新内容，除责任会计以外都是为了帮助企业合理组织、安排使用人力、物力、财力，消除管理中的主观随意性，提高管理水平，争取实现最大经济效益。这些内容被称为管理会计中的"规划会计"部分。

在现代管理科学的指导下，管理会计的内容不断丰富，原有的标准成本、预算控制和财务报表分析法结合起来，管理会计逐渐成为一个以谋求利润为中心、使会计信息的提供和使用深入到预测、决策、计划和控制各个管理环节的完整体系。

二、西方管理会计的发展与变化

进入 20 世纪 80 年代中期以后，随着以计算机技术为代表的高科技的发展，现代管理会计开始出现各种各样的问题，集中表现在西方会计界的一些学者和实务工作者对管理会计的知识体系提出了许多批评意见。其中的代表人物是美国的约翰逊和卡普兰两位教授，他们在 1987 年合著了《相关性消失了——管理会计的兴衰》一书，书中提到：近年来的管理会计实践一直没有多大的变化，目前的管理会计体系是几十年前的研究成果，这种早已过时的管理会计知识体系在目前存在着一个很大的危机，主要表现在管理会计对财务会计信息系统的依赖性已经把管理会计信息系统扭曲到了这样一种程度，即管理会计现在必须要从属于财务会计报告，管理人员更关心的是他们对股票交易市场价格决策的短期影响，而较少关心企业在市场长期竞争中的地位和获利能力。正是由于这种对财务会计的依赖性，导致管理会计信息的获取经常太集中、太迟缓了，从而对管理人员所进行的规划与控制的决策已不再具有相关性。

在此后的十余年中，西方会计界对管理会计的理论与实践进行了反思，并对原有管理会计的知识体系进行了创新与变革，以适应社会经济和科学技术发展的需要。西方管理会计的创新与变革，不仅体现在对原有管理会计知识体系的改造上，而且还产生了管理会计的一些分支学科，如作业成本管理会计、适时制生产系统、质量成本管理会计、战略管理会计、人力资源管理会计、社会责任管理会计等，以及代理人理论、信息经济学等相关学科在管理会计中的运用。

为了克服管理会计研究中理论与实践相脱节的情况，西方管理会计研究人员在管理会计的研究方法上也发生了重大改变，更侧重于采用经验研究的方法来开展管理会计研究工作。例如，卡普兰教授认为，现代科学技术的飞速发展和企业经营管理方式的巨大变革已导致会计控制系统过时甚至不起作用，而会计研究人员缺乏亲身到企业之中去观察和研究这些问题的经验。如果没有现场的观察与计量，会计研究人员就不可能建立起系统的、能指导实践的管理会计理论体系，也不可能建立起规范化的决策模型。同时卡普兰教授还认为，没有经过实践的会计理论是空洞的，而没理论指导的会计实践则往往具有盲目性；并且在会计科学的发展史上，理论与实践经常不同步，而经验研究的方法却为解决这一问题提供了一个有效的途径。在经验研究中，案例研究占有重要的地位，已成为西方管理会计研究的重要组成部分，并日益引起人们的广泛兴趣。许多西方管理会计学者认为，当前流行的管理会计理论与实践相脱离的问题，主要原因是研究是建立在人们的闲谈话语、偶尔对公司的访问，以及从已发表的一些学术文章的基础上，然而管理会计中的哪些理论与技术方法在实践中最为有效或明显没有应用价值，其原因何在，在理论与方法上有没有进一步改进或创新的可能性等，这些问题都需要从大量的实践经验中得出结论，这也正是案例研究日益引起人们重视的主要原因。

进入 21 世纪，世界经济的基本特征表现为国际化、金融化和知识化，人类社会从工业社会进入信息社会，使得企业组织面临的环境发生了巨大变化。管理会计的发展要考虑到以下几个方面的影响。

第一,核心能力思想。核心能力是 1990 年美国管理学家普拉哈拉德和哈默尔提出的,该理论认为企业组织需要培养核心能力,才能在未来的竞争中胜出。企业组织的核心能力是企业组织的内在资源,竞争力是企业组织核心能力在市场上的外在表现。企业组织的核心能力是企业组织内部一系列互补的机能和知识的结合,它可以表现为一项先进的技术,也可以表现为一种独特的服务理念,或者说是企业组织的核心技术、组织观念、学习能力、员工价值观念等的结合。目前的会计系统可能对核心技术相对比较重视,但是对员工价值观念、学习能力等重视不够,作为侧重于为企业组织内部经营管理服务的管理会计系统,如何为企业组织核心能力的诊断、分析、培植、提升提供信息支持,就成为管理会计必须考虑的一个主题。

第二,权变思想。在全球竞争加剧、外部环境不确定性增强的情况下,权变性思维应该在管理会计的发展中受到重视。我们应该明确一点:不存在广泛适用于所有环境、所有组织的会计系统,会计系统应该与某种具体的环境相适应。权变理念主要体现在三个方面:一是组织结构的权变理念,组织应该是一个开放的系统,需要随着环境的变化做相应的调整;二是人性的权变理念,人是复杂的,人在工作中的动机和态度会随着其自身心理需要、工作条件的变化而不同;三是领导的权变理念,由于组织结构的变化、人性的复杂导致领导方式也应该处于一种动态的变化之中。管理会计应该关注这种变化,通过信息支持系统进行不同层面的沟通与交流,形成共同的价值理念,保持企业组织的持续竞争力。

三、管理会计在我国的发展情况

管理会计在我国的发展大致可以区分为两个阶段。1978 年以前,我国实行计划经济,此时的管理会计更多地表现为"责任会计";1978 年以后,随着改革开放的不断深入,企业市场经济主体地位的不断加强,西方管理会计的概念被引入中国,并且随着中国企业的成长不断发展。下面分别就两个阶段做简要阐述。

(一) 计划经济时期的管理会计

在计划经济体制下,国家就是一个"企业",国营企业只不过是这个"企业"的一个"生产车间",因此国营企业按照国家统一下达的生产计划完成各项生产任务,国家实行统购统销,企业负责生产。从管理会计的角度看,国营企业充其量就是一个"成本中心",最多也就是一个"人为利润中心"。因此,成本作为一个效率指标,成为国家考核国营企业完成生产任务的重要手段,企业所要考虑的也就是成本计划及其完成情况。与此相适应,企业所采取的"班组核算",开展的经济活动分析,实施的资金成本归口分级管理等,都是为了提高效率,保证生产任务的顺利完成。同时提倡生产工人加班加点、保质保量超额完成任务,因为在国家统一下达的任务之下,企业能够超额完成任务就是节约,就是为国家做出了贡献。

这些虽然是计划经济条件下所实施的一些管理手段或管理方法,但是和现代管理会计的一些方法是有异曲同工之妙的。例如,成本核算中实施的"比学赶帮超",其内涵就是日后流行的"标杆管理"的基本理念。还有"经济活动分析",就是现在财务分析中所进行的内部经营管理分析。

(二) 改革开放后的管理会计

1978年之后，我国进入了改革开放时期。在企业改革过程中，从利润留成、盈亏包干，到实行企业承包经营责任制，再到企业股份制改造和现代企业制度试点，整个改革思路都是沿着对企业放权让利这个中心进行的，其实质是以权利换效率。围绕放权让利展开的企业改革，为被旧体制束缚已久的生产力释放和经营者积极性、能动性的发挥提供了契机，也取得了一定的成效。同时政府在一定程度上对市场功能进行了培育，市场机制开始产生作用。

一批能够适应市场变化并有一定活力的国有企业涌现出来，并把目光转向市场和企业内部，向管理要效益，在建立、完善和深化各种形式的经济责任制的同时，将厂内经济核算制纳入经济责任制，形成了以企业内部经济责任制为基础的具有中国特色的责任会计体系。但是这一阶段的管理会计还是侧重于企业内部的经营管理，还是强调效率的提高，没有多少市场经济的特征。

进入20世纪90年代后，管理会计在我国企业的应用开始有所突破，其中比较典型的案例就是河北邯郸钢铁公司实行的"模拟市场，成本否决"。

与企业改革相对应的是，我国会计学术界从20世纪70年代末期开始以极大的热情对西方管理会计进行了大量的引进、消化、吸收工作，出版了大量的管理会计教材。比如著名会计学家余绪缨教授率先编写了我国第一部用于本科学生教学的管理会计教材，开创了我国管理会计学科研究的新领域。相隔不久，著名会计学家李天民教授也编写了一部专门针对电视广播大学经济类专业学生教学的管理会计教材，由于当时电大学生数量众多，其发行量居全国之首，对于中国会计界(管理界)人士认识和理解管理会计理论与方法产生了积极的作用。《会计研究》杂志还多次就"成本与管理会计"开辟专栏，发表国内外学者的管理会计研究成果(如"金蝶杯"等管理会计征文活动等)。

在我国管理会计理论研究呈现一派繁荣景象的背后也应该看到，我们对管理会计的研究更多的还是一种概念的议论、定义上的争执，研究的出发点没有坚持问题导向，这样的讨论既解释不了管理会计现象，更谈不上解决实际问题。与此同时，由于管理会计的实施没有强制性，企业应用与否及应用程度如何完全取决于各个企业的内在意愿和要求。在没有外在政策压力，同时管理会计理论研究又与实践相脱节的情况下，管理会计的实际应用就只能由企业自行决定。

2014年10月27日，财政部印发了《关于全面推进管理会计体系建设的指导意见》；2016年6月22日，财政部印发了《管理会计基本指引》；2016年10月，财政部发布《会计改革与发展"十三五"规划纲要》；2017年10月，财政部印发了《管理会计应用指引第100号——战略管理》等22项管理会计应用指引。这一系列文件、纲要的发布，给企业增加了加强管理会计体系建设的外部政策性压力，也与我国政府强调建立现代企业制度相匹配。现代企业制度要求企业"管理科学"，那么作为一种重要的管理手段，管理会计理应受到重视、得到发展。

当然，在企业实际应用管理会计的过程中，会计学术界也应该与企业相互配合，立足于我国企业的发展实践，坚持问题导向，将好的管理会计经验总结、传播开来，形成具有中国特色的管理会计体系。应该说，我国企业改革的伟大实践给了管理会计良好的素材，这项工作已经有了初步成效。比如，以中国兵器装备集团公司李守武总会计师为首的财务团队，通过广泛收集梳理国内外管理会计工具，确定了适合兵器装备集团企业使用的十大管理会计工具，将这些工具分步骤、分企业类型在集团下属成员企业应用，取得了良好的成效。可以说这是我国企业运用管理会计的典范，同时也为我们研究、使用管理会计起到了一个良好的示范作用，为建设具有中国特色的管理会计体系打下了坚实的基础。

如今，互联网、人工智能、区块链、云计算等技术的飞速发展给管理会计提出了新的课题，同时也是一种新的发展机遇。

思 考 题

1. 什么是管理会计？管理会计有什么作用？
2. 与财务会计相比，管理会计有哪些特点？
3. 结合管理会计的形成与发展，你如何看待管理会计的未来发展？

延 伸 阅 读

1. 财政部《关于全面推进管理会计体系建设的指导意见》(2014 年)
2. 《会计改革与发展"十三五"规划纲要》(2016 年)
3. 《管理会计基本指引》(2016 年)

指导意见

规划纲要

基本指引

第二章

变动成本法

学习目标

通过本章的学习,要求学生:
- 了解成本的分类方法和内容。
- 理解固定成本、变动成本和混合成本的概念及特征。
- 掌握成本性态分析法的特征及应用范围。
- 重点掌握变动成本法与完全成本法及其主要区别。
- 了解变动成本法的优缺点。

引导案例

2020年初,新冠疫情暴发,餐饮业遭受重挫。从武汉封城日,即2020年1月23日起计算,呷哺呷哺股票的最大跌幅达到46.4%,麦当劳股票的最大跌幅近50%。相比其他餐饮企业股价的颓势,海底捞的股票走势略好,从32.5元跌至27.45元,最大跌幅仅为15.5%。

海底捞在资本市场的强势表现,与其超强的成本控制战略有着很大的关系。根据海底捞的招股书,2019年海底捞的营业收入为265.6亿元,租金成本为11亿元,占总营收的4%。同期,呷哺呷哺的总营收为60.3亿元,租金成本为8.5亿元,占总营收的14%。海底捞强大的品牌能力及自带流量的属性,为其获得了较强的租金议价能力,海底捞也表示:"我们的物业租金及相关开支占收益的百分比较行业平均水平低,主要是由于我们的餐厅有较高的翻台率及较佳的服务表现。我们的租赁通常包括至少三个月的免租期,以方便装修及翻新场所。我们绝大部分租约的租金为固定金额,并按租赁协议规定的每两至三年逐步增加。"据报道,尽管受到疫情影响,但是凭借较高的现金持有量,海底捞并未减缓自身的扩张速度,其计划在2020年开店300家以上,通过密集化的门店布局,以进一步扩大其在采购、仓储和物流配送、租金等方面的成本优势。

第一节 成本分类

当企业在决定所生产的产品和提供服务的价格时,决定应该生产哪一种产品或提供哪一种服务时,决定哪一个部门或业务单元应该继续运营时……成本都是企业首先要了解和掌握的信息。

成本是管理活动中非常重要的概念之一。从经济学意义上讲,成本是指我们为了达到某一目标所付出的代价,这一代价可能是货币化的,如金钱,也可能是非货币化的,如时间、精力等。在财务会计中,成本是指在一定条件下企业为生产一定种类和数量的产品或提供某种服务而发生的各种耗费的货币表现。

管理会计中的成本概念和传统财务会计的成本概念有一定差异,管理会计中成本的含义是根据管理和决策的需要而界定和发展的,这大大扩展了成本的内涵,也使其更为多样化。由于管理会计需要发挥预测、决策、控制和考核评价等职能作用,必将涉及各种不同的成本范畴。在管理会计中,成本不仅是价值的耗费,也可能是放弃某次机会而丧失的潜在收益;不仅按照不同产品进行归集和计算,也需要按照其他的标准归集和计算;不仅计算历史成本,也有可能计算未来可能发生的成本,即"不同的目的,不同的成本"。

因此,成本在管理会计中应根据企业管理者不同的决策需要进行不同的分类,只有与经营决策相关的成本信息才能对管理者的决策提供帮助。一般来讲,成本主要有如下几种分类方法。

一、按经济用途分类

成本按经济用途分类,这一分类方式是财务会计学的传统分类方法。成本按经济用途的不同,可以划分为制造成本和非制造成本,如图 2-1 所示。

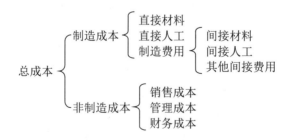

图 2-1 成本按经济用途分类

(一) 制造成本

制造成本也称生产成本,是企业为生产产品或提供劳务而发生的各项生产费用,包括各项直接支出,如直接材料、直接人工和制造费用等。

1. 直接材料

直接材料是指企业生产产品和提供劳务的过程中所消耗的、直接用于产品生产、构成产品实体的主要材料、外购半成品及有助于产品形成的辅助材料等。在生产过程中，直接材料的价值会一次性全部转移到新生产的产品或服务中，是生产成本的重要组成部分。例如，对一件西装的生产，其直接材料既包括西装所需面料(如尼龙、羊毛)、里料，也包括花边衬布、拉链、纽扣、缝纫线、商标线绳等辅料。

2. 直接人工

直接人工是指在生产中对原材料进行直接加工，使之变成产品所耗用的人工成本。接上例，对一件西装的生产，涉及裁剪车间和缝纫车间，裁剪工人和缝纫工人的劳动成本都属于直接人工。

直接人工和直接材料的共同特征是都可以将成本直接追溯到或归属于某一特定的产品或劳务。例如，某一块特定的面料、某一个特定的纽扣可以对应到特定的某件西装上；缝纫车间某位缝纫工人在某一时段的劳动，也可以对应到某件西装上，这种特点使得我们可以很容易地把直接人工、直接材料的成本归集到其所属的产品之上，无论这种产品的生产是否在标准化背景下进行。

3. 制造费用

制造费用是指在产品生产过程中为制造产品或提供劳务而发生的应计入产品成本的各项间接费用，它是产品生产成本中除直接材料和直接人工以外的生产成本。就上例西装的生产而言，裁剪车间机器运行的电费、裁剪过程中损耗的面料、车间的清洁费用等都属于制造费用。制造费用的特点在于，它无法像直接材料和直接人工一样，可以和最终产品形成一一对应的关系，通常某一部分制造费用是作用于哪一个特定的最终产品是无法清晰界定的，因此将它们统一归集为制造费用。

制造费用可以进一步细分为：间接材料、间接人工和其他间接费用。

(1) 间接材料，是指在产品生产过程中耗用，但不能归属于某一特定产品的材料成本。依然以西装生产为例，因裁剪而废弃的面料边角料、车间的清洁材料费、每一款西装的打样材料成本等都为间接材料。

(2) 间接人工，是指为生产服务，但不直接进行产品生产所发生的人工成本。在上例的西装生产中，每批量西装生产前技术人员对设备的调试等技术准备工作的人工成本、各车间管理人员的工资、设备维修人员的工资等都属于间接人工。

(3) 其他间接费用，是指在产品生产过程中发生的，除间接材料、间接人工以外的其他各项间接费用，如固定资产折旧、设备保险费、设备租赁费用等。

(二) 非制造成本

非制造成本也称期间费用或期间成本，是企业支撑其运营、实现其经营目标所必需的，但却与产品生产过程无直接关系的各种费用。非制造费用不能合理地归属于特定产品，在发生时按照一定的期间进行归集汇总。

非制造成本通常分为：销售成本、管理成本和财务成本。

1. 销售成本

销售成本是指为出售产品或提供劳务所发生的各项成本，如广告费、运杂费、销售佣金、销售人员工资等。

2. 管理成本

管理成本是指企业行政管理部门为组织企业生产经营活动所发生的成本，如行政办公费、业务招待费、行政管理人员的工资、行政管理部门固定资产的折旧等。

3. 财务成本

财务成本是指企业为筹集生产经营所需资金而发生的成本，包括利息支出、汇兑损失及相关的手续费等。

财务会计中按"职能"对企业成本费用进行的分类，能正确、客观地反映成本的构成，有利于成本核算，区分了成本费用发生的领域。但是，财务会计的这种成本分类，未能直观反映出成本与业务量之间的关系，不利于企业管理者进行预测、决策分析，编制预算，进行成本控制和业绩评价。

二、按性态分类

成本性态也称成本习性或成本特性，是指在相关范围内，成本总额的变动与业务量之间的依存关系，或者说业务量的波动将如何影响成本的发生或大小。这里的业务量有多种表现形式，对于标准化实物产品的生产企业而言，其业务量表现为实物形态的产品数量；而对于服务型企业而言，其业务量的表现形式则更为多样化，如心理咨询事务所，其业务量可以表现为咨询小时数，对于运输企业而言，其业务量可以表现为多少吨/公里，前者是一个单一单位，而后者则是一个复合单位。

成本按其性态进行分类的方法对企业管理大有裨益，它可以使管理者掌握成本与业务量变动的规律性，进而进行成本分析、预测等工作，为企业正确的经营决策和控制活动提供有价值的信息。

按成本与业务量的依存关系，通常可以把成本分为固定成本、变动成本和混合成本。

(一) 固定成本

1. 固定成本的概念

固定成本是指在一定期间和一定业务量范围内，成本总额不受业务量影响而保持不变的成本。固定成本一般包括按月支付的房屋设备租赁费、按年支付的保险费、固定资产折旧费等。

【例2-1】 甲企业生产A产品，在从设备租赁公司租用一台某型号设备的情况下，一年的最大生产能力是1 000件，每年向设备租赁公司支付20 000元。显然，当最大生产能力在1 000件以下时，无论产量如何变化，设备租金将始终保持在20 000元，租金费用与产量之间的关系如表2-1所示。

表2-1 租金费用与产量之间的关系

产量/件	租金/元	单位产品负担的租金/元
200	20 000	100.0
400	20 000	50.0
500	20 000	40.0
600	20 000	33.3
800	20 000	25.0
1 000	20 000	20.0

2. 固定成本的特征

从固定成本的定义和[例2-1]的数据中可以发现，固定成本具有如下两个特征。

(1) 固定成本总额的不变性，即在一定时期和一定业务量范围内，固定成本总额不随业务量的变动而变动。若在平面直角坐标图上，以y表示固定成本总额，x表示业务量，a表示某一固定常数，固定成本线就是一条平行于x轴的直线，其总成本模型为$y=a$(见图2-2)。

(2) 单位固定成本的反比例变动性，即在一定时期和一定业务量范围内，由于固定成本总额不变，因此单位产品负担的固定成本就随业务量的变动成反比例变动，如以y表示单位固定成本，x表示业务量，a表示固定成本总额，其单位成本模型为$y=\dfrac{a}{x}$，反映在坐标图上是一条反比例曲线(见图2-3)。

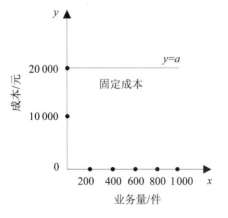

图2-2 固定成本总额模型

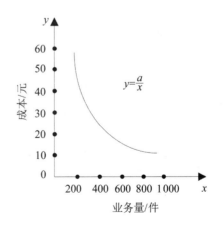

图2-3 单位固定成本模型

3. 固定成本的分类

固定成本按其在一定期间内的支出额是否受管理当局短期决策行为的影响，又可进一步分为约束性固定成本和酌量性固定成本。区分这两类成本的目的在于寻求更为适宜并有针对性的成本管理与控制路径。

(1) 约束性固定成本。约束性固定成本又称刚性固定成本，是指不受管理者短期决策行为影响的那部分固定成本。它的数额取决于企业生产经营规模，如厂房设备按照直线法计提的折旧费、财产保险费、管理人员的基本工资等。约束性固定成本是企业的经营活动所必须承担的最低成本，因而具有很大的"约束性"，企业管理当局的短期决策无法改变企业的生产经营规模，也就无法改变约束性固定成本。

约束性固定成本具有两个特点：一是其支出额的大小取决于企业已经形成的生产经营能力的大小；二是约束性固定成本存在和发挥作用的时间较长，是实现企业长远目标的基础。任何想削减当前约束性固定成本水平的企图都必须以缩减企业生产能力为代价，这意味着企业的生产能力被破坏，可能会影响企业长远目标的实现，降低企业的盈利能力。

由此可知，企业管理者对当前约束性固定成本总额的控制往往无能为力，只能从充分地利用其创造的生产经营能力的角度着手，提高产品的产量，相对降低其单位成本，或在最初引起这种成本的长期投资决策时应着重考虑如何经济合理地确定生产经营规模，以期未来的生产经营活动能充分有效地利用这一必然成本。

(2) 酌量性固定成本。酌量性固定成本又称选择性固定成本或任意性固定成本，是指受管理者短期决策行为的影响，可以在不同时期改变其数额的那部分固定成本。例如，研发费用、广告费、职工培训费等。酌量性固定成本并非可有可无，有些酌量性固定成本直接关系到企业的核心竞争力，它需要管理当局根据企业的经营状况，权衡未来竞争能力的大小和为取得这种竞争力所付出的现时成本做出决策。

酌量性固定成本具有两个特点：一是其支出额的大小由高层领导根据生产经营目标、方针，以及财务负担能力以预算的形式来确定；二是该类成本存在时间较短，通常为一年。

对酌量性固定成本进行控制，可以在降低其绝对额方面采取措施，即在预算时认真决策、精打细算，在执行中厉行节约，在保证不影响生产经营的前提下尽量减少它们的支出总额。通常，降低固定成本就是指降低酌量性固定成本。

4. 固定成本的相关范围

固定成本总额的不变性，并不是绝对的而是有条件限制的，即固定成本总额只有在一定时期和一定业务量范围内才是固定不变的。一定时期和一定业务量范围统称为相关范围，如果业务量的变动超过这个范围，固定成本就会发生变动。

(1) 特定的期间。从较长时期看，所有固定成本都是可变的，即使是约束性固定成本，其总额也会发生变化。因为随着时间的推移，企业生产经营能力的规模和质量都将发生变化，由此必然引起厂房的扩建，设备的更新，管理人员的增减等，从而使得不同时期的折旧费、保险费、维护费和管理人员薪金不一样。因此，只有在一定的时期内固定成本才保持其性态特征。

(2) 特定的业务量变动范围。业务量变动范围是指在企业现有的生产能力水平之内，因为企业产销量一旦超过这一水平，就必须扩建厂房、购置设备、扩充机构和人员、增加产品的推销费用支出，必然使企业的固定成本水平发生改变。

很显然，如果脱离了"相关范围"，固定成本的固定性就不复存在了，也就是说固定成本的固定性并非绝对，而是具有相对性。但值得注意的是，当原有的相关范围打破以后，在新的相关范围内，固定成本依然会呈现出固定不变的特征。

【例2-2】沿用[例2-1]的条件，为满足市场需求，企业决定将每年最大生产能力由原来的1 000件提高到2 000件，这需要向租赁公司租入两台设备，每年租金由原来的20 000元增加到40 000元，固定成本在相关范围内的变化如图2-4所示。

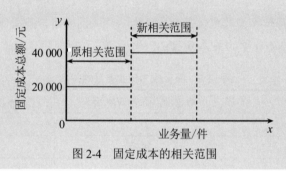

图2-4 固定成本的相关范围

(二) 变动成本

1. 变动成本的概念

变动成本是指在一定期间和一定业务量范围内，其总额随业务量变动而成正比例变动的成本。例如，直接材料、直接人工、制造费用中随业务量成正比例变动的物料用品费、燃料动力费，以及按销量支付的销售人员佣金、装运费、包装费和按产量计提的固定资产折旧费等。

2. 变动成本的特征

变动成本具有如下两个特征。

(1) 变动成本总额的正比例变动性，即变动成本随业务量增加成正比例变动。若用 y 表示变动成本总额，b 表示单位变动成本，x 表示业务量，变动成本总额模型为 $y=bx$，在直角坐标图中，变动成本线 $y=bx$ 是一条以单位变动成本为斜率且经过原点的直线(见图2-5)。

(2) 单位变动成本的不变性，即在一定期间和一定业务量范围内，单位变动成本不受业务量增减变动的影响，保持不变。在直角坐标图中，单位变动成本线是平行于横轴的直线，其成本模型为 $y=b$ (见图2-6)。

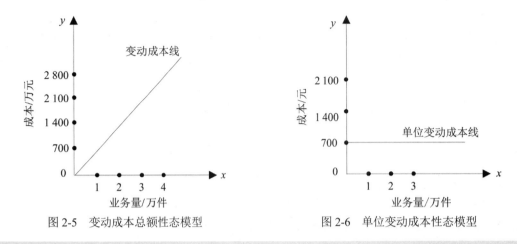

图 2-5 变动成本总额性态模型　　　　图 2-6 单位变动成本性态模型

【例 2-3】 某公司生产 A 型彩电,每台彩电需一件液晶面板,若每件液晶面板的外购价为 700 元,则面板成本与业务量的关系如表 2-2 所示。

表 2-2 面板成本与业务量的关系

彩电产量/台	单位液晶面板成本/元	液晶面板成本总额/元
10 000	700	7 000 000
20 000	700	14 000 000
30 000	700	21 000 000
40 000	700	28 000 000

3. 变动成本的分类

变动成本按其相对于决策的关系可进一步分为约束性变动成本和酌量性变动成本。

(1) 约束性变动成本。约束性变动成本也称技术性变动成本,是指单位成本受客观因素决定,数额由技术因素决定,企业管理当局的决策无法改变其单位成本数额。这类成本通常表现为企业所生产产品的直接消耗成本,如生产一台电脑所需的 CPU、主板、硬盘,生产一台电视所需的液晶面板,生产电冰箱所需的压缩机等,这些成本都与产量有着明确的技术或实物关系,对管理当局来说具有很大的约束性。因此,想要降低这类成本,往往意味着企业产品的转型或工艺、设计的改进。

(2) 酌量性变动成本。酌量性变动成本是指单位消耗取决于客观因素,其单位成本受企业经营管理部门的决策影响的变动成本。相对于约束性变动成本,酌量性变动成本单位成本具有一定的弹性。如按产量计酬的职工工资、按销售收入的特定比例计算的销售提成等。以上这些支出的比例或者标准取决于企业经营管理部门的决策,因此如果想有效降低此类成本,应当提高管理人员的素质、优化劳动组合、改善成本效益关系。

4. 变动成本的相关范围

变动成本总额的正比例变动性也是有条件的,即在一定期间和一定业务量范围内,也就是其相关范围。

(1) 特定的期间。因为从长期来看，由于物价和技术水平的变化，单位产品所消耗的直接材料、直接人工，以及其他变动费用也会变化。例如，某些行业在投产初期，由于工人技术熟练程度差，劳动生产率较低，单位产品消耗的直接材料和直接人工相对较多；随着工人经验的丰富和技术的熟练，单位产品消耗的直接材料和直接人工逐渐下降。因此，单位变动成本的不变性是针对特定期间而言的。

(2) 特定的业务量变动范围。通常在业务量变动范围内，变动成本总额具有正比例变动性，超过这一范围两者之间就不一定存在正比例关系，即表现为非线性关系。例如，当企业业务量较低时，由于规模经济的作用，如原材料的大规模采购而获得折扣，单位变动成本会随着业务量的增加而降低，表现为变动成本线的斜率随业务量的增长逐步变小；而当业务量增长到超过某一临界值，可能出现规模不经济的情况，比如由于资源的有限性，更大规模的原材料采购可能导致原材料供给紧张，价格上涨，再比如业务量增长导致工人加班，企业需要支付更高的加班补贴，即单位变动成本随着业务量的增长而增加，表现为变动成本线的斜率随着业务量的增长而逐步增加。在规模经济与规模不经济这两个区间范围内，有一段较为稳定的状态，变动成本总额和业务量之间表现为线性或趋近于线性关系。这里，相关范围即是指产量增长的中间阶段，如图 2-7 所示。

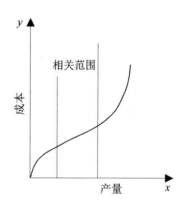

图 2-7 变动成本的相关范围

> 📖 **课堂讨论**
>
> **直接人工成本真的是变动成本吗？**
>
> 传统的管理会计观点认为，直接人工成本属于典型的变动成本，因为它和直接材料一样，随着业务量的变化而呈同比例的变动趋势。但是，近来有越来越多的学者指出，直接人工成本的变动属性值得商榷，他们认为，由于政府的就业保护和促进政策，企业并不能在业务量下降时随意解雇冗余的员工，甚至为了应对未来可能出现的业务量增长，企业还应当保留一定的冗余员工。还有学者认为，完全根据业务量的增减而减少或增加企业雇佣的员工数量，对于企业文化的塑造和员工整体的士气具有负面影响，很可能得不偿失，因此很多企业总是尽可能保持员工队伍的稳定，即使是在业务遭受巨大冲击、大幅下降的情况下。
>
> 你能否提供一些实际案例，以支持上述学者的观点。
>
> 我国政府在促进和保障就业方面，都有哪些激励措施和政策？

(三) 混合成本

1. 混合成本的概念

混合成本是指那些既含有固定成本又含有变动成本的成本项目，既非完全固定不变，也不随业务量成正比例变动。混合成本发生额的大小虽然受业务量大小的影响，但不存在严格的正比例关系，如带有月基础费用的电费、给予销售人员的报酬(基本+提成部分)等。

2. 混合成本的分类

混合成本与业务量之间的关系比较复杂。按照变动趋势的不同，混合成本又可分为标准式混合成本、阶梯式混合成本、曲线式混合成本、递延式混合成本。

(1) 标准式混合成本。标准式混合成本也称半变动成本，这类混合成本在业务量为零时，有个固定不变的基数，在这个基数之上随着业务量的发生和增加，成本也相应按比例增加。例如，带有月基本费用的水电费、带有月保底工资的销售人员报酬等。

【例2-4】某厂租用一台机器，租约规定每月固定租金为3 000元，同时还规定机器每运转1小时支付租金0.5元。假定某月该厂的机器运转了4 000小时，则租金成本为5 000元，其中3 000元为固定成本，2 000元为变动成本，如图2-8所示。

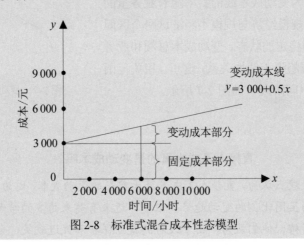

图2-8　标准式混合成本性态模型

(2) 阶梯式混合成本。阶梯式混合成本是指在一定的业务量范围内保持相对不变，但当业务量超过一定范围时，成本一下就上升一个台阶，然后又趋于平稳。例如，化验人员、检验人员的工资，以及受开工班次影响的动力费，整车运输费等。

【例2-5】质检人员每月工资为2 000元，每人每日可检查产品1 000件，则质检人员工资支出如图2-9所示。

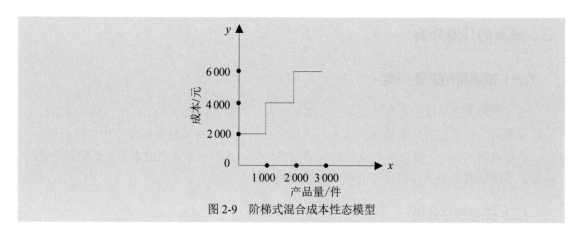

图 2-9　阶梯式混合成本性态模型

(3) 曲线式混合成本。曲线式混合成本是指成本通常有一个初始量，一般不变，相当于固定成本。在这个初始量的基础上，随着业务量的增加，成本也逐步增加，但不成正比例，而是呈非线性的曲线关系。

曲线式混合成本又可进一步分为两种类型：一是递减曲线成本(见图 2-10)。成本支出在未达到预定状态时是固定不变的，随着单位成本业务量的增加而逐步下降，总成本呈凸形曲线。二是递增曲线成本(见图 2-11)。成本支出在未达到约定的业务量或约定的时间时是固定不变的，属于固定成本性质，随着业务量或时间延迟进一步增加，成本支出额也以递增的速度增加。

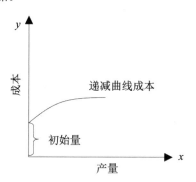

图 2-10　递减曲线成本性态模型

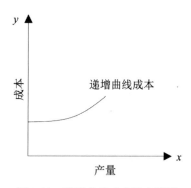

图 2-11　递增曲线成本性态模型

(4) 递延式混合成本。递延式混合成本是指在一定业务量范围内其总额保持不变，但当业务量达到一定水平时，其成本随业务量按比例增长的成本。例如，企业对职工支付的工资在一定产量水平下是固定的，而当产量超过一定水平时，对职工支付加班工资或津贴，这种工资即为递延式混合成本，如图 2-12 所示。

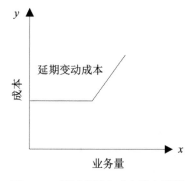

图 2-12　递延式混合成本性态模型

三、成本的其他分类

(一) 按决策相关性分类

成本的相关性是指成本与特定决策方案是否有关的性质,成本按此可分为相关成本与无关成本两类,有关相关成本和无关成本的内容将在第五章"短期经营决策"中加以说明。

需要强调的是,一项成本与企业的决策相关与否,并不在于该项成本是否影响到企业的决策,关键是看企业的决策是否会影响到该项成本。

(二) 按可控性分类

成本可控性是指责任单位对其成本的发生是否可以在事先预计并落实责任,在事中施加影响,以及在事后进行考核的性质。按此标准,成本可分为可控成本与不可控成本两类。利用这种分类,可以分清各单位或个人的经济责任,完善企业内部的经营机制,考核工作业绩。

(三) 按成本与产品的关系分类

成本按其与产品的关系,可以分为直接成本和间接成本。直接成本是指与某一特定的产品生产有直接关系,因而可以直接计入该产品的成本项目,如用于某产品生产的直接材料、直接人工等。间接成本是指一些共同性的成本,通常难以准确地划分到特定的产品中去,因而需要先按照某一特定项目进行归集,然后再按一定的标准进行分配,并予以计算的成本。

第二节 混合成本分解

由于混合成本是由固定成本和变动成本组成,与业务量之间的关系依然模糊不清。为了进一步掌握混合成本与业务量的依存关系,有必要将混合成本中的固定成本和变动成本分离,使企业的总成本划分为固定成本和变动成本两大部分。

混合成本的函数模型为 $y=a+bx$(其中,y 是总成本,a 是固定成本,b 是单位变动成本,x 是业务量),在这个函数模型中,业务量 x 是自变量,总成本 y 是因变量,固定成本 a 和单位变动成本 b 是常数,在分解中只要能够确定 a 和 b 的值就可以确定 x 取任何值时的总成本 y 值,使企业成本与业务量之间呈现一种线性关系,有利于为企业对经济活动进行计划和控制,为加强成本管理提供信息。

一、历史成本分析法

历史成本分析法就是通过对历史成本数据进行分析,根据以前各期实际成本与产量间的依存关系,来推算一定期间固定成本和单位变动成本的平均值,并以此来确定所估算的未来成本。为保证成本分解的可靠性，必须注意：所收集的数据是否会因为会计政策的变化而产生较大偏差，因为期间的成本性态与该期的会计政策密切相关；选择恰当的期间，以便能消除期限较长带来的不稳定状态的影响，又能使所选择的期间数量可保证获得较为精确可靠的成本数据；还要选择适宜的业务量的计量单位。

历史成本分析法具体可分为高低点法、散布图法、直线回归法三种。

(一) 高低点法

高低点法，是以一定期间相关范围内最高点业务量所对应的成本点与最低点业务量所对应的成本点，由这两点来确定混合成本线，进而推算混合成本中变动成本和固定成本的一种方法。其具体分析步骤如下。

第一步，确定最高点业务量 $x_{高}$、最低点业务量 $x_{低}$，以及分别对应的混合成本 $y_{高}$ 和 $y_{低}$。

第二步，计算单位变动成本 b 值和固定成本 a 值，计算公式为

$$b = \frac{高低点混合成本之差}{高低点业务量之差} = \frac{\Delta y}{\Delta x} = \frac{y_{高} - y_{低}}{x_{高} - x_{低}}$$

$$a = y_{高} - bx_{高} \text{ 或 } a = y_{低} - bx_{低}$$

【例2-6】某机器厂某车间1—6月的机器设备维修工时与维修费用，如表2-3所示。

表2-3 1—6月机器设备维修工时与维修费用

月份	1	2	3	4	5	6
维修工时	5 500	7 000	4 000	6 500	7 500	8 000
维修费用	745	850	600	820	960	1 000

要求：采用高低点法，将维修费用中的变动成本和固定成本分解出来。

解：根据题中资料，高点为6月份，低点为3月份。

单位变动成本 $b = \dfrac{1\,000 - 600}{8\,000 - 4\,000} = 0.1(元/工时)$

固定成本 $a = 1\,000 - 8\,000 \times 0.1 = 200(元)$

或　　　$= 600 - 4\,000 \times 0.1 = 200(元)$

维修费用 $y = 200 + 0.1x$

高低点法的基本原理是：在相关范围内，固定成本一般是不发生变化的，因此数量最高点对应的混合成本与数量最低点对应的混合成本之间的差额，就必然是变动成本。根据变动成本与业务量成正比例变化的特点计算出变动成本后，再从相应的混合成本中扣除变动成本，余额即为固定成本，这样就达到了分解混合成本的目的。

运用高低点法分解混合成本应注意几个问题：首先，高点和低点的选择是以业务量的高

低为标准,而不是以成本的高低为标准。其次,高低点法是以高点和低点的数据来描述成本性态的,其结果会带有一定的偶然性,这种偶然性会对未来成本的预计产生影响。当然这两点的成本数据就更不能含有任何不正常情况下的成本了。最后,当高点和低点业务量不止一个(即有多个期间的业务量相同且同属高点或低点),而成本又不同时,则只需按高低点法的原理,属于高点就取成本大者,属于低点就取成本低者,即高者从高,低者从低。

高低点的优点在于简便易行,便于理解。缺点是由于它只选择了诸多历史资料中的两组数据作为计算依据,使得建立起的成本性态模型很可能不具有代表性,导致较大的计算误差。这种方法只适用于成本变化趋势比较稳定的企业。

(二) 散布图法

散布图法是一种目测法,是将一定时期的混合成本历史数据逐一地在坐标图上标明以形成散布图,然后在各个成本点之间画一条反映成本变动平均趋势的直线,借以确定混合成本中变动成本和固定成本的方法。

【例2-7】仍以[例2-6]中资料为例,采用散布图法(见图2-13)来分解维修费用。
(1) 建立坐标图,以横轴表示数量,纵轴表示成本。
(2) 将表2-3中1—6月的数量和成本资料逐一标注于坐标图上。
(3) 用目测的方法画一条直线,使其尽可能通过或接近所有坐标点,该直线与纵轴交点处所对应金额为混合成本中的固定成本a。
(4) 在直线上任取一点,假设其坐标值为(x_1, y_1),则混合成本中单位变动成本$b = \dfrac{y_1 - a}{x_1}$。

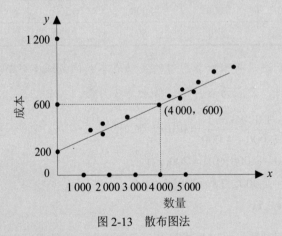

图2-13 散布图法

从图中可知,直线与纵轴的截距值为200,即$a = 200$,任选一点坐标为(4 000, 600),则$b = \dfrac{600 - 200}{4\ 000} = 0.1(元/工时)$,维修费用成本公式为$y = 200 + 0.1x$。

采用散布图法分解混合成本,能够考虑所提供的全部历史成本资料,其图像可反映成本的变动趋势，比较形象直观，易于理解，同时可排除偶然因素的影响，是对高低点法的一种改进。但由于仅凭目测画线，存在一定的主观性和非一致性，所以散布图法只适用于对混合成本分解的精确度要求不高的情况下。

(三) 直线回归法

直线回归法亦称最小二乘法，是根据若干期数量和成本的历史资料，运用最小二乘法公式，将混合成本分解成为变动成本和固定成本的方法。其原理是从散布图中找到一条到所有观测点距离平方和最小的直线，这条直线在数学中称为回归直线 $y = a + bx$，按照数理统计的回归分析法可直接运用公式计算出回归系数 a 和 b。其具体步骤如下。

第一步，将混合成本的基本公式 $y = a + bx$，以 n 个观察值合计数($\sum$)的形式表述，即

$$\sum y = na + b\sum x \tag{1}$$

第二步，代入公式。

将公式(1)中的每一项分别乘以 x 得

$$\sum xy = a\sum x + b\sum x^2 \tag{2}$$

由公式(1)求得

$$a = \frac{\sum y - b\sum x}{n} \tag{3}$$

再将公式(3)代入公式(2)求得

$$b = \frac{n\sum xy - \sum x \sum y}{n\sum x^2 - (\sum x)^2} \tag{4}$$

再将公式(4)代入公式(1)求得

$$a = \frac{\sum x^2 \sum y - \sum x \sum xy}{n\sum x^2 - (\sum x)^2} \tag{5}$$

【例2-8】以[例 2-6]中的资料为例来分解混合成本，首先将各月的历史资料按照计算所需资料进行加工。直线回归计算结果如表 2-4 所示。

表 2-4 直线回归计算表

月份	维修工时 x/工时	维修费 y	xy	x^2	y^2
1	5.5	745	4 097.5	30.25	555 025
2	7.0	850	5 950.0	49.00	722 500
3	4.0	600	2 400.0	16.00	360 000

(续表)

月份	维修工时 x /工时	维修费 y	xy	x^2	y^2
4	6.5	820	5 330.0	42.25	672 400
5	7.5	960	7 200.0	56.25	921 600
6	8.0	1000	8 000.0	64.00	1 000 000
n=6	$\sum x=38.5$	$\sum y=4975.00$	$\sum xy=32977.50$	$\sum x^2=257.75$	$\sum y^2=4231525.00$

将上述数据代入公式(4)求得

$$b=\frac{n\sum xy-\sum x\sum y}{n\sum x^2-(\sum x)^2}=\frac{6\times 32\,977.5-38.5\times 4\,975}{6\times 257.75-(38.5)^2}=98.48(元/工时)$$

代入公式(3)或公式(5)求得

$$a=\frac{\sum y-b\sum x}{n}=\frac{4\,975-98.48\times 38.5}{6}=197.25(元)$$

$$a=\frac{\sum x^2\sum y-\sum x\sum xy}{n\sum x^2-(\sum x)^2}=\frac{257.75\times 4\,975-38.5\times 32\,977.5}{6\times 257.75-(38.5)^2}=197.25(元)$$

则维修费用的成本公式为 $y=197.25+98.48x$

必须指出，采用一元直线回归法分解混合成本，混合成本总额与产量之间必须具有线性联系，如果没有那么分解出来的结果也就失去了意义。因此，应先进行相关程度分析，并根据分析结果确定这种方法的适用性。相关程度以相关系数 r 来分析，计算公式为

$$r=\frac{n\sum xy-\sum x\sum y}{\sqrt{[n\sum x^2-(\sum x)^2][n\sum y^2-(\sum y)^2]}}$$

一般情况下，当 $r\geq 0.8$，表明成本总额与业务量之间有密切联系，这样就可以运用直线回归法进行分解。

直线回归法是对散布图法的改进和提高，其理论健全，分析结果精确。但是，其计算数据繁多，分解过程复杂，如能有效利用计算机进行数据分析，则可起到事半功倍的效果。

二、技术测定法

技术测定法亦称为工程法，是指由工程技术人员通过某种技术方法测定正常生产流程中投入与产出之间的规律性的联系，并依据其工程技术特点来区分固定成本和变动成本的一种混合成本分解方法。其基本点是材料、工时的投入量和产出量进行对比分析，用来确定单位

产量的消耗定额，并把与产量有关的部分汇集为单位变动成本，与产量无关的部分汇集为固定成本。

【例2-9】某企业铸造车间的燃料用于铸造熔炉，分别在点炉和熔化铁水两个程序中使用。木柴的价格为 250 元/吨，焦炭的价格为 400 元/吨。具体方法是：每次点炉用木柴 0.08 吨，焦炭 1.2 吨；熔化 1 吨铁水使用焦炭 0.12 吨，每个工作日点炉一次，全月工作 24 天。

要求：确定该车间每月的燃料总成本方程。

解：设本月熔化 x 吨铁水，则该车间每月的燃料总成本方程为

$$y = a + bx$$
$$= (0.08 \times 250 + 1.2 \times 400) \times 24 + 0.12 \times 400x$$
$$= 12\,000 + 48x$$

技术测定法是在缺乏历史成本数据条件下可用的最有效的方法，也是用于检验历史成本分析结论的最佳方法，但是该方法工作量较大，一般适用于新建企业或新产品的成本性态分析。

三、账户分析法

账户分析法亦称会计分析法，是根据有关账户及其明细账的内容，结合其与产量的依存关系，判断其比较接近哪一类成本，就视为哪一类成本。例如，大部分管理费用、折旧费、租金、保险费等在正常产量范围内与产量变动关系不明显就可按固定成本处理，而企业的间接材料费，虽然不与产量成正比例变动，但费用的发生与产量关系比较大，就可视为变动成本。至于不易简单划分固定成本或变动成本的项目，则可通过历史成本分析法将它们分解为固定和变动两部分。

【例2-10】某车间月产量 5 000 件时的成本为：原材料 10 000 元，直接人工 12 000 元，燃料动力费 4 000 元，维修费 2 000 元，间接人工 2 000 元，折旧费 8 000 元，行政管理费用 2 000 元，合计 40 000 元。

要求：建立该车间总成本方程。

解：设该车间月产量为 x，则其总成本方程为

$$y = (2\,000 + 8\,000) + x(40\,000 - 10\,000)/5\,000$$
$$= 10\,000 + 6x$$

账户分析法简便易行，但比较粗糙且带有主观判断，其可靠性取决于会计人员的经验。必须注意的是，一定要把在会计期发生的一切不正常或无效的支出都排除在外。

四、合同确认法

合同确认法是根据所签订合同规定的计价方法与合同提供的业务量的关系分析成本的一种定量分析方法。这种方法将不论业务量多少均需支付的部分，即基数部分划入固定成本，将按业务量计价的部分划入变动成本。

【例2-11】 A公司与供电局鉴定合同规定：A公司每月需支付供电局变压器维修费600元，每月用电额度50 000度，额度内用电0.20元/度，超额用电按正常电价10倍计算。若该公司每月照明平均用电1 000度，另生产甲产品，平均每件耗电7度。

要求：建立A公司月用电额度内电费成本和超额度用电成本方程。

解：用电额度内甲产品最高产量 = (50 000 − 1 000) ÷ 7 = 7 000(件)

额度用电成本方程为：$y = (600 + 0.2 \times 1\,000) + 0.2 \times 7x$ (X ≤ 7 000)
$= 800 + 1.4x$

超额用电成本方程为：$y = (800 + 1.4 \times 7\,000) + 0.2 \times 10 \times 7(x - 7\,000)$ (X > 7 000)
$= -87\,400 + 14x$

从混合成本分解的各种方法中不难看出，成本分解的过程，实际上就是一个对成本性态进行研究的过程。就成本分解的各种方法而言，应该说短长互见。会计人员应该根据不同的分解对象选择适当的分解方法，得到分解结果后，还应当尽可能采用其他方法进行验证，以期获得比较准确的成本性态数据。

第三节 变动成本法概述

随着经济及科学技术的迅猛发展，市场竞争日趋激化，决策的重要性日益突出，加之企业广泛实行预算管理，强烈要求会计部门提供与之相应的成本资料，以便加强对经济活动的事前规划与日常控制。因此，变动成本法得到广泛重视，并应用于西方各国的企业内部管理方面，成为管理会计的一项重要内容。

在变动成本法下，企业的成本划分为变动成本和固定成本两大部分。产品成本只包括变动成本，如直接材料、直接人工和变动制造费用，固定成本如固定性制造费用、固定期间费用等，不计入产品成本。在产品出售前，反映在资产负债表上的存货资产价值不包括固定制造成本；在产品销售时，转入销售成本与销售收入进行配比的也只是变动成本。这样，它就能提供反映产品盈利能力的贡献毛益资料，有利于企业的经营决策、目标管理和分析考核。

一、边际贡献的概念

边际贡献又称为贡献毛益或创利额，是指销售收入减去变动成本后的余额。它除了以边际贡献总额(Tcm)表示外，还有单位边际贡献(cm)和边际贡献率(cmR)两种形式。单位边际贡献是指产品销售单价减去单位变动成本后的差额，边际贡献率是指边际贡献总额占销售收入的百分比，或单位边际贡献与单价的百分比。边际贡献这三种形式可以相互换算，具体如下。

$$边际贡献总额 = 销售收入 - 变动成本$$
$$= 单位边际贡献 \times 销量$$
$$= 销售收入 \times 边际贡献率$$

$$单位边际贡献 = 单价 - 单位变动成本$$
$$= 销售单价 \times 边际贡献率$$
$$= \frac{边际贡献额}{销量}$$

$$边际贡献率 = \frac{边际贡献额}{单价} \times 100\%$$
$$= \frac{单位边际贡献}{单价} \times 100\%$$

另外，边际贡献率还可以根据变动成本率来计算，公式为

$$变动成本率 = \frac{变动成本额}{收入} = \frac{单位变动成本}{销售单价}$$

$$边际贡献率 = 1 - 变动成本率$$

【例 2-12】 某企业生产 A 产品，售价为 30 元/件，单位变动成本为 12 元，固定成本总额为 50 000 元，当年的产销量为 10 000 件。

要求：计算 A 产品的单位边际贡献、边际贡献总额、边际贡献率和利润。

解：单位边际贡献 = 30 - 12 = 18(元)

边际贡献总额 = 18 × 10 000 = 180 000(元)

边际贡献率 = $\frac{18}{30}$ = 60% 或 = $\frac{180\,000}{30 \times 10\,000}$ = 60%

利润 = 180 000 - 50 000 = 130 000(元)

在管理会计中计算边际贡献指标，其作用在于可以提供一个企业或一种产品的盈利能力情况。因为利润 = 收入 - 变动成本 - 固定成本 = 边际贡献 - 固定成本，所以当边际贡献等于固定成本时，企业不亏不盈；当边际贡献大于固定成本时，企业盈利；当边际贡献小于固定成本时，企业亏损。

在相关范围内，固定成本具有不变性，当企业或一种产品的固定成本为已知数时，我们便可通过企业或产品边际贡献的大小判断企业或产品的盈亏情况。

二、变动成本法的意义

采用变动成本法计算产品的成本和存货成本主要有以下几方面的意义。

(一) 提供每种产品的盈利能力资料

每种产品的盈利能力资料,是管理会计要提供的重要管理信息之一。因为利润的规划和经营管理中许多重要的决策,都要以每种产品的盈利能力作为考虑的重要依据,而每种产品的盈利能力可通过其"贡献毛益"来综合表现。所谓"贡献毛益",是指产品的销售收入扣减其变动成本之后的余额。显然,各种产品的贡献毛益要用来补偿整个企业的固定成本,补偿之后还有余额,企业才能实现最终利润。所以,在固定成本一定的情况下,各种产品的贡献毛益正是其盈利能力的表现,也是它对企业最终利润所做贡献大小的重要标志。而产品贡献的确定又有赖于变动成本的计算。

(二) 为决策提供有价值的信息

变动成本法可为正确地制定经营决策及进行成本的计划和控制提供许多有价值的资料。以贡献毛益分析为基础,进行盈亏临界点和本量利分析,有助于揭示产量与成本变动的内在规律,找出生产、销售、成本与利润之间的依存关系,并用于预测前景、规划未来(如规划目标成本、目标利润及编制弹性预算等)。同时,这些资料也有利于正确地制定短期经营决策,因为就短期而言,企业现有的生产能力一经形成是很难改变的,所以用于维持现有生产能力的固定成本就是一种与短期决策无关的成本。但变动成本则会受到短期决策的影响,这就使得短期经营决策常常要借助于贡献毛益的信息来实施。

(三) 在企业日常经营中发挥作用

变动成本计算便于和标准成本、弹性预算和责任会计等直接结合,在计划和日常控制的各个环节发挥重要作用。变动成本与固定成本具有不同的成本形态,对于变动成本可通过指定标准成本和建立弹性预算进行日常控制。在一般情况下,变动成本的高低,可反映出生产部门和供应部门的工作业绩,完成得好坏应由它们负责。而固定成本的高低一般不是基层单位所能控制的,通常应由管理部门负责,可以通过制定费用预算加以控制。因此,使用变动成本法,有利于企业采用科学的成本分析方法正确地进行成本控制,也有利于正确评价各部门的工作业绩。

三、变动成本法计算的理论依据

(一) 产品成本只应包括变动生产成本

在管理会计中,产品成本是指那些随产品实体的流动而流动,只有当产品实现销售时才能与相关收入实现配比,得以补偿的成本。由于产品是成本的物质承担者,产品成本理应与产量密切相关,在生产工艺没有发生实质性变化,成本水平不变的条件下所发生的产品成本总额应当随着完成的产品产量成正比例变动。显然,在变动成本法下只有变动生产成本才能构成产品成本的内容。

(二) 固定成本应作为期间成本处理

在管理会计中，期间成本是指那些不随产品实体流动而流动，而是随企业生产经营持续期间长短而增减，其效益随时间的推移而消逝，不能递延到下期，只能在发生的当期计入损益表由当期收入补偿的成本。

很显然，固定性制造费用就是这样一种成本，因为在相关范围内它的发生与各期的实际产量的多少无关，而同维持生产能力的时间长短成正比例。本期生产能力是否得到充分利用，是本期工作功过的一个方面，为此而发生的费用不应摊入产成品和期末在产品而转嫁到以后各期去负担，只应作为期间成本，在发生当期全部从收入中扣除，随时间的消逝而丧失。

四、变动成本法与完全成本法的比较

在变动成本法产生以前，传统财务会计是将企业成本划分为制造成本和非制造成本，而不管它们是变动成本还是固定成本。计算产品成本时，将全部制造成本包括直接材料、直接人工和制造费用(其中，制造费用不管是变动费用还是固定费用)吸收计入产品成本。由于这种成本计算主要是用于计量产品制造过程中的全部制造成本，反映企业的财务状况和财务成果，因而也称为财务成本。制造成本的计算方法是将全部制造成本(包括变动和固定的)均计入产品成本，因而在变动成本法产生后，为区别这两种成本计算方法，将新产生的成本计算称之为变动成本法，而把传统的成本计算称为完全成本法。

完全成本法也称吸收成本计算法或传统成本计算法。在完全成本计算法下，产品成本包括全部制造成本，将非制造成本如营业费用、管理费用和财务费用作为期间费用进行处理，不计入产品成本。这样，在产品出售前，制造成本以存货资产的形式反映在资产负债表中；待产品销售后，再将存货成本转入销售成本，与销售收入进行配比，确认损益并反映在损益表上。

变动成本法与完全成本法具有明显的差异，具体内容如下。

(一) 成本划分的标准及类别不同

变动成本法要求先进行成本性态分析，把全部成本划分为变动成本和固定成本两大部分。完全成本法要求先把全部成本按其发生的领域或经济用途分为生产成本和非生产成本。

(二) 产品成本和期间成本构成内容不同

变动成本法下产品成本包括直接材料、直接人工和变动制造费用，而把固定性制造费用和销管费用作为期间成本。

完全成本法下产品成本包括直接材料、直接人工、变动制造费用和固定性制造费用等全部生产成本，只有非生产成本(销管费用)才作为期间成本处理。

完全成本法与变动成本法的成本划分方式，如表 2-5 所示。

表 2-5 完全成本法与变动成本法的成本划分方式

成本	完全成本法	变动成本法
产品成本	直接材料 直接人工 变动制造费用 固定性制造费用	直接材料 直接人工 变动制造费用
期间成本	管理费用 销售费用	固定性制造费用 管理费用(变动与固定) 销售费用(变动与固定)

(三) 销售成本及存货成本水平不同

在变动成本法下，固定性制造费用作为期间成本直接计入当期利润表，因而本期销售成本、期末存货成本都不包括固定制造费用，两者均按变动成本计价。

在完全成本法下，由于固定性制造费用计入产品成本，这样已销产品与期末存货均吸收了一部分固定制造费用，即销售成本和期末存货成本均按完全成本计价。由此，会引起两种方法下销售成本及存货成本水平的不同。

例如，A 产品生产 2 000 件，销售 1 500 件，期末存货 500 件，单位变动生产成本为 10 元，固定性制造费用为 8 000 元。则变动成本法下 500 件存货价值为 5 000 元(500×10)，完全成本法下 500 件存货价值为 7 000 元$[500\times(10+\frac{8\ 000}{2\ 000})]$。

(四) 分期损益不同

由于变动成本法与完全成本法对固定性制造费用的处理方式不同，变动成本法下固定性制造费用进入期间成本，而完全成本法下固定性制造费用进入产品成本，因此两种方法下在同一会计期间负担的固定性制造费用有可能出现差异，从而导致两种方法下的税前利润不一致。

【例 2-13】某企业产销 A 产品，第一年期初存货为 0，第一、二、三年的产量分别为 6 000 件、8 000 件、4 000 件，销量分别为 5 000 件、4 000 件、9 000 件，每年的单位变动生产成本为 4 元，固定性制造费用为 24 000 元，固定销管费用为 3 000 元，单位产品变动销管费用为 1 元，产品售价 10 元，存货计价采用先进先出法。

表 2-6 和表 2-7 分别是完全成本法和变动成本法下的分期损益表。

表 2-6 完全成本法的分期损益表

单位：元

项目	年份			
	第一年	第二年	第三年	合计
销售收入	50 000	40 000	90 000	180 000
销售成本：				
期初存货成本	0	8 000	35 000	0
本期生产成本	48 000	56 000	40 000	144 000
期末存货成本	8 000	35 000	0	0
销售成本合计	40 000	29 000	75 000	14 000
销售毛利	10 000	11 000	15 000	26 000
减：销管费用	8 000	7 000	12 000	27 000
税前利润	2 000	4 000	3 000	9 000

表 2-7 变动成本法的分期损益表

单位：元

项目	年份			
	第一年	第二年	第三年	合计
销售收入	50 000	40 000	90 000	180 000
变动成本：				
变动生产成本(按销量计算)	20 000	16 000	36 000	72 000
变动销管费用	5 000	4 000	9 000	18 000
边际贡献	25 000	20 000	45 000	90 000
固定成本：				
固定性制造费用	24 000	24 000	24 000	72 000
固定销管费用	3 000	3 000	3 000	9 000
税前利润	-2 000	-7 000	18 000	9 000

第一年，完全成本法下税前利润为 2 000 元，变动成本法下税前利润为-2 000 元，完全成本法比变动成本法下税前利润多 4 000 元；第二年，完全成本法下税前利润为 4 000 元，变动成本法下税前利润为-7 000 元，前者比后者多 11 000 元；第三年，完全成本法下税前利润为 3 000 元，变动成本法下税前利润为 18 000 元，前者比后者少 15 000 元。两种成本法下这三年的累计利润均为 9 000 元。

完全成本法和变动成本法下利润差异的原因在于，各期所计入当期损益表中固定性制造费用的水平不同。因为两种方法下，同期销售收入是相同的，不会导致税前利润出现差异，而销管费用都是作为期间费用，只是在计入损益表的位置和补偿途径方面有形式上的区别，所以同期销管费用也是相同的,也不会导致税前利润出现差异。对于变动生产成本,两种方法下均作为产品成本的内容,同期已销产品的变动生产成本也是相同的,因此变动生产成本也不会导致两种方法下税前利润出现差异。

但是,对于固定费用,完全成本法和变动成本法处理方法的差异如下:

完全成本法计入当期损益表的固定性制造费用=期初存货释放的固定性制造费用+本期发生的固定性制造费用−期末存货吸收的固定性制造费用

变动成本法计入当期损益表的固定性制造费用=本期发生的固定性制造费用

【例2-14】 根据[例2-13]的资料,两种方法下的固定性制造费用差异,如表2-8所示。

表2-8 两种方法下的固定性制造费用差异

项目	年份			合计
	第一年	第二年	第三年	
1. 完全成本法计入损益表的固定性制造费用	0+24 000−4 000 =20 000	4 000+24 000− 5 000×3=13 000	15 000+24 000−0 =39 000	72 000
2. 变动成本法计入损益表的固定性制造费用	24000	24 000	24 000	72 000
3. 差异(1−2)	−4 000	−11 000	15 000	0
会计税前利润差异	4 000	11 000	−15 000	0

从上例中可得出这样的规律:

完全成本法税前利润−变动成本法税前利润=完全成本法下期末存货中固定性制造费用−完全成本法下期初存货中固定性制造费用

由此我们可得出这样的结论:

(1) 若完全成本法下期末存货中固定性制造费用等于期初存货中固定性制造费用,两种方法下税前利润相等。

(2) 若完全成本法下期末存货中固定性制造费用大于期初存货中固定性制造费用,则完全成本法下税前利润大于变动成本法下税前利润,如[例2-13]中的第一、二年。

(3) 若完全成本法下期末存货中固定性制造费用小于期初存货中固定性制造费用,则完全成本法下税前利润小于变动成本法下税前利润,如[例2-13]中的第三年。

五、变动成本法的评价

(一) 变动成本法的优点

许多会计学者和会计权威机构认为,变动成本法具有完全成本法不可比拟的优点,它至少在一定程度上弥补了完全成本法的局限,因此被广泛运用。变动成本法的优点表现在如下几个方面。

1. 最符合配比原则的要求

从理论上来说,变动成本法最符合配比原则的要求。配比原则要求有关费用的发生应当与它所产生的收入相配合,据以计算某一会计期间的利润。变动成本法要求将转作本期费用的成本分为两大部分:一部分是与产品制造有直接关联的成本,它作为产品成本,如直接材料、直接人工、变动制造费用;另一部分是与产品制造没有直接关联的成本,它作为期间成本,如固定性制造费用、全部推销费用和管理费用。此外,变动成本法还认为所谓与产品制造有直接关联,是以成本费用支出与产品生产量这种业务量的依存关系为标准衡量的,这样固定制造费用是一种"生产经营能力"成本,它与产品生产量没有依存关系,而与会计期间直接关联,所以应作为期间成本而不是产品成本。显然,产品成本应与产品收入相配合,期间成本应与期间收入相配合,这是配比原则的基本要求。

尽管很多支持完全成本法的学者认为固定制造费用是为产品制造而发生的,应计入产品成本,但是配比原则的根本点在于期间的配比而不是产品的配比。这是因为,损益表是按期间计算损益的而不是按产品计算损益的,对于产品来说,只是把其中当期已销售部分的产品成本转为销售成本,与当期销售收入配比,未销售的产品成本只能转作存货,以便与未来预期获得的收益配合。所以,在产品上的配比原则也是结合期间来进行的,是本期的产品成本(即销售成本)与本期的产品收入(即销售收入)的配比。既然固定性制造费用是因提供生产条件和生产能力而发生的,那么利用这种条件和能力的机会是随时期消逝的,当期不利用这些条件和能力就会产生机会损失,这种机会损失不应当通过期末存货转移到以后会计期间。只有把固定制造费用列入期间成本,才能解释某一会计期间没有制造行为但会产生固定制造费用的现象。

2. 有利于科学地进行成本分析和成本控制

从企业管理的角度出发,变动性生产成本的高低最能反映出生产部门的工作业绩,直接材料、直接人工和变动制造费的升降,是生产部门成本控制的结果,至于固定性生产成本的高低,责任一般不在生产部门,通常应由高层管理部门负责。这样,采用变动成本法,产品成本只是由变动性生产成本构成,其单位产品成本的升降能直接反映生产部门成本控制的效果,单位产品成本直接体现了成本耗费水平。

【例 2-15】某公司本年度 A、B 两个生产车间生产同样一种产品,该产品的单位变动生产成本为 8 元;固定制造费总额为 40 000 元。

在不同的产量水平下,采用完全成本法的产品单位成本是不同的,在产量不断扩大时产品单位成本会逐渐降低,如表 2-9 所示。

表 2-9 产品单位成本(完全成本法)

单位：元

成本	产量				
	5 000 件	10 000 件	20 000 件	40 000 件	50 000 件
单位变动成本	8	8	8	8	8.0
单位固定性制造费用	8	4	2	1	0.8
单位产品成本	16	12	10	9	8.8

如果以完全成本法计算产品成本，在生产 5 000 件时产品单位成本为每件 16 元。企业管理部门要求生产部门将单位成本降低为每件 12 元，A 车间通过技术革新、节约能源、提高生产效率等措施，经过较大努力才将单位变动生产成本降低 50%，从而使产品单位成本控制在每件 12 元的要求上；B 车间并未采取任何成本降低措施，只是将产量增长 100%，达到 10 000 件，也使产品单位成本下降到每件 12 元。尽管两个车间的单位成本最终结果是一致的，但 A 车间是成本管理效益的结果，B 车间是产量提高的结果，并无效率变化。产量增长引起单位固定制造费用的下降，从而使产品单位成本降低，这并不是成本控制的结果。

尽管采用完全成本法能鼓励企业提高产量，扩大生产规模，但仅就具体生产部门这种责任中心来说，产品的生产量不是生产部门所能自由控制的，而是由管理部门根据市场需求下达产量计划指令。如上例中 B 车间尽管靠扩大产量降低了成本，但所扩大的产量并不一定能销售取得相应的收入。所以，真正能反映生产部门成本控制业绩的是变动生产成本，只有在变动成本法下把固定制造费用排除在产品成本之外，单位产品成本才能真正反映生产成本水平的高低。

3. 重视销售环节，防止盲目生产

在完全成本法下，利润的高低不仅受销售量的影响，而且在很大程度上受生产量的影响。这种现象从理论上解释，其原因在于：若企业销售量稳定不变或下降时，不断扩大生产量，期末存货相应增加，在完全成本法下固定制造费会随着所增加的期末存货不断转移到下一会计期间，本期净利也就不断扩大。

生产虽然能创造价值，但只有销售才能实现价值。完全成本法下只要扩大生产，即使销售不变甚至销售下降，也会增加利润。这实际上是把未来的收益在本期提前予以实现，会促使企业盲目扩大生产量，而不注重销售。同时，销售部门扩大销售，在收益表上却表现为利润下降，这种情况不但难以被企业管理部门所理解，也不能据以评价销售业绩。采用变动成本法后，产量高低与存货增减对企业的净利都没有影响，在其他因素不变时，利润将随销售量同步增长。销售增加利润也增加，销售减少利润也减少，利润数量与产量关系不大，这样正确地揭示了利润与销售的内在联系，促使企业管理当局重视销售环节，搞好销售预测，贯彻以销定产的方针。

4. 有利于建立弹性预算

在市场竞争日益激烈的情况下，为了加强企业的经营管理，编制弹性预算是一种非常有效的方法，它使成本、利润的预算数与实际数有更好的可比性。而这种弹性预算是建立在成本按性态划分的基础上。

5. 有利于正确地进行短期决策

在有些短期决策中，由于生产能力不变，因而固定成本就成为一种无关成本。在对各种不同的短期决策方案进行比较时，都采用边际贡献的分析，而这种资料必须采用变动成本计算法才能得到。

6. 简化产品成本的计算

采用变动成本法计算产品成本，由于不计入固定性制造费用，由当期计算盈亏时直接转销，因而大大简化费用分配时的计算工作，使报表编制工作得以及时完成，并可减少成本计算中的主观随意性。对多产品生产的企业，其优点更为突出。

(二) 变动成本法的缺点

尽管变动成本法在对内管理上具有很多优势，但财务会计核算中一直没有接受这种方法，说明变动成本法存在局限性，具体表现如下。

1. 成本的划分并不准确

采用变动成本法的前提是进行成本性态分析，将成本划分为变动成本和固定成本，但由于企业大部分成本费用都是混合成本，这样就必须先按一定的分解方法分解混合成本。对混合成本的分解是一种粗略的计算，根据不准确的变动成本数据所计算的产品成本自然是不准确的。而且，尽管变动成本法减轻了成本分摊的工作量，但同时也增加了混合成本分解的工作量和主观性。

2. 改变成本计算方法会影响有关各方的利益

将完全成本计算法改为变动成本计算法，在计算产品成本和编制对外财务报告时都要降低存货估价，并因此而降低该期的利润，会暂时减少所得税和股息，影响相关方利益。

3. 不适应对外财务报告的要求

财务会计是一种外部会计，它要求所计量的财务状况和经营成果保持公允、真实，符合会计原则或会计准则的要求。由于变动成本法下固定制造费用不计入产品成本而作为期间成本，这违背了现行会计准则。这样做，一方面期末存货的成本构成中排除了固定性制造费用，将导致资产负债表上的资产价值偏低；另一方面，期间成本偏高，又将造成损益表上的净收益减少。

4. 不能适应长期决策的需要

因为长期决策需要预测若干年后的数据,且涉及经营规模、生产能力的改变问题,而单位变动成本和固定成本不可能长期不变,以成本性态为基础的变动成本计算有相关范围假设,因此变动成本法对长期决策无能为力。

5. 变动成本法在新的技术和经济条件下将失去实际意义

随着生产自动化程度的提高和生产技术密集程度的提高,企业产品中制造费用的比重将越来越大,直接人工与直接材料所占比重将越来越小,采用变动成本计算将会失去其实际意义。而且适时生产系统下的"零存货"将自然而然消除完全成本法造成的利润与销售脱节的现象。因此,在新的技术和经济条件下,完全成本法可以克服前述的缺陷而应用于企业内部管理。

由于上述缺点,导致了变动成本法一直未能被财务会计界所接受,在对外报告问题上受到了强烈的反对。目前,变动成本法主要用于企业内部管理。

思 考 题

1. 什么是成本性态,其在管理会计的方法体系中起到什么作用?
2. 变动成本和固定成本的主要特征是什么?
3. 什么是固定成本和变动成本的相关范围,其在成本性态中的意义是什么?
4. 什么是混合成本?混合成本的类型有哪些?
5. 混合成本的分解方法有哪些?相互的区别和各自的优缺点有哪些?
6. 变动成本法的理论依据是什么?其优缺点有哪些?
7. 变动成本法和完全成本法的区别是什么?
8. 变动成本法和完全成本法在期间费用的核算方面有哪些不同?

延 伸 阅 读

1. 《管理会计应用指引第 300 号——成本管理》
2. 《管理会计应用指引第 303 号——变动成本法》

成本管理

变动成本法

第三章

本量利分析法

学习目标

通过本章的学习,要求学生:
- 了解本量利分析的概念,理解本量利分析的基本假设。
- 掌握和运用盈亏临界点销售量、盈亏临界点销售额、实现目标利润的销售量、实现目标利润的销售额。
- 掌握和运用各种因素变动对盈亏临界点销售量、盈亏临界点销售额、目标利润的影响。
- 掌握和运用多品种产品的本量利分析。
- 理解各种盈亏临界图的含义和特点。
- 掌握和运用各种因素的临界值、各种因素的敏感系数。

引导案例

瑞幸咖啡,盈亏难以平衡

2020年4月2日,迫于浑水公司的报告,瑞幸发布公告承认在2019年第二季度到第四季度期间存在伪造交易的行为,涉及销售额大约22亿元人民币。2020年6月29日,瑞幸正式在纳斯达克停牌,并进行退市备案。

最近几年,国内流量主导的互联网企业貌似逐渐形成了一种发展规律,即资金推动,急速扩张,短期掌握流量,成为行业头部企业,等坐稳了某一细分行业的头把交椅后,顺势提价,转亏为盈,公开募股,最终创始团队与投资人高位套现。确实,很多行业需要以这样的方式经营,诸如滴滴打车与大众点评等轻资产的互联网企业。但是,咖啡门店行业的特征决定其根本不适合流量为王与烧钱激进扩张的商业模式。

首先,在销售市场方面,据上海自贸区咖啡交易中心的数据显示,2017年中国消费了24.69万吨咖啡,较上一年度增加了2.1万吨,同比增加不到10%。较2014年至2016年每年增加

4 万吨的速度而言，2017 年中国的咖啡消费增幅腰斩。由此得知，中国咖啡消费的热情脆弱，热度难以维持。瑞幸对星巴克的商业模式发起挑战，但是星巴克的核心竞争力并非单纯的咖啡，而是"第三空间"所营造的情调、服务、氛围及服务。而瑞幸的门店绝大部分都是"看不见"的自取店、外卖店，并未切准星巴克的核心竞争力，其商业模式充其量算是打压一下外卖咖啡。因此，2019 年第一季度，瑞幸新增用户仅有 430 万人，环比减少 220 万人，由 2018 年第四季度的 93%，骤降至 2.8%，净收入增长乏力。

其次，从成本角度来看，瑞幸的投资人和高管始终在强调，瑞幸利用互联网模式改变了传统零售业门店的成本结构，无论是租金成本、获客成本、人工成本都远远低于同行。但是，实际上并不一定如此。先说租金成本，瑞幸最大的优势在于门店面积小，选址的选择余地更大，但是开店本身的租金成本与地段选址、租约年限、谈判能力有关；再说获客成本，据瑞幸的招股说明书显示，2018 年，瑞幸客户回购的比率超过 54%，但如果扣除"买二赠一、买五赠五"等补贴因素之后，再回头光顾的客户比例大降，而瑞幸的经营模式决定了获客成本一旦降低，销售收入必然下降；至于人工成本，门店面积减少，简化门店服务，确实会减少门店内的人工成本，但随着门店数量越来越多，以外卖为主的瑞幸咖啡必然会带来更高的履约成本。当瑞幸门店数量由 2018 年 3 月底的 290 家暴增至 2019 年 3 月的 2 370 家的同时，其 2017 年、2018 年、2019 年的净亏损额分别为 5 637 万元、16.19 亿元和 5.52 亿元，累计亏损额高达 22.27 亿元。门店扩张已经成为瑞幸成本高的最主要原因，这一切使其向投资人承诺的"2019 年第三季度实现门店的盈亏平衡"成为空中楼阁。

瑞幸对市场和成本的预测错误，商业模式的致命缺陷，使其盈亏难以平衡，走上了财务造假的不归路，最终导致了这一互联网咖啡商业模式的陨落。

(资料来源：1. 房煜. 瑞幸咖啡说要盈亏平衡？逗我呢[EB/OL]. [2009-8-22]. https://www.sohu.com/a/335730969_355070. 2. 佚名. 星巴克傻眼！巨亏 16 亿的瑞幸咖啡上市！刚拿了星巴克股东的 8.4 亿 [EB/OL]. [2009-4-23]. https://www.sohu.com/a/309947843_473958?sec=wd.)

问题：
1. 瑞幸咖啡经营时为了实现利润目标，应该考虑的影响因素有哪些？如果这些因素发生改变，公司利润会随之产生什么样的变化？
2. 通过本案例，思考本量利分析对企业经营有什么重要意义？

第一节 本量利分析概述

一、本量利分析的逻辑起点

本量利(cost-volume-profit，CVP)分析是对成本、业务量(销量或产量等)、利润之间的相互关系进行分析的一种简称。这一分析方法是人们在认识到成本也可以按性态进行划分的基础上发展起来的，主要研究业务量、成本、利润之间的相互关系。

从 1903 年第一次提出盈亏临界图起至今，本量利分析技术已有超过一百年的历史，其基本原理和分析方法在企业的预测、决策、计划和控制等多方面具有广泛的用途，也是管理会计的一项基础内容，并且随着管理理论和实践的需要发展至今，形成了较为完善的体系。

企业经营的主要目的是为了获得利润，从会计的角度看，企业的利润主要受销售收入和销售成本两个因素的影响，而销售收入又受销售数量和销售单价的影响。在对成本按成本性态划分以后，销售成本又由固定成本和变动成本两个因素构成。因此，利润实际上是受四个因素，即销售数量、销售单价、固定成本和变动成本的影响，这四个因素或其中某些因素发生变化，都会引起利润的变化；反过来，如果利润目标发生变化，也会导致其他四个因素发生相应的变化。由此可见，利润、销售数量、销售单价、固定成本和变动成本等因素之间存在内在的联系，对这种内在联系进行的分析，就称为本量利分析。

二、本量利分析的基本假设

(一) 相关范围假设

本量利分析既然是建立在成本按性态划分基础上的一种分析方法，那么成本按性态划分的基本假设也就成为本量利分析的基本假设。成本按性态划分成固定成本和变动成本时，均限定在一定"相关范围"，而相关范围假设又包含期间假设和业务量假设。

1. 期间假设

无论是固定成本还是变动成本，其固定性与变动性均体现在特定期间内，金额大小也是在特定期间内加以计量的。随着时间的推移，固定成本的总额及其内容会发生变化，单位变动成本的数额及其内容也会发生变化。即使通过分析又计算出新的固定成本的总额和单位变动成本的大小，那也是因为在另一个期间而非原来的期间。因此，形成了期间假设。

2. 业务量假设

对成本按性态划分成固定成本和变动成本，是在一定业务量范围内分析和计算得到的结果，当业务量发生变化尤其是变化较大时，即使成本性态不发生变化，也需要重新计量。因此，形成了业务量假设。

期间假设和业务量假设之间是一种相互依存的关系，在一定期间内业务量往往不变或者变化不大，而一定的业务量又是从属于特定期间。

(二) 线性关系假设

从第二章的论述中我们知道，企业的总成本按性态可以或者可以近似地描述为 $y = a+bx$ 这样一种线性模型。站在本量利分析的立场上，由于利润只是收入减去支出之后的差额，所以本假设只涉及成本与业务量两个方面，而且业务量在此专指销售数量。线性关系假设具体来说包括以下几方面。

1. 固定成本不变假设

固定成本不变假设，是指在企业经营能力的一定范围内(相关范围)，固定成本总额是不变的，表示在平面直角坐标图中，就是一条与横轴(业务量)平行的直线。

2. 变动成本与业务量呈完全线性关系假设

变动成本与业务量呈完全线性关系假设也是在一定的"相关范围"内才能成立，超出这个范围，如产量过低或超负荷生产时，都会导致变动成本与业务量之间的线性关系不再成立。变动成本与业务量呈完全线性关系假设表示在平面直角坐标图中，就是一条过原点且与横轴(业务量)呈夹角的直线。

3. 销售收入与业务量呈完全线性关系假设

在本量利分析中，通常假设销售价格为一个常数，这样销售收入与销售数量之间就呈现一种完全线性关系，即销售收入=销售数量×销售价格。但是，单价只有在产品基本处于成熟期或通货膨胀率很低时才会比较稳定。销售收入与业务量呈完全线性关系假设表示在平面直角坐标图中，也是一条过原点且与横轴(业务量)呈夹角的直线。

(三) 产销平衡假设

本量利分析是以变动成本法为基础，所以只有在产销平衡时，本量利分析下的利润才会与完全成本法下的利润(实际利润)一致。若产销不平衡，本量利分析中变动成本法下的利润与完全成本法下的会计利润会存在差异。

(四) 品种结构不变假设

品种结构不变假设是指在一个多品种生产和销售的企业中，各种产品的销售收入在总收入中所占的比重不会发生变化。由于多品种条件下各种产品的获利能力一般不尽相同，如果企业产销的品种结构发生较大变动，势必导致预计利润与实际利润之间出现较大出入。

第二节 本量利分析的基本内容

本量利分析的基本内容主要包括盈亏临界点分析、实现目标利润分析和敏感性分析。

一、盈亏临界点分析

盈亏临界点的确定是本量利分析中非常重要的内容，它是建立在本量利分析所遵循的假设之上的。盈亏临界点(break-even-point)，又叫保本点、两平点、盈亏平衡点等，指利润为零时的销售量或销售额。盈亏临界点分析是本量利分析的基础，企业在规划目标利润、控制利润完成情况、估计经营风险时都要用到它。盈亏临界点分析是根据成本、销售收入、利润等因素之间的函数关系，预测企业在怎样的情况下达到不盈不亏的状态。盈亏临界点分析所提供的信息，对于企业合理计划和有效控制经营过程极为有用，如预测成本、收入、利润、售价、销量等的变动对利润产生的影响等。

(一) 盈亏临界点的基本计算模型

对企业来说，若边际贡献额少于固定成本总额，就会亏损；若边际贡献恰好与固定成本总额相等，则可以保本；倘若边际贡献大于固定成本总额，就是盈利。企业能否保本，关键要看边际贡献能否抵偿其固定成本总额。而当单价、成本一定时，边际贡献的大小就受销售水平决定，因此企业在进行利润规划时，必须先确定达到多高销售水平时可保本，然后再用预计的销售水平同保本销售水平进行对照，以测定企业将盈利多少。

在变动成本法下，利润的计算可以表示为

$$利润 = 销售收入 - 变动成本 - 固定成本$$

将公式展开，即

$$利润 = 单位售价 \times 销售量 - 单位变动成本 \times 销售量 - 固定成本$$

为方便本书后续内容的表述，我们统一设置如下变量：SP(单价)，VC(单位变动成本)，V(销量)，FC(固定成本)，P(利润)。

则利润的公式可以表示为

$$P = (SP - VC) \cdot V - FC$$

这个公式是表示本量利之间数量关系的基本方程式，它含有 5 个相互联系的变量，给定其中 4 个，便可求出另外 1 个变量的值。

1. 单一产品的盈亏临界点分析

盈亏临界点有多种表现形式，一种是用实物量来表示的，称为盈亏临界点销售量，或保本销售量、保本量，适用于单一产品的盈亏临界点分析；另一种是用货币单位表示的，称盈亏临界点销售额，或保本销售额、保本额，适用于单一产品或多种产品的盈亏临界点分析。

(1) 按销售量计算的盈亏临界点。盈亏临界点销售量就是当利润为零时的销售量，即

$$销售收入 = 变动成本 + 固定成本$$

或

$$销量 \times 单价 = 销量 \times 单位变动成本 + 固定成本$$

这就是盈亏临界点的基本计算模型。通过公式变形，可演变为

$$盈亏临界点销量 = \frac{固定成本}{单价 - 单位变动成本} = \frac{固定成本}{单位边际贡献}$$

(2) 盈亏临界点销售额的计算模型。盈亏临界点销售额就是当利润为零时的销售额,即

$$销售收入 = 变动成本 + 固定成本$$
$$= 销售收入 \times (1 - 边际贡献率) + 固定成本$$

通过公式变形,可得

$$盈亏临界点销售额 = \frac{固定成本}{边际贡献率} = 盈亏临界点销售量 \times 销售单价$$

由于边际贡献率=1-变动成本率,所以也可以表示为

$$盈亏临界点销售额 = \frac{固定成本}{1 - 变动成本率}$$

【例 3-1】假设某奶茶店只生产和销售一种奶茶,该奶茶单位售价为每杯 20 元,单位变动成本为 10 元,月固定成本为 35 000 元。

要求:计算每月的盈亏临界点的销售量和销售额。

解:盈亏临界点销售量 = $\frac{35\,000}{20-10}$ = 3 500(杯)

边际贡献率 = $1 - \frac{10}{20}$ = 50%

盈亏临界点销售额 = $\frac{35\,000}{50\%}$ = 70 000(元)

2. 与盈亏临界点相关的指标

(1) 盈亏临界点作业率。盈亏临界点作业率,是指盈亏临界点的销售量(或销售额)占企业正常销售量(或销售额)的百分比。所谓正常销售量(或销售额),是指在正常市场环境和企业正常开工情况下产品的销售数量(或销售额)。盈亏临界点作业率的计算模型为

$$盈亏临界点作业率 = \frac{盈亏临界点销售量}{正常销售量} \times 100\%$$

或

$$盈亏临界点作业率 = \frac{盈亏临界点销售额}{正常销售额} \times 100\%$$

上述比率表明企业实现保本的销售量(或销售额)在正常销售量(或销售额)中所占的比重。由于企业通常应该按照正常的销售量(或销售额)来安排产品的生产,在合理库存的条件下,产品产量与正常的销售量应该大体相同。所以,盈亏临界点作业率还可以表明企业在保本状态下生产能力的利用程度。

【例 3-2】以[例 3-1]中资料为例,假定奶茶店的月正常销售量为 6 000 杯,要求其盈亏临界点作业率。

解：盈亏临界点的作业率 = 3 500 ÷ 6 000 × 100% = 58.33%

或　　　　　　　　　　= 70 000 ÷ (6 000 × 20) × 100% = 58.33%

也就是说，该奶茶店的作业率只有达到58.33%以上，才能取得盈利，否则就会发生亏损。

(2) 安全边际。安全边际是指正常或者现有销售超过盈亏临界点销售的差额。这一差额表明企业现有的销售降低多少，才会发生亏损。安全边际的数值越大，企业经营就越安全。

盈亏临界点状态意味着企业当期的边际贡献刚好全部与固定成本所抵销。只有当销售超过盈亏临界点销售，其超出部分(即安全边际)所提供的边际贡献才能形成企业的利润。显然，超出部分越多，企业实现的利润也就越多，经营也就越安全。

安全边际有绝对数与相对数两种表现形式。

安全边际的绝对数形式为

$$安全边际量 = 现有或正常销售量 - 盈亏临界点销售量$$
$$安全边际额 = 现有或正常销售额 - 盈亏临界点销售额$$

安全边际的相对数形式为

$$安全边际率 = \frac{安全边际量}{现有或正常销售量} \times 100\%$$

或

$$= \frac{安全边际额}{现有或正常销售额} \times 100\%$$

或

$$= 1 - 盈亏临界点作业率$$

【例3-3】以[例3-1]中资料为例，奶茶店盈亏临界点的销售量为3 500杯，预计正常销售量为6 000杯。

要求：计算安全边际量、安全边际额和安全边际率。

解：安全边际量 = 6 000 - 3 500 = 2 500(杯)

　　安全边际额 = 6 000 × 20 - 3 500 × 20 = 50 000(元)

　　安全边际率 $= \frac{2\,500}{6\,000} \times 100\% = 41.67\%$

或　　　　　$= \frac{50\,000}{6000 \times 20} \times 100\% = 41.67\%$

或　　　　　$= 1 - 58.33\% = 41.67\%$

现实生活中，利用安全边际率检验企业经营安全程度的经验数据，如表3-1所示。

表3-1　安全边际率与企业经营安全程度的关系

安全边际率	40%以上	30%～40%	20%～30%	10%～20%	10%以下
安全程度	很安全	安全	较安全	值得注意	危险

所以，如果我们需要判断案例中奶茶店的经营安全程度，通过上表可知，其经营情况良好，属于安全范围。

在实际工作中，企业经常利用安全边际概念和有关计算公式进行利润的预测和决策分析。企业的安全边际越高，边际贡献越大，往往带来的利润就越丰厚。如前所述，安全边际才能为企业提供利润，而盈亏临界点销售只能为企业收回固定成本，所以企业利润的计算可以借助安全边际这一概念，即

$$利润 = 安全边际量 \times 单位边际贡献$$

或

$$= 安全边际额 \times 边际贡献率$$

将上式的左右两边均除以销售收入，则有

$$销售利润率 = 安全边际率 \times 边际贡献率$$

选择上述公式的其中一个，简单证明如下：

利润 = 边际贡献 − 固定成本
　　 = 销售收入 × 边际贡献率 − 盈亏临界点销售额 × 边际贡献率
　　 = (销售收入 − 盈亏临界点销售额) × 边际贡献率
　　 = 安全边际额 × 边际贡献率

其余公式证明略。

【例3-4】 仍沿用[例3-1]~[例3-3]中的资料，假设奶茶店只生产和销售一种奶茶，该奶茶单位售价为每杯20元，单位变动成本为10元，月固定成本为35 000元，月正常销售量为6 000杯，安全边际量为2 500杯，安全边际额为50 000元，安全边际率为41.67%。

要求：计算预计的正常利润、销售利润率。

解：利润 = 6 000×(20−10)−35 000 = 25 000(元)

或　　　 = 2 500×(20−10) = 25 000(元)

或　　　 = 50 000×(20−10)/20 = 25 000(元)

$$销售利润率 = \frac{25\,000}{6\,000 \times 20} \times 100\% = 20.83\%$$

或　　　 = [(20−10)/20]×41.67% = 20.83%

---

3. 多品种条件下的盈亏临界点分析

以上所讨论的盈亏临界点分析都是以企业只生产和销售一种产品为前提，但是在实际经济生活中，绝大多数企业都不止生产经营一种产品。在这种情况下，前面介绍的单一品种盈亏临界点分析方法便无法运用，因为每种产品的固定成本未知。在多品种条件下，可以运用的本量利分析方法有多种形式，这里主要介绍加权边际贡献率法和联合单位法两种分析方法。

(1) 加权边际贡献率法。加权边际贡献率法，是指在确定企业加权边际贡献率的基础上分析多品种条件下本量利关系的一种方法。该方法对各品种一视同仁，不要求分配固定成本，而是将各品种所提供的边际贡献视为补偿企业全部固定成本的收益来源。在实际工作中，加

权边际贡献率有多种不同的计算方法：若在企业各种产品中有一种是主要产品，其他产品的销售额比重很小，采用主产品的边际贡献率作为加权边际贡献率；如果企业主产品和其他产品的边际贡献率大体相同，可把主要产品的边际贡献率作为综合的边际贡献率；如果各种产品的边际贡献率都不相同，又无主次之分，应以各产品销售比重为权数来确定加权边际贡献率。

下面以最后一种情况为例，即在产品的边际贡献率各不相同的条件下，其计算步骤如下。

第一步，计算各种产品销售额占全部产品总销售额的权重。

第二步，以各种产品的边际贡献率为基础，以该种产品销售额占销售总额的比重为权数进行加权平均计算，从而求出各种产品综合的加权平均边际贡献率。其计算公式为

$$加权边际贡献率 = \sum(某种产品边际贡献率 \times 该种产品销售比重)$$

第三步，计算企业全部产品的盈亏临界点销售额，即

$$综合盈亏临界点销售额 = \frac{固定成本}{加权边际贡献率}$$

第四步，计算各种产品的盈亏临界点销售额和销售量，即

某种产品盈亏临界点销售额＝综合盈亏临界点销售额×该种产品销售比重

某种产品盈亏临界点销售量＝该种产品盈亏临界点销售额÷该种产品销售单价

【例3-5】 某企业计划期产销A、B、C三种产品，有关资料如表3-2所示。

表3-2　A、B、C三种产品相关资料

品种	销量 ①	单价/元 ②	单位变动成本/元 ③	销售收入/元 ④=①×②	边际贡献/元 ⑤=①×(②-③)	边际贡献率 ⑥=⑤÷④	固定成本/元 ⑦
A	10 000 件	100	85	1 000 000	150 000	15%	—
B	2 500 台	200	160	500 000	100 000	20%	—
C	1 000 套	500	250	500 000	250 000	50%	—
合计	—	—	—	2 000 000	500 000	—	300 000

要求：计算各种产品的盈亏临界点销售量和销售额。

解：(1) 计算各种产品的销售比重。

$$A 产品 = \frac{1\ 000\ 000}{2\ 000\ 000} \times 100\% = 50\%$$

$$B 产品 = \frac{500\ 000}{2\ 000\ 000} \times 100\% = 25\%$$

$$C 产品 = \frac{500\ 000}{2\ 000\ 000} \times 100\% = 25\%$$

(2) 计算企业的加权边际贡献率。

加权边际贡献率＝15%×50%+20%×25%+50%×25%＝25%

(3) 计算企业的综合盈亏临界点销售额。

综合盈亏临界点销售额 = $\dfrac{300\,000}{25\%}$ = 1 200 000(元)

(4) 计算各种产品盈亏临界点销售额。

A 产品 = 1 200 000×50% = 600 000(元)
B 产品 = 1 200 000×25% = 300 000(元)
C 产品 = 1 200 000×25% = 300 000(元)

(5) 求出其盈亏临界点销售量。

A 产品：600 000÷100 = 6 000(件)
B 产品：300 000÷200 = 1 500(台)
C 产品：300 000÷500 = 600(套)

这种方法适用于会计资料比较齐全的企业。

(2) 联合单位法。所谓联合单位法，是指企业各种产品之间存在相对稳定的产销量比例关系，这一比例关系的产品组合可以视同为一个联合单位，然后确定每一联合单位的售价和单位变动成本，以进行多品种的盈亏临界点分析。

例如，企业有 A、B、C 三种产品，其销量比为 1∶2∶3，则这三种产品的组合就构成一个联合单位。按照这种销量比来计算各种产品共同构成的联合单价和联合单位变动成本，即

联合销售单价 = A产品单价×1+B产品单价×2+C产品单价×3

联合单位变动成本 = A产品单位变动成本×1+B产品单位变动成本×2+
C产品单位变动成本×3

然后就可以计算出联合盈亏临界点销售量，即

联合盈亏临界点销售量 = 固定成本/(联合单价-联合单位变动成本)
某产品盈亏临界点销售量 = 联合盈亏临界点销售量×该产品销量比

【例3-6】采用[例3-5]的相关数据，要求计算各种产品的盈亏临界点销售量和销售额。

解：(1) 计算销量比。

销量比 = 10 000∶2 500∶1 000 = 20∶5∶2

(2) 计算联合销售单价和联合单位变动成本。

联合销售单价 = 100×20+200×5+500×2 = 4 000
联合单位变动成本 = 85×20+160×5+250×2 = 3 000

(3) 计算联合盈亏临界点销售量。

联合盈亏临界点销售量 = 300 000/(4 000−3 000) = 300

(4) 计算各产品的盈亏临界点销售量和销售额。

A 产品盈亏临界点销售量 = 300×20 = 6 000(件)
B 产品盈亏临界点销售量 = 300×5 = 1 500(台)

C 产品盈亏临界点销售量=300×2=600(套)
A 产品盈亏临界点销售额=6 000×100=600 000(元)
B 产品盈亏临界点销售额=1 500×200=300 000(元)
C 产品盈亏临界点销售额=600×500=300 000(元)

📖 课堂讨论

大学生创业中的本量利分析问题

小朱是武汉某大学汽车服务和营销专业的学生,毕业后,他和两个同班同学一起在大学附近创办了一家奶茶店。他们准备在一年内收回装修费、宣传费、设备折旧费等,摊到每个月的成本约为4 000元。每个月的其他费用包括:租金6 000元,水电费500元,人工费8 000元,税和其他杂费不超过1 000元。奶茶店的奶茶分为三种类型:低端奶茶,均价为8元,单位材料成本为2元;中端奶茶,均价为13元,单位材料成本为3元;高端奶茶,均价为18元,单位材料成本为4元。三类奶茶的销售额比重一般为4∶4∶2。小朱经过市场调查,认为每月销售的三类奶茶能分别达到3 000杯、1 800杯和700杯,因此对盈利非常有信心。但是由于他的调查有误,加上学校存在寒暑假的问题,导致事实上的销量仅能达到预期的50%左右,因此奶茶店经营了半年后便草草关门。

这类大学生创业失败的案例在现实中频频发生,如河南王飞"窝头大王"梦的破碎、成都六个研究生"六味面馆"的折戟沉沙。《2017年中国大学生就业报告》显示,大学生创业的成功率仅为5%,这其中的原因有很多,但对创业的财务调查分析不足,过于高估市场情况,低估成本,从而导致实际利润远不如预期是一个共性问题。

请分析小朱的奶茶店各类产品盈亏临界点的销售额和销售量分别是多少?按照他们的乐观估计,预测的利润是多少?而实际的利润只能达到什么水平?

请调查后讨论,如果在你所在的学校周边开一家奶茶店,是否有可能成功?

通过这个案例思考一下,大学生创业中,本量利分析法能帮助解决哪些问题?

大学生如果想在创业中取得成功,应具备哪些能力?应该如何在学习和工作中提高自身素养?

(二) 盈亏临界图

盈亏临界图是将盈亏临界点分析反映在直角坐标系中,将影响利润的有关因素及其相应关系形象地以图的形式表现出来。盈亏临界点采用前述数学模型进行计算称为公式法,反映在直角坐标图中则称为图示法。

与公式法相比,图示法具有形象、直观、简明的特点。但由于图示法往往需要依靠目测绘制而成,所以可能不够准确,通常应与公式法配合使用。企业在进行成本、业务量利润的目标规划时常常需要反复测算,测算时采用公式法较为妥当。

盈亏临界图依据数据的特征和目的不同,可以有如下多种形式。

1. 传统式盈亏临界图

传统式盈亏临界图是盈亏临界图的基本的形式,其特点是将固定成本置于变动成本之下,从而清楚地表明固定成本不随业务量变动的特征。传统式盈亏临界图的绘制方法如下。

(1) 绘制直角坐标系。在坐标中以横轴表示销售数量,以纵轴表示成本和销售收入。除了销售数量以外,横轴还可以用其他业务量表示,如销售收入、作业率、工时等。

(2) 绘制固定成本线。固定成本线为一条与横轴平行的直线,其与纵轴的交点即为固定成本总额。

(3) 绘制总成本线。任取一点,使某一销售量为其横坐标,该销售量对应的总成本为纵坐标,然后将此点与纵轴上的固定成本点相连并向上延伸。

(4) 绘制销售收入线。同样任取一点,使某一销售量为其横坐标,该销售量对应的销售收入为纵坐标,将该点与坐标原点相连并同样适当向上延伸,即为销售收入线。

总成本线与销售收入线的交点就是盈亏临界点。

传统式盈亏临界图,如图3-1所示。

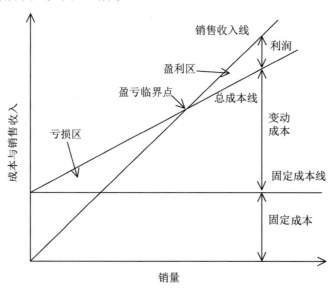

图 3-1 传统式盈亏临界图

如前所述,企业利润的高低决定于销售收入与总成本之间的对比,而销售收入的大小取决于销售数量和销售单价两个因素;总成本的大小则取决于变动成本和固定成本这两个因素。在进行盈亏临界点分析时,边际贡献说明只要销售单价高于单位变动成本,固定成本就可以获得补偿,所以,至少理论上盈亏临界点是存在的。至于盈亏临界点的位置则取决于固定成本、单位变动成本、销售数量、销售单价这四个因素,具体来说表现在以下几个方面:

在固定成本、单位变动成本、销售单价不变的情况下,也就是说盈亏临界点是既定的。当销售量超过盈亏临界点时(盈亏临界点的右边),销售量越大,实现的利润也就越多。当销售量未超过盈亏临界点时(盈亏临界点的左边)，销售量越大，亏损越少；而销售量越小，则利润越少或亏损越大。这是盈亏临界图中的基本关系。

在总成本既定的情况下，盈亏临界点的位置随销售单价变动而反向变动：销售单价越高(表现在坐标图中就是销售收入线的斜率越大)，盈亏临界点就越低；反之，盈亏临界点就越高。

在销售单价、单位变动成本既定的情况下，盈亏临界点位置随固定成本总额的变动而同向变动：固定成本越大(表现在坐标图中就是固定成本线和总成本线平行上移)，盈亏临界点就越高；反之，盈亏临界点就越低。

在销售单价、固定成本总额既定的情况下，盈亏临界点位置随单位变动成本的变动而同向变动：单位变动成本越高(表现在坐标图中就是总成本线的斜率越大)，盈亏临界点就越高；反之，盈亏临界点就越低。

2. 边际贡献式盈亏临界图

边际贡献式盈亏临界图的特点是将固定成本置于变动成本之上。边际贡献式盈亏临界图的绘制方法如下。

(1) 在直角坐标系中确定销售收入线和变动成本线。

(2) 在纵轴上确定固定成本值并以此为起点画一条与变动成本线平行的直线，也就是总成本线。这条线与销售收入线的交点即为盈亏临界点。

边际贡献式盈亏临界图，如图 3-2 所示。

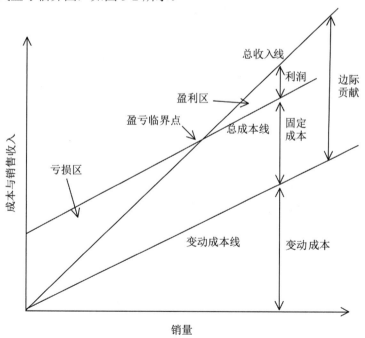

图 3-2　边际贡献式盈亏临界图

从图中不难看出，边际贡献式盈亏临界图强调的是边际贡献及其形成过程。盈亏临界点的边际贡献刚好等于固定成本。超过盈亏临界点的边际贡献大于固定成本，也就是实现了利润，而不足盈亏临界点的边际贡献小于固定成本，则表明发生了亏损，应该说边际贡献式盈亏临界图更符合变动成本法的思路，也更符合盈亏临界点分析的思路。

3. 利量式盈亏临界图

利量式盈亏临界图的特点是将纵轴上的销售收入与成本因素略去，使坐标图上仅仅反映利润与销售数量之间的依存关系。利量式盈亏临界图的绘制方法如下。

(1) 在直角坐标系中，以横轴表示销售数量(也可以是金额)，以纵轴表示利润。

(2) 在纵轴上找出与固定成本数相应的数值(零以下，取负值)，并以此为起点画一条与横轴相平行的直线。

(3) 任取一点，使其横坐标为销售量，纵坐标为该销售量下的利润数，连接该点与纵轴上的固定成本点，即为利润线。

利量式盈亏临界图，如图 3-3 所示。

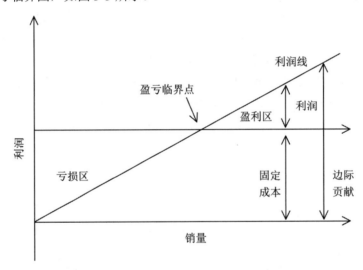

图 3-3　利量式盈亏临界图

利量式盈亏临界图是最为简单的一种，更易于为企业的管理人员所理解和接受。因为它最直接地表达了销售量与利润之间的关系，当销售量为零时，企业的亏损就等于固定成本，随着销量的增长，亏损逐渐降低直至盈利。利量式盈亏临界图将固定成本置于横轴之下，还能更清晰地说明固定成本在企业盈亏中的特殊作用。

4. 单位式盈亏临界图

一般的盈亏临界图都是用以描述销售量、总成本和总利润三者之间的相互关系的，而单位式盈亏临界图则是将单位产品(或者其他的单位业务量)的单价、单位产品成本和单位产品利润这三者之间的相互关系及这三者与销售量之间的关系借助直角坐标系的方式来加以描述。

单位式盈亏临界图，如图 3-4 所示。

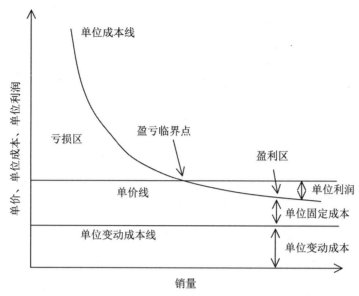

图 3-4　单位式盈亏临界图

从图 3-4 中可以看出，单位式盈亏临界图与一般的盈亏临界图相比，具有如下特点：

首先，单位变动成本"固定"化了，单位变动成本线为一条直线；单位固定成本"变动"化了，单位固定成本线成了一条曲线。当然，单位产品成本线(等于单位变动成本和单位固定成本之和)成了一条曲线。

其次，当产品销售量越来越小时，用于单位产品所负担的固定成本越来越大。而当销售量越来越大时，用于单位产品所负担的固定成本越来越小，所以单位产品成本也就越来越接近于单位变动成本，单位产品利润则越来越接近于单位边际贡献。

最后，产品销售单价线与单位成本线的交点即为盈亏临界点。也就是说，在与这一点相应的销售量下，全部的销售收入刚好抵补全部的成本。

(三) 相关因素变动对盈亏临界点的影响

如前所述，盈亏临界点就是能使企业达到不盈不亏状态的产品销售数量。在计算盈亏临界点时，我们曾假设固定成本、单位变动成本、销售价格及产品品种结构等因素不变，但事实上这些因素在企业经营过程中是经常变动的，并由此引起盈亏临界点的升降变动。显然，诸因素的变动与盈亏临界点的取值之间存在着必然的、内在的联系，这种联系简单来说就是：固定成本与单位变动成本的下降、销售价格的提高会使盈亏临界点的取值变小(在传统图示法下则表现为盈亏临界点由原来的位置左移)；反之固定成本与单位变动成本的上升、销售价格的下降则会使盈亏临界点的取值变大；至于产品品种结构变化的影响则较为复杂，与各种产品的获利能力有关。

1. 固定成本变动对盈亏临界点的影响

固定成本虽然不随业务量的变动而变动,但企业经营能力和管理决策的变化都会导致固定成本的升降,特别是酌量性固定成本更容易发生变化,如在传统式盈亏临界图中所演示的,盈亏临界点为销售收入线与总成本线的交点,而固定成本则是总成本线的起点。在单位变动成本(即总成本线的斜率)不变的情况下,固定成本的大小直接决定了总成本线,其变化也会对盈亏临界点产生影响。

【例3-7】假设某企业生产和销售单一产品,产品的售价为60元,单位变动成本为40元,原来的全年固定成本预计为600 000元。

要求:若企业进行成本控制,使得预计固定成本下降到500 000元,其他因素不变,分析盈亏临界点销售量的变化情况。

解:原来的盈亏临界点销售量 = $\dfrac{600\,000}{60-40}$ = 30 000(件)

变动后的盈亏临界点销售量 = $\dfrac{500\,000}{60-40}$ = 25 000(件)

可见,由于固定成本下降了,导致盈亏临界点销售量降低了。

上述变化表现在盈亏临界图中,由于固定成本的下降,导致了总成本线的下移和盈亏临界点的左移,因此亏损区变小而盈利区扩大了,如图3-5所示。

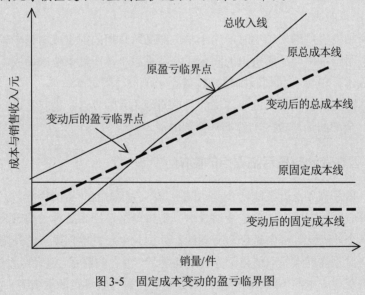

图3-5 固定成本变动的盈亏临界图

2. 单位变动成本变动对盈亏临界点的影响

在一定的成本水平条件下,单位变动成本越高,则盈亏临界点越高,同样销售量下实现的利润也就越少;反之则盈亏临界点越低,利润也就越多。

【例3-8】 假设[例3-7]中原来的条件不变，只是企业进行了技术改革，使得单位变动成本由原来的40元下降到35元。

要求：分析盈亏临界点销售量的变化情况。

解：变动后的盈亏临界点销售量 $=\dfrac{600\,000}{60-35}=24\,000(件)$

上述单位变动成本的改变表现在盈亏临界图中，由于单位变动成本的下降，导致了变动后总成本线的斜率减小，盈亏临界点左移了，同样使亏损区减小而利润区扩大，如图3-6所示。

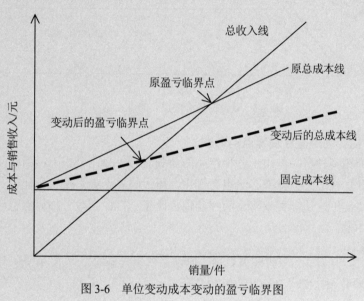

图3-6 单位变动成本变动的盈亏临界图

3. 销售价格变动对盈亏临界点的影响

单位产品销售价格的变动对盈亏临界点的影响是最直接和明显的。在一定的成本水平条件下，单位产品的销售价格越高，则盈亏临界点越小，同样销售量下实现的利润也就越高；反之则盈亏临界点越大，利润也就越低。

【例3-9】 假如[例3-7]中原来的条件不变，只是企业进行了提价，使得销售价格由原来的60元提高到70元。

要求：分析盈亏临界点销售量的变化情况。

解：变动后的盈亏临界点销售量 $=\dfrac{600\,000}{70-40}=20\,000(件)$

上述单位产品销售价格变动对盈亏临界点的影响，如图3-7所示。

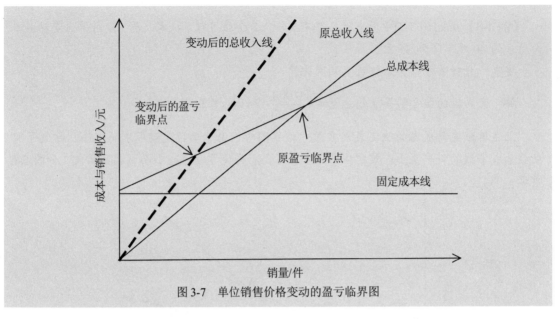

图 3-7 单位销售价格变动的盈亏临界图

4. 品种结构变动对盈亏临界点的影响

如果企业产销多种产品，由于各种产品的获利能力不会完全相同，当产品品种构成发生变化时，则企业加权边际贡献率必然也会变化，盈亏临界点势必发生变化。一般说来，在其他条件不变的情况下，边际贡献率高的产品销售比重上升，则盈亏临界点也会上升；反之，盈亏临界点会下降。

【例3-10】采用[例 3-5]中的相关数据，假设其他条件不变，但是A、B、C三种产品的销售额比例由原来的 50∶25∶25 改变为 20∶35∶45。

要求：分析变动后的盈亏临界点。

解：变动后的加权边际贡献率=15%×20%+20%×35%+50%×45%=32.5%

$$变动后的综合盈亏临界点销售额 = \frac{300\,000}{32.5\%} = 923\,077(元)$$

综合盈亏临界点销售额由原来的 1 200 000 元下降为 923 077 元，这是因为边际贡献率高的 B、C 产品的销售比重由原来的 25%、25%分别上升为 35%和 45%，而边际贡献率低的 A 产品的销售比重由原来的 50%下降为 20%，从而使综合盈亏临界点的销售额下降，利润上升。

可见，对于一个产销多品种产品的企业来说，为了提高盈利水平，必须及时根据外部环境的变化调整品种结构，适当增大边际贡献率较高的产品的比重，才能降低盈亏临界点，增加盈利。

5. 产销不平衡对盈亏临界点的影响

以上分析是基于产销平衡进行的，实际上企业的产销往往是不平衡的，并且企业对外提供的利润表一般是以完全成本法为基础来编制的，当期发生的固定生产成本并不全部计入销售成本，计入销售成本的固定成本受期初、期末存货中固定成本的影响。因此，产销不平衡

往往会对盈亏临界点产生影响。完全成本法下单一产品盈亏临界点的计算公式为

盈亏临界点销售量=[固定销管费用+(期初存货中的固定制造费用+本期固定制造费用-期末存货中的固定制造费用)]÷(单价-单位变动成本)

盈亏临界点销售额=[固定销管费用+(期初存货中的固定制造费用+本期固定制造费用-期末存货中的制造费用)]÷边际贡献率

【例3-11】某企业产销A产品，售价为50元，单位变动成本为30元，月固定销管费用为20 000元，月固定制造费用为30 000元。1月份企业的期初存货为0，生产产品4 000件，销售产品3 000件，2月份企业生产产品3 500件，销售产品4 500件，3月份企业生产产品5 000件，销售产品5 000件。

要求：分别计算该企业1、2、3月份在变动成本法和完全成本法下的盈亏临界点销售量。

解：采用变动成本法，计算企业的盈亏临界点销售量

1—3月份盈亏临界点销售量 = (20 000+30 000)÷(50-30)=2 500(件)

采用完全成本法计算企业的盈亏临界点销售量：

1月份盈亏临界点销售量 = [20 000+(0+30 000-30 000×1 000/4 000)]÷(50-30)=2125(件)

2月份盈亏临界点销售量 = [20 000+(30 000×1 000/4 000+30 000-0)]÷(50-30)=2 875(件)

3月份盈亏临界点销售量 = [20 000+(0+30 000-0)]÷(50-30)=2 500(件)

从上述案例的分析中，可以发现变动成本法下盈亏临界点不受产销变动的影响，但完全成本法下盈亏临界点在价格和成本水平不变时，会随产销量的变动而变动。

二、实现目标利润分析

前面讨论的盈亏临界点分析是假设企业的利润为零时的经营状态分析，但实际上企业的目标并不是保本，而是尽可能多地实现利润，所以实现目标利润分析是盈亏临界点分析的延伸和扩展。为了便于分析和预测目标利润，需建立实现目标利润的有关模型。

(一) 实现税前目标利润的模型

实现税前目标利润的模型，是指企业销售产品在补偿了固定成本(达到盈亏临界点)后，需要怎样的销量才能实现的目标利润。其公式为

$$实现目标利润的销售量 = \frac{目标利润+固定成本}{单价-单位变动成本} = \frac{目标利润+固定成本}{单位边际贡献}$$

同样，实现目标利润的销量也可以用金额来表示，即

$$实现目标利润的销售额 = \frac{目标利润+固定成本}{边际贡献率}$$

【例 3-12】 设某企业生产和销售单一产品,产品单价为 50 元,单位变动成本为 25 元,固定成本为 50 000 元。

要求:若企业的目标利润定为 40 000 元,计算实现目标利润的销售量和销售额。

解:实现目标利润销售量=(40 000+50 000)÷(50 − 25)=3 600(件)

实现目标利润销售额=(40 000+50 000)÷50%=180 000(元)

或 =3 600×50=180 000(元)

(二) 实现税后目标利润的模型

前面所讲的目标利润均为所得税前利润。所得税费用对于实现了利润的企业来说,是一项必然的支出,对于目标利润的分析和预测来说,也是一项必然的扣除。所以,有必要从税后角度进行目标利润的分析与预测。其公式为

$$\text{实现税后目标利润的销售量} = \frac{\dfrac{\text{税后目标利润}}{1-\text{所得税税率}} + \text{固定成本}}{\text{单价} - \text{单位变动成本}}$$

或

$$\text{实现税后目标利润的销售额} = \frac{\dfrac{\text{税后目标利润}}{1-\text{所得税税率}} + \text{固定成本}}{\text{边际贡献率}}$$

【例 3-13】 假定在[例 3-12]中的其他条件不变,但税后目标利润为 33 500 元,所得税税率为 25%。

要求:计算实现税后目标利润的销售量和销售额。

解:实现税后目标利润的销售量 $= \dfrac{\dfrac{33\,500}{1-25\%} + 50\,000}{50-25} = 3\,787$(件)

实现税后目标利润的销售额 $= \dfrac{\dfrac{33\,500}{1-25\%} + 50\,000}{1-25/50} = 189\,333.33$(元)

(三) 相关因素变动对实现目标利润的影响

实现目标利润的模型是盈亏临界点模型的拓展与延伸,导致盈亏临界点变化的各个因素都可能对实现目标利润产生影响。此外,在进行实现税后目标利润的分析时,所得税率的变动也会对其造成影响。

1. 固定成本变动对实现目标利润的影响

从目标利润模型中可以看出,若其他条件既定,固定成本与目标利润之间是反向关系,与实现目标利润的销量之间是正向关系。固定成本降低,则目标利润增大,或者使实现目标

利润的销量降低。

> 【例 3-14】假设某企业生产和销售单一产品。该企业计划年度内预计销售产品 3 600 件，全年固定成本预计为 50 000 元。该产品单价为 50 元，单位变动成本为 25 元。
> 要求：(1) 计算该企业计划年度的目标利润。
> (2) 若固定成本减少了 10 000 元，计算实现目标利润的销量。
> 解：(1) 计划年度的目标利润=3 600×(50-25)-50 000=40 000(元)
> (2) 变动后实现目标利润的销量=(40 000+50 000-10 000)÷(50-25)=3 200(件)

2. 单位变动成本变动对实现目标利润的影响

若其他条件既定，单位变动成本与目标利润之间存在反向变动关系，与实现目标利润销售量之间存在正向变动关系。

> 【例 3-15】假设[例 3-14]中其他条件不变，只是企业通过技术改革，使得单位变动成本由 25 元降为 20 元。
> 要求：(1) 计算预计可实现利润。
> (2) 若目标利润为 40 000 元，计算实现目标利润的销量。
> 解：(1) 预计可实现利润=3 600×(50-20)-50 000=58 000(元)
> (2) 实现目标利润的销量=(40 000+50 000)÷(50-20)=3 000(件)

3. 单位售价变动对实现目标利润的影响

如同在盈亏临界点分析中所指出的，单位售价的变动对盈亏临界点的影响最为直接，其对实现目标利润的影响也是最为有效的。

> 【例 3-16】假设[例 3-14]中其他条件不变，只是企业通过降价，使得产品单价由 50 元下降到 45 元。
> 要求：(1) 计算预计可实现利润。
> (2) 若目标利润为 40 000 元，计算实现目标利润的销量。
> 解：(1) 预计可实现利润=3 600×(45-25)-50 000=22 000(元)
> (2) 实现目标利润的销量=(40 000+50 000)÷(45-25)=4 500(件)

4. 所得税率变动对实现目标利润的影响

如果企业的目标利润确定为税后利润，除了上述因素的变动会对实现目标利润、实现目标利润销售产生影响外，所得税率的变动也会对其产生影响。

> 【例 3-17】假设[例 3-14]中其他条件不变，只是企业原来的所得税率为 25%，税后目标利润为 30 000 元。
> 要求：(1) 计算实现税后目标利润的销量。
> (2) 若政府将所得税率由 25%提高到 30%，计算实现税后目标利润的销量。

解：(1) 单位边际贡献=50-25=25(元)

$$实现税后目标利润的销量 = \frac{\frac{30\,000}{1-25\%} + 50\,000}{25} = 3\,600(件)$$

(2) $$变动后实现税后目标利润的销量 = \frac{\frac{30\,000}{1-30\%} + 50\,000}{25} = 3\,714(件)$$

5. 多因素同时变动的影响

在企业现实的经营过程中，以上各类因素往往不是孤立存在的，它们相互影响。为如实反映客观实际情况，企业需要综合计量各有关因素同时变动的影响，才能正确采取相应决策。

【例 3-18】某企业产销甲产品(产销平衡)，有关资料如下：预计年销售量为 30 000 件，每件售价为 5 元，单位变动成本为 3 元，计划期固定成本为 21 000 元。据此可确定：

盈亏临界点销售量=21 000÷(5-3)=10 500(件)

目标利润=30 000×(5-3)-21 000=39 000(元)

或　　　=(30 000-10 500)×(5-3)=39 000(元)

下面，依据上述基本数据，计算分析不同情况下，有关因素变动对实现目标利润的影响。

(1) 提高单价，同时增加固定成本。若甲产品的单价由原来的 5 元提高到 6 元，但为了使产品预期的销售量能顺利完成，全期需增加广告费支出 3 000 元。要求：①计算新的盈亏临界点的销售量；②目标利润仍为 39 000 元的情况下，计算新的实现目标利润的销售量；③如果在提价和增加固定成本后实际销售量能达到预计的 30 000 件，计算比原定利润 39 000元增加的利润额。

① 盈亏临界点的销售量=(21 000+3 000)÷(6-3)=8 000(件)
② 实现目标利润的销售量=(21 000+3 000+39 000)÷(6-3)=21 000(件)
③ 比原定目标多实现利润=(30 000-21 000)×(6-3)=27 000(元)
　　或　　　　　　　　=30 000×(6-3)-(21 000+3 000)-39 000=27 000(元)

(2) 降低售价，同时增加销售量。若企业的生产能力还有剩余，能增加产量，可采取薄利多销的措施。经研究确定：单价降低 10%，即由原来的 5 元降低到 4.5 元，可使销售量增加 15%，即由原来的 30 000 件增加到 34 500 件。要求：①计算变动后的盈亏临界点销售量、销售额；②目标利润仍为 39 000 元的情况下，计算变动后实现目标利润的销售量；③企业实行薄利多销后，计算利润的变化。

① 盈亏临界点的销售量=21 000÷(4.5-3)=14 000(件)
　　降价后的边际贡献率=1-3÷4.5=33.33%
　　盈亏临界点的销售额=21 000÷33.33%=63 000(元)
　　或　　　　　　　　=14 000×4.5=63 000(元)
② 实现目标利润的销售量=(21 000+39 000)÷(4.5-3)=40 000(件)

③ 利润变化额=34 500×(4.5-3)-21 000-39 000=-8 250(元)

或　　　　　=(34 500-40 000)×(4.5-3)=-8 250(元)

可见销量增加的幅度过小，不能弥补由于降价带来的损失，使企业比原来的利润减少了 8 250 元。

三、本量利关系中的敏感性分析

敏感性分析是一种应用广泛的分析方法，不仅限于本量利关系分析中。通常，这一方法研究的是，当一个系统的周围条件发生变化时，导致这个系统的状态发生了怎样的变化，是敏感(变化大)还是不敏感(变化小)。在一个确定的模型有了最优解后，敏感性分析研究的是，该模型中的某个或某几个参数允许变化到怎样的数值(最大或最小)，原最优解仍能保持不变；当某个参数的变化已经超出允许范围、原有的最优解不再"最优"时，怎样用简捷的方法重新求得最优解。

从前面盈亏临界点分析和实现目标利润分析中可以看出，销售量、单价、单位变动成本、固定成本诸因素中的某个或者某几个因素的变动，都会对盈亏临界点和目标利润产生影响。但由于各因素在计算盈亏临界点和目标利润的过程中作用不同，影响程度当然也不一样，或者说盈亏临界点和目标利润对不同因素的变动所做出的反应在敏感性上存在着差异。本量利关系中敏感性分析主要是研究两方面的问题：一是有关因素发生多大变化时，会使企业由盈利变为亏损；二是有关因素变化对利润变化的影响程度。

(一) 有关因素临界值的确定

销售量、单价、单位变动成本和固定成本的变化，都会对利润产生影响。当这种影响是消极的且达到一定程度时，就会使企业的利润为零而进入盈亏临界状态；若这种变化超过上述程度，则企业就转入亏损状态，发生了质的变化。敏感性分析的目的就是确定能引起这种质变的各因素变化的临界值。简单来说，就是求取达到盈亏临界点的销售量和单价的最小允许值，以及单位变动成本和固定成本的最大允许值。所以这种方法又称为最大最小法。

由实现目标利润的模型：利润(P)=销量(V)×[单价(SP)-单位变动成本(VC)]-固定成本(FC)，可以推导出当利润为零时求取最大最小值的有关公式为

$$V_{\min} = \frac{FC}{SP - VC}$$

$$SP_{\min} = \frac{FC}{V} + VC$$

$$VC_{\max} = SP - \frac{FC}{V}$$

$$FC_{\max} = V(SP - VC)$$

以下举例说明求取最大最小值，即临界值的方法。

【例3-19】某厂生产和销售 A 产品，计划年度销售量为 4 000 件，单价为 60 元，单位变动成本为 30 元，固定成本为 45 000 元。

要求：(1) 计算目标利润。
(2) 计算销售量、单价、单位变动成本、固定成本的临界值。

解：(1) 目标利润=4 000×(60-30)-45 000=75 000(元)
(2) 计算及分析各项临界值：

销售量的临界值=45 000÷(60-30)=1 500(件)

表明产品销量的最小允许值(即盈亏临界点销量)为 1 500 件，再低则会发生亏损。

单价的临界值=45 000÷4 000+30=41.25(元)

表明产品的单价不能低于 41.25 元这个最小值，或者说售价降低的幅度不能超过 (60-41.25)÷60=31.25%，否则便会发生亏损。

单位变动成本的临界值=60-(45 000÷4 000)=48.75(元)

表明当单位变动成本由 40 元上升到 48.75 元时，企业的利润变为 0，即 48.75 元为企业所能承受的单位变动成本的最大值。

固定成本的临界值=4 000×(60-30)=120 000(元)

表明在其他因素不变时，企业能够承受的固定成本最大值为 120 000 元，超过此限值，企业将亏损。

(二) 有关因素变化对利润变化的影响程度(敏感性分析)

销售量、单价、单位变动成本和固定成本诸因素的变化，都会对利润产生影响，但在影响程度上存在差别。有的因素虽然只发生了较小的变动，却导致利润发生很大变化，这些因素也因此被称为敏感因素。与此相反，有的因素虽然变化并不算小，但利润的变化却不大，这些因素被称为非敏感因素。企业的决策人员需要知道利润对哪些因素的变化比较敏感，而对哪些因素的变化不太敏感，以便分清主次，抓住重点，采取相应措施，更有利于确保目标利润的实现。

1. 敏感系数

反映敏感程度的指标称为敏感系数，其计算公式为

$$敏感系数 = \frac{目标值变动百分比}{因素值变动百分比} = \frac{利润变动百分比}{因素值变动百分比}$$

以下举例说明有关因素的敏感系数如何计算。

【例3-20】 假定在[例3-19]中，预测期销售量、单价、单位变动成本和固定成本均分别增长20%。计算各因素的敏感系数。

(1) 计算销售量的敏感系数。

解法一：销售量增长20%，则

预测期销量=4 000×(1+20%)=4 800(件)

预测期利润=4 800×(60−30)−45 000=99 000(元)

利润变化百分比=(99 000−75 000)÷75 000=32%

因此，销售量的敏感系数=32%÷20%=1.6

解法二：销售量的敏感系数也可按下式计算，即

$$销售量的敏感系数 = \frac{基期边际贡献}{基期利润} = 4\,000 \times (60-30) \div 75\,000 = 1.6$$

(2) 计算单价的敏感系数。

解法一：单价增长20%，则

预测期单价=60×(1+20%)=72(元)

预测期利润=4 000×(72−30)−45 000=123 000(元)

利润变化百分比=(123 000−75 000)÷75 000=64%

单价的敏感系数=64%÷20%=3.2

解法二：单价敏感系数同样可以通过基期的数据进行计算，即

$$单价的敏感系数 = \frac{基期销售收入}{基期利润} = 4\,000 \times 60 \div 75\,000 = 3.2$$

(3) 计算单位变动成本的敏感系数。

解法一：单位变动成本增长20%，则

预测期单位变动成本=30×(1+20%)=36(元)

预测期利润=4 000×(60−36)−45 000=51 000(元)

利润变化百分比=(51 000−75 000)÷75 000=−32%

单位变动成本的敏感系数=−32%÷20%=−1.6

解法二：单位变动成本的敏感系数同样可以通过基期数据进行计算，即

$$单位变动成本的敏感系数 = -\frac{基期变动成本额}{基期利润} = -30 \times 4000 \div 75\,000 = -1.6$$

(4) 计算固定成本的敏感系数。

解法一：固定成本增长20%，则

预测期固定成本=45 000×(1+20%)=54 000(元)

预测期利润=4 000×(60−30)−54 000=66 000(元)

利润变化百分比=(66 000−75 000)÷75 000=−12%

固定成本的敏感系数=−12%÷20%=−0.6

> 解法二：固定成本的敏感系数可以通过基期的数据进行计算，即
>
> $$\text{固定成本的敏感系数} = -\frac{\text{基期固定成本}}{\text{基期利润}} = -45\,000 \div 75\,000 = -0.6$$

通过上面的计算可以发现，通常情况下，解法二的计算方法更为简单，其计算公式可以归纳为

$$\text{销售量的敏感系数} = \frac{\text{基期边际贡献}}{\text{基期利润}} = \frac{CM}{P}$$

$$\text{单价的敏感系数} = \frac{\text{基期销售收入}}{\text{基期利润}} = \frac{SP \cdot V}{P}$$

$$\text{单位变动成本的敏感系数} = -\frac{\text{基期变动成本额}}{\text{基期利润}} = -\frac{VC \cdot V}{P}$$

$$\text{固定成本的敏感系数} = -\frac{\text{基期固定成本}}{\text{基期利润}} = -\frac{FC}{P}$$

需要注意的是，上述公式有一个应用前提，必须是各因素单一变化而其他因素不变时，才能使用。当预测期变动的因素不止一个时，只能采用解法一的定义公式进行求解。

在上述案例中可以看到，在影响利润的诸因素中，不考虑目标值变化的方向，只讨论敏感程度的情况下，最敏感的是单价(敏感系数 3.2，意味着利润的变化速度是单价变化速度的 3.2 倍)，其次是销售量(敏感系数 1.6)和单位变动成本(敏感系数-1.6)，最不敏感的是固定成本(敏感系数-0.6)。但这并不意味着实务中，敏感程度大小的影响因素排序一定如此例。

从解法二的几个公式中可以看出，分母均为基期利润 P，所以对各敏感系数的分子进行比较，可以帮助判断各因素的敏感程度。一般情况下，企业的固定成本、变动成本不为零，因此收入大于边际贡献、固定成本或变动成本，所以单价的敏感系数应该是最大的，也就是利润对单价变动的反应是最为敏感、最为直接有效的。

企业在盈利条件下，边际贡献大于固定成本，所以销量的敏感系数一般大于固定成本的敏感系数。

敏感系数为正值，表示该因素与利润为同向增减关系；敏感系数为负值，表示该因素与利润为反向增减关系。在进行敏感性分析时，敏感系数的正负值不如数值大小重要，越大则敏感程度越高。

虽然单价的敏感程度最高，但是现实生活中，因为受制于买方市场、竞争对手等的影响，企业为了提高利润，最常用的一种方法还是促销，因此销量的敏感系数最为常用，它又称为经营杠杆系数。它是指由于固定经营成本的存在，从而使企业利润的变动幅度大于产销量的变动幅度的现象。对于同一产销业务量而言，经营杠杆系数越大，说明企业的成本结构中固定经营成本数额也越高，杠杆利益或经营风险也越大。

2. 敏感性分析

在管理会计中，敏感性分析应用范围十分广泛，尤其是在预测和决策分析中。比如，通过敏感性分析，管理者能够根据敏感系数公式，并在已知各因素变动幅度时，很容易预测出利润变动幅度，从而计算出各因素变动后的利润值。

【例3-21】 甲企业计划年度的销售量为4 000件，单价为100元，单位变动成本为40元，固定成本为40 000元。如果这些因素变动幅度均为20%和-20%，且在某因素变动时，假定其他因素不变。

要求：(1) 计算因素变动之前的目标利润。
(2) 计算各因素的敏感系数。
(3) 计算各因素变动后，利润分别为多少？

解：(1) 计算因素变动之前的目标利润。
变动之前的目标利润=(100-40)×4 000-40 000=200 000(元)
(2) 计算各因素的敏感系数。

$$单价的敏感系数 = \frac{100 \times 4\,000}{200\,000} = 2$$

$$销售量的敏感系数 = \frac{4\,000 \times (100-40)}{200\,000} = 1.2$$

$$单位变动成本的敏感系数 = -\frac{4\,000 \times 40}{200\,000} = -0.8$$

$$固定成本的敏感系数 = -\frac{40\,000}{200\,000} = -0.2$$

(3) 计算各因素变动后的利润。
由于，敏感系数=目标值变动百分比÷因素值变动百分比。也就是，目标值变动百分比=敏感系数×因素值变动百分比。
① 当各因素分别增长20%时，利润变动百分比和增长后的利润总额情况如下。
销售单价增长20%时，利润将增长2×20%=40%，即
利润总额=200 000×(1+40%)=280 000(元)
销售量增长20%时，利润将增长1.2×20%=24%，即
利润总额=200 000×(1+24%)=248 000(元)
单位变动成本增长20%时，利润将降低0.8×20%=16%，即
利润总额=200 000×(1-16%)=168 000(元)
固定成本增长20%时，利润将降低0.2×20%=4%，即
利润总额=200 000×(1-4%)=192 000(元)
② 当各因素分别降低20%时，利润变动百分比和增长后的利润总额情况如下。
销售单价降低20%时，利润将降低40%，即

利润总额=200 000×(1-40%)=120 000(元)
销售量降低20%时，利润将降低24%，即
利润总额=200 000×(1-24%)=152 000(元)
单位变动成本降低20%时，利润将增长16%，即
利润总额=200 000×(1+16%)=232 000(元)
固定成本降低20%时，利润将增长4%，即
利润总额=200 000×(1+4%)=208 000(元)

企业有时会列出有关因素变动的敏感分析表来直接反映各因素变动后的利润值，以便为企业决策人员提供直观数据。如在[例 3-21]中，除了20%的变动率之外，企业还有各因素的变动率分别为10%、30%两种情况，于是可以列出有关因素变动的利润表，如表 3-3 所示。

表 3-3 有关因素变动的利润表

单位：万元

项目	不同因素变动率下的利润						
	-30%	-20%	-10%	0	10%	20%	30%
销售单价	8.0	12.0	16.0	20	24.0	28.0	32.0
销售量	12.8	15.2	17.6	20	22.4	24.8	27.2
单位变动成本	24.8	23.2	21.6	20	18.4	16.8	15.2
固定成本	21.2	20.8	20.4	20	19.6	19.2	18.8

在该分析表中，各因素变动幅度只是选择了正负各三个值，如果选择更多的值，就可以得到更多的利润数据，这样，由各因素的变动幅度值和相应的利润值，就可以得到一系列的点，把这些点连接起来，就可以得到一张分析图，方便为企业管理人员的决策分析提供参考。

思 考 题

1. 本量利分析的基本假设有哪些，并说明它们的具体含义。
2. 盈亏临界点分析在企业经营决策中有什么作用？请结合具体实例进行分析。
3. 各种盈亏临界图的特点分别是什么？它们在进行盈亏临界分析时分别起到什么作用？请结合实例进行分析。
4. 固定成本、变动成本、销售单价、销售量的变化分别对利润的变化有什么影响？比较利润对这些因素的敏感程度。
5. 通过本章的学习，说明本量利分析的优点和局限性。列举具体实例进行说明。
6. 敏感性分析在企业利润规划时如何发挥作用？请具体举例说明。

延 伸 阅 读

1. 《管理会计应用指引第 400 号——营运管理》
2. 《管理会计应用指引第 401 号——本量利分析》
3. 《管理会计应用指引第 402 号——敏感性分析》
4. 《管理会计应用指引第 403 号——边际分析》

营运管理　　　　　本量利分析　　　　　敏感性分析　　　　　边际分析

第四章

预测分析法

学习目标

通过本章的学习,要求学生:
- 了解预测的概念及作用。
- 了解预测的基本原理。
- 掌握销售预测的基本方法(数量方法和非数量方法)。
- 理解成本预测的常用方法。
- 理解利润预测的常用方法。

引导案例

江西长江化工有限责任公司隶属于中国兵器装备集团公司,是兵器系统集科研、生产、开发于一体的专业化非金属复合材料制造企业。公司主营业务包括三大板块:特种产品、电子玻纤布产品和挠性板产品。其中,电子玻纤布和挠性板是公司的主导产品,曾处于国内领先地位,销售供不应求,但是随着电子行业向轻、薄、小型化发展,以及外资和民营资本大举进入市场,电子基材行业呈现传统制造过剩、新型材料制造供不应求的局面,公司的产品未能跟上电子行业的发展趋势。

2012年开始,公司开始加强经营预测、注重市场化转型工作,成立了专门的工作机构,在分析了自身在发展中出现的问题及存在的机遇的基础上,下发了《经营预测管理实施细则》,重点介绍了经营预测的各种方法,扩大了经营预测的范围。预测方法包括定性预测和定量预测两大类,预测范围涵盖了市场预测、成本预测、资金预测等,深入公司生产经营的方方面面。

问题:
1. 经营预测包括哪些方面的内容?
2. 经营预测可以采用哪些方法?

古人云:"凡事预则立,不预则废。"在激烈的市场竞争中,企业若想立于不败之地,不但需要熟知自身现有的内部环境和外部市场环境,而且必须通过对已经发生和正在发生的各种情况的分析,科学地预知未来将要发生在经济活动中的某些状况。

第一节 预测分析概述

一、预测的概念与作用

(一) 预测的定义

预测的意识很早就存在于人类的生活、生产实践和政治活动中。例如,天气预报、农作物收成的估计、政治和军事局势的推测等。这些预测主要是依靠直观分析和经验,借助于一些先兆信息等加以推测而获得的。20世纪三四十年代,由于科学技术和生产力的高速发展,新技术、新工艺不断发明涌现,经济活动中的竞争越来越激烈,这些客观情况给人类带来了许多新事物,也造成了许多新问题,人们日益感到预测未来的重要性并不断进行预测的研究和实践。随着预测者的经验积累和科学技术的发展,预测的研究和应用越发成熟,出现了很多科学的分析方法和有效的预测手段。因此,预测也逐渐形成了一门独立的学科,得到迅速的发展。

总括地说,所谓预测就是根据过去和现有的信息,运用一定的科学手段和方法,预计和推测事物未来的发展趋势。

(二) 预测的作用

预测的基本功能是为计划和决策提供依据。决策被认为是现代企业管理的重心,重大决策的正确与错误直接关系到企业的兴衰存亡。因为计划和决策都是涉及企业未来的管理活动,所以必须以预测结果作为依据。

从预测工作的内容来看,它具有相对的独立性。但从预测工作在管理层次的地位来看,它必须服从于计划、决策等更高管理活动层次的需要。因此,预测应按计划、决策的要求开展工作,预测人员应与计划人员、决策者密切联系,良好配合,才能使预测具有实用价值。

预测是科学管理的重要环节,但并不是最终的目的。预测的作用和真正的价值在于指导和调节人们的行动,以便采取适当的策略和措施,谋求更大的利益。

二、预测的基本原理

(一) 可知性原理

可知性原理也称为规律性原理,事物的发展尽管千姿百态,但还是各有其自身固有的变化规律,这些规律可以为人们认识和掌握。这就意味着,任何预测对象的未来发展趋势和状况都是可以预知的,只要人们掌握了规律就可以预测事物的未来发展状况。

(二) 可能性原理

任何事物的发生、发展都受其内外因的支配与影响,内因是事物发展变化的根据,外因是事物发展变化的条件。作为预测对象的任何事物,其未来发展趋势和状况也必然在内外因共同作用下出现,因此它可能具有多种可能性,而不是只存在单一的可能性。

(三) 连续性原理

事物的发生、发展往往不是突变性的,而是连续性的,它或多或少地与过去和现在存在一定的联系。如果了解和掌握了预测对象发展变化的过去和现在,就可能对其未来的发展变化进行推测。

(四) 可控性原理

预测对象未来的发展变化是在内外因的共同作用下产生的,它有着自身的发展规律。人们在掌握其规律性的情况下,可以发挥自己的主观能动性和创造性,使事物朝着符合人们愿望的方向发展。

在实际工作中,全面掌握和运用上述基本原理,就可以使预测工作建立在科学而可信的基础上。

三、预测的程序与内容

(一) 预测的基本步骤

1. 根据预测任务确定预测的目标

根据预测任务确定预测的目标,就是预测人员按计划、决策的需要,确定预测对象,规定预测的时间期限和希望预测结果达到的精确度等。

2. 收集和整理有关资料和情报

资料和情报是预测的基础,可以从中分析得到反映预测对象特性和变动倾向的信息。原始资料必须经过加工整理,以便去伪存真,去粗取精。对资料和情报的一般要求是要准确、及时、完整和精简实用。

3. 选择预测方法并进行预测

预测者经分析研究了解预测对象的特性,同时根据各种预测方法的适用条件和性能,选出合适的预测方法。预测方法是否选用得当,将直接影响预测的精确度和可靠性。

运用预测方法的核心,是建立描述、概括研究对象特征和变化规律的模型。定性预测模型是指逻辑推理的程序;定量预测模型通常是以数学关系式表示的数学模型。根据预测模型,输入有关资料、数据,进行计算或处理,即可得到预测结果。

4. 分析评价

分析评价主要是对预测结果的准确性和可靠性进行论证。预测结果受资料的质量、预测人员的分析判断能力、预测方法本身的局限性等因素的影响,未必能确切地估计预测对象的未来状态,因而预测人员还要分析各种影响预测精确度的因素,以及这些因素的影响程度和范围,进而估计预测误差的大小,评价原来预测的结果。在分析评价的基础上,通常还要对原来的预测值进行修正,得到最终的预测结果。

5. 提交预测报告

预测报告应概括预测研究的过程,列出预测的目标、预测对象及有关因素的分析结论,主要资料和数据、预测方法的选择和模型的建立,以及模型预测值的评价和修正等内容。

(二) 预测的基本内容

1. 销售预测

企业为了完成既定的目标利润,必须完成一定的销售量或销售额。销售预测是企业在一定的市场环境和营销规划下,对其产品销售量或销售额的期望值的估算。能否达到目标利润,就应通过销售预测来衡量。

2. 利润预测

利润预测是按照企业经营目标的要求,通过综合分析企业的内外部条件,测算企业未来一定时期可能达到的利润水平、变动趋势,以及为达到目标利润所需相应达到的销售、成本水平的一系列专门方法。

3. 成本预测

成本预测是根据企业的发展目标和收集的有关资料,运用专门方法推测与估算未来企业的成本水平,以及发展趋势的过程。

4. 资金预测

资金预测是指在销售预测、利润预测、成本预测的基础上,根据企业未来经营发展目标并考虑影响资金的各项因素,运用一定方法预计、推测企业未来一定时期内或一定项目所需要的资金数额、来源渠道、运用方向及其效果的过程。由于资金预测是财务管理的重要内容,因此在本书中不进行具体的介绍。

第二节 销售预测

一、销售预测的重要性

在市场经济条件下，企业被推向市场，企业的生存发展取决于市场对企业的接纳程度，取决于企业能否生产出适销对路、质量合格、满足市场需求的产品。

销售预测是指企业在一定的市场环境和营销规划下，对其产品销售量或销售额的期望值的估算。销售预测是微观的市场预测，是对某一企业的产品潜在需要量的预测。这种预测为企业开发产品、制订生产计划和价格政策提供决策依据。因此，这种预测也称为生产预测。

对企业产品销售的预测，可以说是对企业生存和发展的预测。销售预测有两方面的作用：一是根据预测情况来改进销售工作，争取更多的销售量；二是"以销定产"，据此确定生产计划，避免产品的积压或脱销，争取更好的经济效益。销售预测是制定企业经营决策最重要的出发点和基础，也是编制销售预算的前提，因此只有搞好销售预测，才能进而开展其他各项经营预测工作。

二、销售预测的基本方法

销售预测是企业全面经营预测的出发点和基础，因此，经营预测应着重从销售预测的角度讨论其基本方法。销售预测的基本方法可分为非数量方法与数量方法两大类。

(一) 非数量方法

非数量方法，又称为定性分析方法。它主要依靠预测人员丰富的实践经验和知识及主观分析判断能力，在考虑到政治经济形势、市场变化、经济政策、消费倾向等各项因素对经营影响的前提下，对事物的性质和发展趋势进行预测的方法。非数量分析法主要用于对不能定量分析的因素如政治经济形势变化、市场变化等的分析，以及在数量分析资料不完备情况下的预测分析。非数量方法具体又可以分为市场调查法和判断分析法。

1. **市场调查法**

市场调查法是根据某种商品在市场上的供需情况的调查资料，以及企业本身商品的市场占有率，来预测某一时期内本企业该商品的销售量(或销售额)的一种专门方法。公司的销售取决于顾客的购买，顾客的消费意向是销售预测中最有价值的信息。

市场调查法通常可采取四种方式：①全面调查，即对涉及同一商品的所有销售对象进行逐个了解，经综合整理后，探明该商品在未来一定时期内销售量(或销售额)的增减变动趋势；②重点调查，即通过对有关商品在某些重点销售单位历史销售情况的调查，经综合分析后，基本上掌握未来一定期间内该商品销售变动的总体情况；③典型调查，即有意识地选择具有代表性的销售单位,进行系统、周密的调查,经分析后,总结出有关商品供需变化的一般规律,借以全面了解它们的销售情况;④抽样调查,即按照随机原则,从有关商品的全部销售单位中抽出某个组成部分进行调查,经分析推断后测算出有关商品的需求总量。

市场调查一般可以围绕以下几方面进行。

(1) 调查商品所处的寿命周期。任何工业产品都有发生、发展与衰亡的过程,经济学界把这个过程称为商品的寿命周期。它一般可分为试销、成长、成熟、饱和和衰退五个阶段。不同阶段的销售量(或销售额)是各不相同的,如图4-1所示。

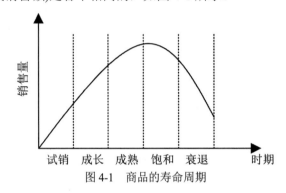

图 4-1　商品的寿命周期

(2) 对消费者的情况进行调查,摸清消费者的经济情况、个人爱好、行为习惯及对商品的要求等因素,据此分析未来一定时期的市场情况。

(3) 对市场竞争情况进行调查,了解经营同类商品企业的市场占有情况及它们所采取的各种促销措施,以比较本企业经营该种商品的优势、劣势及市场占有率。

(4) 对商品的采购渠道进行调查,了解同类商品生产厂家及其他进货渠道的分布情况,以及这些厂家所生产和经营商品的花色、品种、质量、包装、价格、运输等方面的情况,并确定各因素对销售量的影响。

(5) 对国内外和本地区经济发展趋势进行调查,以了解经济的发展趋势对商品销售量(或销售额)的影响。

将上述五个方面的调查资料进行综合、整理、加工、计算,就可对某种商品在未来一定时期内的销售情况进行预测。

2. 判断分析法

1) 集合意见法

集合意见法,就是集合企业内部经营管理人员、业务人员等的意见,凭他们的经验和判断共同进行市场预测的方法。由于经营管理人员、业务人员等比较熟悉市场需求及其变化动向,他们的判断往往能反映市场的真实趋向。集合意见法是进行短、近期市场预测常用的方法。

(1) 集合意见法的预测步骤如下。

第一步:管理人员根据企业经营管理的要求,向有关人员提出预测项目和预测期限的要求,并尽可能提供有关资料。

第二步：有关人员根据预测要求及掌握的资料，凭个人经验和分析判断能力，提出各自的预测方案。在此过程中，有关人员应将质的分析与量的分析相结合，力求既有定性分析，又有较准确的定期量化描述。一般来说，定性分析包括：历史生产和销售趋势，目前市场的状态、消费心理的新变化、顾客流动情况等；产品适销对路情况，商品资源、流通渠道及供应情况的变化，新产品投入市场的可能性；流动资金来源和运用情况，商品库存结构及上级主管部门对任务的要求(如果有上级的话)；劳动组织状况，改善企业经营管理的措施及其可能取得的效果等。在定性分析基础上再将判断结果做出定量化的描述，形成各自的预测方案，具体包括：确定未来市场的可能状态(两种或两种以上)；确定各种可能状态出现的概率(主观概率)；确定每种状态下市场销售可能达到的水平(称状态值)。

第三步：预测组织者计算有关人员的预测方案的方案期望值。方案期望值等于各种可能状态主观概率与状态值乘积之和。

第四步：将参与预测的有关人员分类，如厂长(经理)类、管理职能科室类、业务人员类等，计算各类综合期望值。综合方法一般是采用平均数、加权平均数统计法或中位数统计法。

第五步：确定最终的预测值。当预测组织者采用统计法得到综合预测值后，还应当参照当时市场上的情况，考虑是否需要对综合预测值进行调整，或进一步向有关人员反馈信息，再经酝酿讨论使预测结果更趋合理。

(2) 集合意见法的组织形式。集合意见法有多种组织形式，大致可归纳为如下三种：

第一，集合经营与管理人员意见法，即集合经理、管理人员和业务人员三方面的预测方案，加以归纳、分析、判断，从而确定企业的预测方案。其过程如下：首先，由经理根据经营管理的需要，向下属管理单位和业务人员提出预测项目和预测要求；其次，下属单位和业务人员根据经理指示提出各自的预测方案；最后，将经理、管理人员和业务人员的预测方案进行综合分析、判断，定出企业的市场预测值。这种预测组织形式既调动了管理人员和业务人员参与预测的积极性，又可以上下结合制定出反映客观实际的预测方案，它结合了质与量的分析法，比较适合我国商业企业的经营管理状况。

第二，集合业务人员意见法，即集合所属经营机构的业务人员、分支机构的业务主管人员、有业务关系的批零企业的业务主管人员，以及联合企业的业务主管人员的预测意见而制定的企业预测方案。

第三，业务人员意见综合法，就是提供预测方案的人员仅限于企业内部的业务人员，如批发企业的采购员和供应员、零售企业的进货员和售货员等。这种方法与集合经营管理人员意见法和集合业务人员意见法基本相同(就方法而言)，也具有上述两种方法的特点。由于这种方法仅反映了企业内部业务人员的预测意见，因而存在一定的局限性，可用于企业短期预测，但不宜用于近期和中期预测。

2) 专家意见法

专家意见法，就是根据市场预测的目的和要求，向有关专家提供一定的背景资料，请他们就市场未来的发展变化做出判断，提出量的估计。专家意见法一般应用于没有历史资料，或历史资料不完备，难以进行量的分析，以及需要进行质的分析预测的情况下。在具体运用中，专家意见法通常采用如下两种形式：

(1) 专家会议法。专家会议法，就是邀请有关方面的专家，通过会议的形式，对企业的生产经营或某个产品及其发展前景做出评价，并综合专家们的意见，对该企业或产品的市场需求及其发展趋势做出量的预测。

专家会议预测法存在一些缺点，如参加会议的专家人数有限(一般不超过10人)，会影响代表性；易受个别有权威专家的左右；被与会者的个性和心理状态所影响，如不愿发表与多数人不同的意见、出于自尊心不愿意修改根据不充分的意见等。

(2) 专家小组法。专家小组又称德尔菲法，是按照既定程序，采用背对背的反复函询方式，征询专家小组成员意见，经过几轮的征询与反馈，使各种不同意见渐趋一致，经汇总和用数理统计方法进行收敛，得出一个比较统一的预测结果供决策者参考。专家小组法的特点为：匿名性，即参与预测的专家彼此之间不联系，因此不会相互影响；反馈性，即预测结果是在经过几轮征询，专家不断修正其预测意见基础上得出的；统计性，即在轮番征询过程中，每次专家意见都经过统计归纳处理，专家意见逐渐趋向一致，预测值趋于收敛。

专家小组法的主要缺点，是预测过程主要凭专家主观判断，缺乏一定客观标准；轮番函询时间较长。这种方法多用于缺乏数据资料的长期预测。

(二) 数量方法

数量方法，也称为定量分析方法。它主要是根据过去和现在比较完备的信息，运用一定的数学方法对之进行科学的加工和处理，充分揭示有关经济变量之间的规律性关系，作为预测的依据，据以推断企业与市场未来的发展趋势。数量方法可以大致分为两类：一类是以某个指标本身过去的变化趋势预测其未来的变化趋势，即把未来作为历史的延伸，这就是趋势预测法；另一类是事物普遍联系观点的具体应用，即分析某个指标与其他指标的相互联系，并以它们之间的规律性联系预测其未来的变化趋势，这就是因果预测法。

1. 趋势预测法

趋势预测法立足于连续性原理，把未来视为过去和现在的延伸。具体做法是：以过去的信息为基础，运用一定的数学方法进行加工、改制和必要的延伸，确定有关指标在未来一定期间的预测值。

(1) 算术平均法。算术平均法是根据过去若干时期的销售量(或销售额)的算术平均数，来预测计划期的销售量(或销售额)的一种预测分析方法。其计算公式为

$$计划期销售预测数 = \frac{过去各期销售量(或销售额)之和}{期数}$$

$$\overline{X} = \frac{\sum_{i=1}^{n} x_i}{n}$$

式中，x_i 为第 i 期的销售量(或销售额)。

【例4-1】 某企业2020年1—6月销售额的资料,如表4-1所示。

表4-1 某企业2020年1—6月销售额

月 份	1	2	3	4	5	6
销售额/万元	372	380	418	382	465	496

要求:根据表中的资料,预测7月份的销售额。

解:7月份的预计销售额$(\overline{X}) = \dfrac{\sum\limits_{i=1}^{n} x_i}{n} = \dfrac{372+380+418+382+465+496}{6}$
$= 418.83(万元)$

用算术平均法预测销售量(或销售额),计算方法比较简单,但它把各个时期的销售差异平均化,没有考虑不同时期(如远期和近期)实际销售数字对预测值的影响,预测误差一般较大。故此法一般只适用于销售量(或销售额)比较平稳的商品,如没有季节性变化的食品、日常用品等。

(2) 加权平均法。加权平均法是指对某种商品过去若干期间的销售量(或销售额),按其距计划期的远近分别进行加权(近期所加权数大些,远期所加权数小些),然后计算其加权平均数,并据以作为计划期的销售预测值的一种销售预测分析法。其计算公式为

$$计划期销售预测数(\overline{X}) = \sum_{i=1}^{n} W_i X_i$$

式中,W_i为第i个观察值的权数。W_i应该满足$\sum W_i = 1$;$W_1 < W_2 < W_3 < \cdots < W_n$

【例4-2】 某公司2020年1—6月电冰箱的销售量资料,如表4-2所示。

表4-2 某公司2020年1—6月电冰箱的销售量

月 份	1	2	3	4	5	6
销售额/台	650	660	680	700	710	730

要求:根据资料,用移动加权平均法预测7月电冰箱的销售量(假设$n=6$,$W_1=0.1$,$W_2=0.1$,$W_3=0.1$,$W_4=0.2$,$W_5=0.2$,$W_6=0.3$)。

解:7月份销售预测数$(\overline{X}) = \sum\limits_{i=1}^{n} W_i X_i$
$= 0.1 \times 650 + 0.1 \times 660 + 0.1 \times 680 +$
$\quad 0.2 \times 700 + 0.2 \times 710 + 0.3 \times 730$
$= 700(台)$

(3) 趋势平均法。趋势平均法在销售预测中的应用，是假设未来时期的销售量是与其相接近时期的销售量的直接延伸，而与较远时期的销售量关系较小，同时为了尽可能缩小偶然因素的影响，可用最近若干时期的平均值作为预测期的预测值的基础。具体做法是：在移动平均法计算 n 期时间序列移动平均值的基础上，进一步计算趋势值的移动平均值，最后利用特定基期销售量移动平均值和趋势值移动平均值来预测未来销售量。

预测销售量=基期销售量移动平均值+基期趋势值移动平均值×基期与预测期的时间间隔

某期趋势值=该期销售量移动平均值-上期销售量移动平均值

基期趋势值移动平均值=最后一个移动期趋势值之和÷趋势值移动的期数

【例4-3】假设某企业2020年1—12月的销售额资料，如表4-3所示。

表4-3　某企业2020年1—12月的销售额

单元：万元

月　份	销售额	五期平均	变动趋势	三期趋势平均数
1	372.9			
2	384.2			
3	418.1	404.76		
4	385.3	429.62	+24.86	
5	463.3	465.78	+36.16	27.12
6	497.2	486.12	+20.34	28.55
7	565.0	515.28	+29.16	24.79
8	519.8	540.14	+24.86	18.76
9	531.1	542.40	+22.60	12.81
10	587.6	553.70	+11.30	
11	508.5			
12	621.5			

要求：根据趋势平均法预测该企业2021年1月的销售额(销售额采用五期平均，趋势值采用三期平均)。

解：根据趋势平均法，有关计算结果如表4-3第三、第四和第五栏所示。

表中"五期平均"栏有关数字计算如下：

$$\frac{372.9+384.2+418.1+385.3+463.3}{5}=404.76$$

其余数字依此类推。

表中"变动趋势"栏有关数字计算如下：

$$429.62-404.76=24.86$$

其余数字依此类推。

表中"三期趋势平均数"栏有关数字计算如下：

$$\frac{24.86+36.16+20.34}{3}=27.12$$

其余数字依此类推。

根据表中的计算，距离 2021 年 1 月最近的"三期趋势平均值"是 12.81，在 2020 年 9 月，其间距为 4 个月，所以该企业 2021 年 1 月的销售额预测值为

$$542.40+4\times12.81=593.64(万元)$$

(4) 指数平滑法。虽然指数平滑法与趋势平均法一样，都是以某个指标本身过去变化的趋势作为预测的依据，但是在具体计算上却存在较大差异。趋势平均法将前后各期对预测值的影响一视同仁，等量齐观，而指数平滑法则对前后各期区别对待，给予不同的权数，考虑到近期信息对预测值的影响程度比远期大，因而越是近期的信息，权数越大，越是远期的信息，权数越小。这样计算的结果将更符合客观实际。

假设 A_{t-1} 代表上期的实际销售额，F_{t-1} 代表上期销售额的预测值，α 代表平滑系数($0<\alpha<1$)，F_t 代表本期销售额的预测值，其数学表达式为

$$\begin{aligned}F_t &= F_{t-1} + \alpha(A_{t-1} - F_{t-1})\\ &= \alpha A_{t-1} + (1-\alpha)F_{t-1}\end{aligned}$$

【例 4-4】仍以[例 4-3]资料为例，假设 $\alpha=0.3$。

要求：采用指数平滑法预测 2021 年 1 月的销售额。

解：采用指数平滑法计算值的结果，如表 4-4 所示。

表 4-4 采用指数平滑法计算值

单位：万元

月份	实际值	0.3×上期实际值	上期预测值	0.7×上期预测值	本期平滑预测值
1	372.9				384.20
2	384.2	111.87	384.20	268.94	380.81
3	418.1	115.26	380.81	266.56	381.83
4	385.3	125.43	381.83	267.28	392.71
5	463.3	115.59	392.71	274.90	390.49
6	497.2	138.99	390.49	273.34	412.33
7	565.0	149.16	412.33	288.63	437.79
8	519.8	169.50	437.79	306.45	475.95
9	531.1	155.94	475.95	333.17	489.11
10	587.6	159.33	489.11	342.38	501.71
11	508.5	176.28	501.71	351.20	527.48
12	621.5	152.55	527.48	369.24	521.79
		186.45	521.79	365.25	551.70

表中，"本期平滑预测值"栏，2月份的数值计算如下：

$$F_2 = \alpha A_1 + (1-\alpha)F_1$$
$$= 0.3 \times 372.9 + 0.7 \times 384.2 = 380.81$$

其余依此类推，即可根据 2020 年 12 月的预测销售额和实际销售额资料，预计出 2021 年 1 月的销售额为 551.7 万元。

运用指数平滑法进行销售预测，排除了移动平均法进行销售预测时实际销售量(或销售额)中所包含的偶然因素的影响，但确定平滑系数的值仍带有一定的主观因素。平滑系数越大，则近期实际数对预测结果的影响越大；平滑系数越小，近期实际数对预测结果的影响越小。因此，可以采用较大的平滑系数，使此法的平均数能反映观察值的近期变动趋势，以便进行近期的销售预测；采用较小的平滑系数，使此法平均数能反映观察值变动的长期趋势。

(三) 因果预测法

因果预测法立足于可能性原理，它依据所掌握的历史资料，找出所要预测的变量和与它相关联的变量之间的因果关系，从而建立相应的因果预测模型。

回归关系一般都是指变量之间存在的主从关系或因果关系，因此，回归分析就是对具有相关关系的多个变量之间的数量变化进行测定，配合一定的数学方程，以便对因变量进行估计或预测的一种统计分析方法。根据回归分析的方法，得出的数学表达式称为回归方程。

根据统计学原理，用回归方程来表明两个变量之间线性相互关系的方程式，称为简单线性回归方程。它是假定预测对象销售量的变量因素只有一个，根据直线方程式 $y=a+bx$，按照数学上的最小二乘法来确定一条误差最小的、能正确反映自变量 x 与因变量 y 之间关系的直线。它的常数项 a 与系数 b 的值可按下列公式计算。

$$a = \frac{\sum y - b \sum x}{n}$$

$$b = \frac{n\sum xy - \sum x \sum y}{n\sum x^2 - (\sum x)^2}$$

求出 a 与 b 的值后，结合自变量(x)的预计销售量(或销售额)情况，代入公式 $y=a+bx$，即可求得预测对象(y)的预计销售量或销售额。

【例 4-5】某公司专门生产和销售电冰箱及电冰箱压缩机，根据以往的数据资料分析，电冰箱压缩机的销售量与电冰箱的销售关系密切。2020 年度该公司各月份的电冰箱销售量和压缩机销售量资料，如表 4-5 所示。

表 4-5　某公司 2020 年度各月份的电冰箱销售量和压缩机销售量

月　份	1	2	3	4	5	6	7	8	9	10	11	12
压缩机销量/台	110	121	143	132	132	121	109	128	140	121	108	123
电冰箱销量/台	350	420	440	440	430	380	330	410	470	380	300	400

要求：采用回归分析法预测 2021 年 1 月份的压缩机销售量(电冰箱的预计销售量为 360 台)。

解：根据资料编制某公司 2020 年度各月份销售量计算表，如表 4-6 所示。

表 4-6　某公司 2020 年度各月份销售量计算表

月份	y_i	x_i	$x_i y_i$	x_i^2	y_i^2
1	110	350	38 500	122 500	12 100
2	121	420	50 820	176 400	14 641
3	143	490	70 070	240 100	20 449
4	132	440	58 080	193 600	17 424
5	132	430	56 760	184 900	17 424
6	121	380	45 980	144 400	14 641
7	109	330	35 970	108 900	11 881
8	128	410	52 480	168 100	16 384
9	140	470	65 800	220 900	19 600
10	121	380	45 980	144 400	14 641
11	108	300	32 400	90 000	11 664
12	123	400	49 200	160 000	15 129
合计	1 488	4 800	602 040	1 954 200	185 978

根据计算表的数值，代入最小二乘法公式中计算 a 与 b 的值：

$$b = \frac{n\sum xy - \sum x \sum y}{n\sum x^2 - (\sum x)^2} = \frac{12 \times 602\,040 - 4\,800 \times 1\,488}{12 \times 1\,954\,200 - 4\,800^2} = 0.2$$

$$a = \frac{\sum y - b\sum x}{n} = \frac{1\,488 - 0.2 \times 4\,800}{12} = 44$$

将 a 与 b 的值代入公式 $y=a+bx$，得出方程式：$y=44+0.2x$。

如果预计 2021 年度 1 月份的预计电冰箱销售量为 360 台，则代入上述方程式，就可以预计出 1 月份的压缩机销售量：$y=44+0.2x=44+0.2\times360=116$。

> 📖 **课堂讨论**
>
> **职业生涯规划应该考虑的内容**
>
> 在生产经营中进行有效预测，可以让公司在资源配置等方面更加具有前瞻性。其实，在我们的学习、工作中也应该进行预测，职业生涯规划其实就是一种预测，如果我们要对自己的职业生涯进行规划，大家认为应该考虑哪些方面的内容？

第三节 利润、成本的预测

一、利润预测

(一) 利润预测的定义

利润预测是按照企业经营目标的要求，通过综合分析企业的内外部条件，测算企业未来一定时期可能达到的利润水平，变动趋势，以及为达到目标利润所需相应达到的销售、成本水平的一系列专门方法。做好利润的预测工作，对于加强企业管理、扩大经营成果、提高经济效益有着极为重要的作用。

(二) 利润预测方法

利润预测实际上也就是在做目标利润规划，目标利润的规划包括两方面的内容：一是预测目标利润；二是预测目标利润下需要实现的销售量或销售额。

1. 预测目标利润

预测目标利润也就是要采用一定的方法确定企业的目标利润，具体方法包括本量利分析法、销售额比例增长法、资金利润率法和利润增长率法。下面分别加以介绍。

(1) 本量利分析法。企业在分析上期利润计划的完成情况，并考察下期影响利润的各种因素的变动情况的基础上，就可以预测下期的目标利润。由于销售收入抵减成本以后尚有剩余，才是企业的利润，因此我们可通过下述公式来求得企业的目标利润，即

目标利润=销售收入-(固定成本+变动成本)
　　　　=销售单价×销售数量-单位变动成本×销售数量-固定成本
　　　　=边际贡献×固定成本
　　　　=销售收入×边际贡献率-固定成本
　　　　=(预计销售量-损益平衡销售量)×单位边际贡献
　　　　=(预计销售额-损益平衡销售额)×边际贡献率

【例4-6】某零售商店销售某种盒装食品，每盒售价8元，单位变动成本5.5元，每月固定成本为5 000元。

要求：计算每月至少要销售多少盒才能不盈不亏？如果每月销售3 000盒，有无盈利？若有盈利，盈利是多少？

解：保本销售量=固定成本÷(销售单价-单位变动成本)
　　　　　　　=5 000÷(8-5.5)
　　　　　　　=2 000(盒)

$$目标利润=(预计销售量-损益平衡销售量)\times 单位边际贡献$$
$$=(3\,000-2\,000)\times(8-5.50)$$
$$=2\,500(元)$$

从上述计算结果可知,该商店每月销售为 2 000 盒,才能不赔不赚;因而销售 3 000 盒一定有盈利,盈利为 2 500 元。

(2) 销售额比例增长法。销售额比例增长法是以上年度实际销售收入总额和利润总额,以及下年度预计销售收入总额为依据,按照利润与销售额同步增长的比例来确定下年度目标利润总额的一种方法。该方法实际上也就是销售利润率法。其计算公式为

$$目标利润=\frac{下年度预计销售收入总额}{上年度实际销售收入总额}\times 上年度实际利润总额$$
$$目标利润=下年度预计销售收入总额\times 上年度销售利润率$$

【例 4-7】某企业上年度实际销售收入为 640 000 元,实现利润 50 000 元。预计下年度销售收入总额为 720 000 元。

要求:试预测该企业下年度的目标利润。

解:$目标利润=\dfrac{下年度预计销售收入总额}{上年度实际销售收入总额}\times 上年度实际利润总额$

$$=\frac{720\,000}{640\,000}\times 50\,000=56\,250(元)$$

(3) 资金利润率法。资金利润率法是指企业在一定期间内实现的利润总额对其全部资金的比率。资金利润率法就是根据企业上年度的实际资金占用状况,结合下年度的预定投资和资金利润率,确定下年度目标利润总额的一种方法。其主要公式为

$$目标利润=(上年度实际占用资金总额+下年度预计增加投资总额)\times 预计资金利润率$$
$$=下年度预计投资总额\times 预计资金利润率$$

【例 4-8】某企业上年度固定资金和流动资金占用总额为 1 500 000 元,预计下年度资金占用总额将比上年度增加 2%,资金利润率为 12%。

要求:试计算该企业下年度的目标利润。

解:$目标利润=(上年度实际占用资金额+下年度预计增加投资额)\times 预计资金利润率$

$$=(150+150\times 2\%)\times 12\%=18.36(万元)$$

(4) 利润增长率法。利润增长率法是根据上年度已经达到的利润水平及近期若干年(通常为近三年)利润增长率的变动趋势、幅度与影响利润的有关情况在下年度可能发生的变动等情况,首先确定一个相应的预计利润增长率,然后确定下年度利润总额的一种方法。其计算公式为

$$目标利润=上年度实际利润总额\times(1+预计利润增长率)$$

【例4-9】某企业上年度实现利润500 000元,根据过去连续三年盈利情况的分析和预算,确定下年度的利润增长率为8%。

要求:试确定该企业下年度的目标利润。

解:目标利润=上年度实际利润总额×(1+预计利润增长率)
$$=500\ 000\times(1+8\%)=540\ 000(元)$$

2. 预测目标利润销售额

预测目标利润销售额,即根据已确定的目标利润预测需要销售多少数量(或金额)的商品。如前所述,以边际贡献率除固定成本,可得到保本销售额,即

$$保本销售额=固定成本\div边际贡献率$$

通过上式可知,保本销售额与边际贡献率的乘积——边际贡献正好能够抵补固定成本,即这时的边际贡献等于固定成本。其公式表示为

$$保本销售额\times边际贡献率=边际贡献=固定成本$$

如果某一销售额与边际贡献率的乘积不仅够抵补固定成本,而且其余数正好是目标利润,那么这个销售额就是实现目标利润所需要完成的销售额,即目标利润销售额。其公式表示为

$$目标利润销售额\times边际贡献率=固定成本+目标利润$$

由上式,可求得计算目标利润销售量和目标利润销售额的公式为

$$目标利润销售额=\frac{固定成本+目标利润}{边际贡献率}$$

$$=\frac{固定成本+目标利润}{1-变动成本率}$$

$$目标利润销售量=\frac{固定成本+目标利润}{单位边际贡献}$$

【例4-10】某专业公司计划期预计固定费用为2 760 000元,综合毛利率为35%,变动费用率为1.5%,销售税率为毛利率的10%,计划期目标利润为1 380 000元。

要求:计算实现目标利润需要完成的销售额。

解:边际贡献率=综合毛利率-变动费用率-销售税率
$$=35\%-1.5\%-35\%\times10\%=30\%$$

$$目标利润销售额=\frac{固定成本+目标利润}{单位边际贡献}$$

$$=(2\ 760\ 000+1\ 380\ 000)\div30\%=13\ 800\ 000(元)$$

如果目标利润是以相对数表示的目标销售利润率,则可将其作为边际贡献率的减项来计算。其公式表示为

$$目标利润销售额 = \frac{固定成本}{边际贡献率 - 目标销售利润率}$$

【例 4-11】如果[例 4-10]中目标销售利润率为 10%，计算目标利润销售额。

解：目标利润销售额 $= \dfrac{2\,760\,000}{30\% - 10\%} = 13\,800\,000(元)$

二、成本预测

(一) 成本预测定义

企业的竞争能力，一般来说主要依靠产品的价格低廉、质量优良、款式新颖。要真正做到物美价廉，就必须不断降低产品成本，从薄利多销中取得巨额利润。因此，现代企业管理者最关心的是在什么样的产量水平上，才能使成本最低、质量最好、利润最大。为了提高企业的成本管理水平，保证目标利润的实现，就要改进过去那种烦琐的成本计算和事后的成本分析。换句话说，成本管理应着眼于未来，事前进行成本预测，规划好计划期间应当耗费多少，并据以制定目标成本；然后在日常经济活动中，对各个责任层次的成本指标严格加以控制，引导全体职工去实现这个目标。因此可以说，成本预测是确定目标成本和选择达到目标成本的最佳途径的重要手段。成本预测本身就是动员企业内部一切潜力，用最少的人力、物力和财力的消耗来完成既定任务的过程。

(二) 成本预测方法

对成本进行预测分析一般都是根据成本的历史数据，并按照成本的习性运用数理统计的方法来预测成本发展的趋势。它的具体做法是将成本发展趋势用 $y=a+bx$ 的直线方程式来表示。在这方程式中，只要求出 a 与 b 的值，就可以从这个直线方程中预测在任何产量(x)下的产品总成本(y)。确定 a 与 b 的值最常用的方法如下。

1. 高低点法

选用一定时期历史资料中的最高业务量与最低业务量的总成本之差(Δy)与两者业务量之差(Δx)进行对比，先求出单位变动成本 b，然后再求得固定成本总额 a 的方法。其计算公式为

因为，$y=a+bx$

所以，$\Delta y = b \times \Delta x$

即 $b = \Delta y \div \Delta x$

再以 b 值代入高点或低点业务量的成本方程式，即可求得 a。

【例 4-12】假定隆昌公司只生产一种产品，从它最近一年的历史成本数据中获悉该公司产量最高的月份为 12 月，共生产 10 000 件，其总成本为 370 000 元；产量最低的月份为 4 月，共生产 6 000 件，其总成本为 250 000 元。

要求：若计划年度 1 月份的产量为 20 000 件，预测其总成本与单位成本。

解：将上述数据进行整理，业务量与成本资料如表 4-7 所示。

表 4-7　业务量与成本资料

摘要	12 月(高点)	4 月(低点)	差异(Δ)
业务量(x)/件	10 000	6 000	4 000
总成本(y)/元	370 000	250 000	120 000

$b=\Delta y \div \Delta x = 120\,000 \div 4\,000 = 30$(元)

代入高点得：$a = 370\,000 - 30 \times 10\,000 = 70\,000$(元)

预测计划年度 1 月份产品的总成本 $= a + bx = 70\,000 + 30 \times 20\,000 = 670\,000$(元)

预测计划年度 1 月份产品的单位成本 $= 670\,000 \div 20\,000 = 33.50$(元)

高低点法是一种最简易的预测分析方法，在产品成本的变动趋势比较稳定的情况下，采用此法比较适宜。如果企业的各期成本变动幅度较大，采用此法则会造成较大误差。

2. 回归分析法

应用数学上的最小平方法的原理来确定能反映 $y=a+bx$ 直线方程中 x(自变量)与 y(因变量)之间具有误差平方和最小的一条直线。这条直线称为回归线，其 a 和 b 的值可按公式计算为

$$a = \frac{\sum y - b \sum x}{n}$$

$$b = \frac{n \sum xy - \sum x \sum y}{n \sum x^2 - \left(\sum x\right)^2}$$

如果企业历年的产品成本忽高忽低，变动幅度较大时，采用此法较为精确。

【例 4-13】假定隆昌机器厂只生产一种机床，其最近 5 年的产量和历史成本资料，如表 4-8 所示。

表 4-8　产量与历史成本资料

年份	产量/台	单位产品成本/元
2015 年	10	600
2016 年	40	300
2017 年	30	450
2018 年	20	550
2019 年	50	400

要求：若该厂计划年度(2020 年)产量为 80 台，预测其总成本和单位成本。

解：先将该厂产量及成本资料按照上述公式的要求进行加工延伸，回归分析计算结果如

表4-9所示。

表4-9 回归分析计算表

年份	产量/x	单位产品成本	总成本/y	xy	x^2
2015	10	600	6 000	60 000	100
2016	40	300	12 000	480 000	1 600
2017	30	450	13 500	405 000	900
2018	20	550	11 000	220 000	400
2019	50	400	20 000	1 000 000	2 500
n=5	$\sum x = 150$	—	$\sum y = 62\,500$	$\sum xy = 2\,165\,000$	$\sum x^2 = 5\,500$

将上表最后一行合计数字代入下述公式，并进行计算得到：

$$b = \frac{n\sum xy - \sum x \cdot \sum y}{n\sum x^2 - (\sum x)^2}$$

$$a = \frac{\sum y - b\sum x}{n}$$

$$= 3\,800(元)$$

计划期80台的预计总成本$(y) = a + bx = 27\,000(元)$

计划期预计单位成本$= y \div x = 27\,000 \div 80 = 337.50(元)$

(三) 目标成本预测

目标成本是为实现目标利润所应达到的成本水平或应控制的成本限额，是企业在生产经营活动中某一时期要求实现的管理目标。确定目标成本，是为了控制生产经营过程中的活劳动消耗和物化劳动消耗，降低产品成本，实现企业的目标利润。制定目标成本一般是在综合考察未来一定期间内有关产品的品种、数量、价格和目标利润等因素的基础上进行。确定方法一般有如下几种。

1. 根据目标利润确定

目标成本=预计销售收入-目标利润

预计销售收入是企业根据预计的市场销售价格和销售量确定的可实现的销售额。

目标利润通常可以根据销售利润率或资金利润率水平，以预计销售收入、预计资金占用情况加以确定。

2. 以同行业先进的成本水平作为目标成本

以同行业中先进企业的成本水平作为本企业的目标成本，在实际操作的过程中要考虑企业自身的实际情况，决定是直接以先进企业的成本作为目标成本，还是根据实际情况做相应的调整后确定为目标成本。

思 考 题

1. 什么是预测，预测在企业管理中有什么作用？
2. 预测的基本原理是什么？
3. 销售预测有哪些主要方法？
4. 销售预测的非数量分析法有哪几种？基本原理是什么？
5. 销售预测的数量分析方法有哪几种？如何进行销售预测？
6. 利润预测的常用方法有哪几种？
7. 如何进行成本预测？

第五章

短期经营决策

学习目标

通过本章的学习,要求学生:
- 明确决策的概念、分类。
- 掌握决策分析中有关成本的概念。
- 了解短期经营决策的常用方法。
- 掌握主要的生产决策,包括产品开发决策、零部件自制外购决策等。

引导案例

王琳购买了一个临街的门面房,想自己开一家小超市,或者将其出租。

王琳做了一个简单的测算:如果开超市的话,估计每月有 60 000 元的收入,需要的进货成本是 40 000 元,水电及各项税费支出合计 2 000 元,折旧费 1 000 元,同时需要雇佣一名员工,月工资 6 000 元,按照这个预计,每月可以赚 11 000 元;如果直接将其出租,按照所处的位置可以轻松获得 10 000 元的租金,同时自己可以找一份相对轻松的工作,月薪是 6 000 元。

通过分析,王琳认为自己不应该开小超市。

问题:
1. 王琳在分析中用到了哪些成本概念?你认为她考虑得恰当吗?
2. 如果由你来进行分析决策,会得到相同的结论吗?如果不同,你还会考虑哪些因素?

第一节 决策分析的基本问题

一、决策概述

大量的实践证明,企业的盛衰、成败、生存、发展,首先取决于企业采取的方针、决策是否正确,所定的目标是否与外界客观经济环境相适应。如果企业的方针、决策错误,经营目标定位错了,企业局部的生产效率再高也无济于事,效率越高偏离正确的目标就越远,甚至有可能在激烈的竞争中被淘汰。因此,现代管理科学认为,正确地进行决策是保证企业发展最重要的因素之一。

(一) 决策的概念

决策就是做出决定的意思,它是人们在生活和工作中普遍存在的活动。在实际生活和工作中,凡是对同一个问题面临几种自然情况(或客观条件),为了实现某一目标,又有几种方案(又叫策略)可供选择,这就构成了一个决策。具体来说,决策就是指人们为了实现某一特定系统的目标,在占有信息和经验的基础上,根据客观条件,提出各种备选行动方案,借助于科学技术理论和方法,进行必要的计算、分析和判断,从中选择出一个最优方案,以及对最优方案的执行和检查,作为目前和今后行动的指南。

决策是一个过程,既包括做出抉择之前的一切活动,如提出问题、搜集资料、预测未来、确定目标、拟订方案、列出自然状态、确定决策准则和方法、进行分析对比、做出决策等;又包括把决策付诸实施的一切活动,如制订方案实施计划,明确负责部门、人员和实现计划的时间等。方案实施计划要进行两种反馈:一是如果未按方案执行,则应加强监督控制,保证决策顺利实现;二是如果实践证明决策有误,则应重新确定目标,修订方案。

(二) 决策的种类

决策的种类,是把决策按不同的标准进行分类。为了掌握各类决策的不同特点,应正确进行决策分析,并且从不同角度对决策进行分类。

1. 长期决策和短期决策

决策按所涉及的时间跨度不同,可以分为长期决策和短期决策。

长期决策是指决策方案对企业经济效益的影响在一年以上的决策。此类决策一般是涉及企业的发展和规模的重大决策,涉及的投资金额较大,见效时间较长,常常需要依靠企业外部的资金来源,因此必须考虑货币的时间价值。

短期决策是指决策方案对企业经济效益的影响在一年以内的决策。这类决策的主要目的是使企业的现有资源能得到最好和最充分的利用,一般不涉及固定资产投资,所需资金一般靠内部筹措。由于涉及的金额不大,时间较短,一般不考虑货币的时间价值。

2. 确定性决策、风险性决策和不确定性决策

决策按掌握的信息资料不同，可以分为确定性决策、风险性决策和不确定性决策。

确定性决策是指与决策有关的因素的未来状况是确定的，决策的结果也是确定的和已知的，可以运用一定的方法进行计算，并可以具体的数字反映出方案的经济效益的决策。

风险性决策是指与决策相关的因素的未来状况不能确切肯定，使决策存在某种风险。由于存在着不可控因素，只能预计大概情况，其分析只能以概率表示其可能性的大小，无论选择哪种方案都带有一定的风险性，因而决策方案实施的结果往往不可能完全符合实际情况。

不确定性决策是指对决策的影响因素都不能确切肯定的决策。风险性决策对决策方案可能出现的各种结果还有一个客观概率，而不确定性决策连作为决策条件的概率都不存在，无法预计出现结果的可能性，一般存在着两种以上的决策的客观经济条件。这类决策比风险性决策更加困难。

3. 战略性决策和战术性决策

决策按重要性不同，可以分为战略性决策和战术性决策。

战略性决策是指那些关系企业全局，会有长远性影响的决策。

战术决策是指为实现战略决策而进行的短期性具体决策。

4. 独立方案决策、互斥方案决策和组合方案决策

决策按项目本身的从属关系不同，可以分为独立方案决策、互斥方案决策和组合方案决策。

独立方案决策是指不影响其他方案的决策，即对其他决策方案的采纳与否不加考虑的决策。

互斥方案决策是指需要在两个或两个以上的备选方案中选出一个最优方案的决策。

组合方案决策是指在多个备选方案中选出一组最优的组合方案的决策。

除以上分类方法外，还有另外一些分类方法。例如，按决策者所处的地位不同来划分，分为上层决策、中层决策和基层决策；按目标多少划分，分为单一目标决策和多目标决策；按决策分析方法是否稳定划分，分为程序化决策和非程序化决策等。

(三) 经营决策的程序

为了使决策尽可能做到主客观一致，与企业内外部环境相适应，经营决策必须按照科学的程序来进行。从本质上说，经营决策程序就是提出问题、分析问题和解决问题的过程。一般而言，经营决策程序可以概括为如下几个步骤。

1. 确定决策目标

决策目标是决策的出发点和终点。决策就是为了实现一定的经营目标，因此决策首先要明确某项决策要解决什么问题，达到什么目的，在这个基础上才能"对症下药"。确定决策目标就是要根据企业所面临的内外部环境和条件，确定某项决策究竟要解决什么问题，达到

什么目的。

2. 收集与决策目标相关的信息

一旦确定了决策的目标，决策者就要针对决策目标广泛地收集与决策目标相关的信息。这是决策程序中具有重要意义的步骤，它是关系决策成败的关键问题之一。

值得注意的是，在当今信息社会，信息是管理决策的重要依据，任何管理决策都离不开信息。决策者所收集的信息必须符合决策所需的质量要求。只有这样，才能使所收集的信息与决策具有相关性。因此，"收集与决策目标相关的信息"在企业决策程序中要反复进行，贯穿于决策的各个步骤之中。

3. 提出实现目标的各种备选方案

如前所述，决策就是选择的过程。它是对未来的各种可能行动方案进行选择或做出决定。为了对未来各种可能行动方案做出最优的选择，必须根据所确定的决策目标和所掌握的相关信息，提出实现决策目标的各种备选方法。这是科学决策的基础和保证。

4. 选择最满意(可行)的方案

选择最满意(可行)的方案是整个决策过程中最关键的环节。在这个环节中，决策者必须根据所掌握的相关信息，对各种备选方案的可行性进行充分的论证，并做出定性与定量、财务与非财务的综合分析，全面权衡有关因素的影响，通过不断比较、筛选，选择出最满意(可行)的方案。

5. 最满意(可行)方案的组织实施与评价

由于决策的实施才是其最终目的，因此其实施结果也是检验所做决策正确性与否的客观依据。因此，决策方案选定之后，就应该将其纳入企业的计划，并具体组织实施。同时，要对实施的具体情况进行检查和监督，将实施结果与决策目标进行比较，揭示偏离决策目标的程度，提供反馈信息。

(四) 经营决策的原则

为了保证决策的科学性，使得决策能够达到预期目标，决策必须遵循如下几个原则。

1. 信息原则

决策是以相关信息为依据，收集与决策相关的信息贯穿于决策的整个过程之中。掌握充分、准确、及时和相关的信息是进行科学决策的必要前提和条件。

2. 择优原则

决策是一个选择的过程。决策要从有助于实现一定决策目标的未来各种可能行动方案中选取最满意(可行)的方案，这是一个分析对比、综合判断的过程，这个过程要以择优为原则。决策者所掌握的信息越充分，综合判断能力就越强，实现优中择优的可能性就越大。

3. 合理配置资源原则

企业资源是有限的，现代化企业的生产经营活动必须取得并利用一定的人力、物力和财力资源。在正常情况下，资源条件就是决策方案实施的客观制约因素，因此在决策中，为了促使决策方案的实施具有客观基础，就必须以合理配置并充分利用稀缺资源为原则。

4. 反馈原则

企业的决策总是依存于一定的主客观环境和条件。经济活动不仅复杂而且具有高度的不确定性，因此原本以择优原则为基础选取的方案付诸实施之后，其所赖以依存的主客观环境和条件可能发生了变化，从而使得决策方案的论证和择优的主客观环境和条件与最满意(可行)方案的实施所面临的环境和条件不同。这就要求决策者要以反馈原则为指导，根据反馈信息所揭示的新情况，对原来的决策方案进行适当的修改和调整，使之更具有客观现实性。

二、决策分析中的成本因素

决策分析就是利用会计资料和其他有关资料，针对解决问题的各种方案的经济效益，运用专门的方法来测算、分析和比较，权衡利弊得失，从中选出最佳方案的过程。在各备选方案中，除了收入以外，影响经济效益的一个决定性因素就是成本。成本是为取得商品或劳务而做出的牺牲，这种牺牲可以通过货币支付、财产交付或劳务交换等加以计量。在企业管理决策中，人们强调的是相关性，因此，决策者奉行"不同目的，不同成本"的概念，在决策分析中除了变动成本和固定成本以外，还必须考虑有关的一些成本概念，以免决策失误。

应该指出，这些成本不一定是实际发生的支出，只是作为决策分析中需要考虑的因素，以便对各种方案做出正确的评价。就决策分析而言，涉及的成本概念包含如下几种。

(一) 机会成本

机会成本是指在决策分析过程中，选取某一最优方案而放弃另一次优方案所丧失的潜在收益。例如，某零售商店将其营业空间重新调整后，可腾出一块摆放三个柜台的空间，若利用此空间自营销售业务，每月可得销售收入 20 000 元，但需支出各种费用 12 000 元(包括销售商品的进价成本和其他费用)；若将此空间出租，则每月可得租金收入 6 000 元。两种方案相比较，前一种方案比后一种方案每月多得净利 2 000 元。显然，自营销售的方案是有利的。这样一来，柜台出租的方案就被否定了。而出租柜台可得的 6 000 元收入，即为机会成本。

之所以要将被淘汰的有关方案的潜在收益作为被选择的最优方案的机会成本加以考虑，主要是由于达到某项目的，虽然可采取多项行动方案，但它们之间是相互排斥的。人力、物力和财力用于此，就不可能同时用于彼。因此，在分析、评价、选择各项方案时，只有把失去的"机会"所能取得的收益也考虑进去，才能真正对已被选定的方案的预期经济效益进行正确的评价，才能从若干备选方案中选出真正最优的决策方案。

对于机会成本，需要注意两点：第一，机会成本产生于公司某项资产的用途选择。也就是说，当某项资产只有一种用途时，是不会产生机会成本的；第二，机会成本是被放弃方案的潜在利益，而非实际支出，因此不能登记入账。也就是说，在财务会计中，机会成本是不需要进行处理的；但是在公司进行决策时，由于资源的有限性，必须充分利用资源，提高效益，机会成本就是一个应该考虑的现实因素。

(二) 差量成本

差量成本是指各备选方案预期成本之间的差额。例如，某商品流通企业经营某种商品，该商品若从本地购进，购进单价与其他的购进费用合计约为 14 元；若从外地购进，则需 13 元，二者之间的差额为 1 元，即为以上两个备选方案之间的差量成本。再如，某小型商店或专营服装类商品，或专营鞋靴类商品。若专营服装类商品，则预计每月总成本为 80 000 元；若专营鞋靴类商品，则预计每月成本总额为 50 000 元，两者之间的差额为 30 000 元，为以上两种方案的差量成本。

(三) 边际成本

边际成本是指因业务量每变动一个单位所引起的成本总额的变动数额，它是由于多(或少)购进(或销售)一个单位的商品而相应增(或减少)的成本额。例如，某企业销售某种商品 200 件时，成本总额为 2 500 元，当销售量为 201 件时，成本总额为 2 620 元。因销售量增加 1 件，使成本总额增加 120 元，即为此时销售该种商品的边际成本。边际成本可用来判明增加(或减少)某种商品的购进(或销售)数量在经济上是否合算。

(四) 历史成本

历史成本是根据过去已发生的支出而计算的成本，也称为实际成本。在传统的财务会计中，历史成本是一切资产项目入账的基础，但它大多与当前的各种决策分析无关。例如，某企业 10 年前建造的一幢房屋，其当时的总支出为 100 万元，现在该项资产的账面净值为 12 万元，该项资产的现时重置价值为 150 万元，则该项资产建造时的支出 100 万元为历史成本。

(五) 重置成本

重置成本是指某项资产在目前市场价格水平下的购进成本，称为现时成本。在商品定价决策和评估资产时，都必须以重置成本作为考虑的重点。例如，某企业有批两年前购进的存货，其单位历史成本为 500 元，目前从市场购进，则其单位购进成本为 750 元。制定该商品的售价时，应以哪个购进成本为依据？如果从历史成本角度定价，按 700 元出售就可以赚 200 元。但按单价 700 元出售后，重新购进该商品的单价为 750 元，不但没赚钱，反而每单位商品亏损 50 元。由此看来，在进行经营决策时，重置成本也是一个不可忽视的因素。

(六) 沉落成本

沉落成本是指过去已经发生，现在和未来的任何决策都无法变更的成本，也称为沉没成本。例如，某企业 8 年前购置一台设备，原价 10 000 元，累计折旧 7 800 元。由于技术更新，这台设备已完全过时，因而被淘汰。此时，该设备的账面净值 2 200 元是原始支出中无法收回的部分，即沉没成本。正因为沉落成本是一种一经发生就一去不复返的成本，因而在分析、评价未来经济活动并做出决策时，就无须加以考虑。

(七) 付现成本

付现成本是指因选定和实施某项决策方案而必须立即或在近期动用现金支付的成本，又称为现金支出成本。付现成本是在某项决策方案需要支付现金，但又要全面衡量该项决策在经济上是否真正有利时应予以认真考虑的。尤其是当企业货币资金比较拮据，筹措又有困难的情况下。在实际工作中，决策者有时对付现成本的考虑比对总成本更为重视，他们往往会舍弃未来收益较多，但目前现金支付数额也较多的方案，而选择未来收益较小，但目前现金支付数额也较少的行动方案。例如，某商店急需一座仓库，有甲、乙两个企业愿意出租合适的仓库，其中甲企业的仓库每月租金 2 000 元，租金每月末偿付；乙企业的仓库每月租金 1 500 元，但需在出租仓库时一次预收一年的租金。此时，商店现有货币资金比较少，又无筹措渠道，一下子动用 18 000 元的银行存款，会影响企业的正常经营业务。此种情况下，这两种选择中显然是前者为宜。

(八) 专属成本与共同成本

专属成本是指可以明确归属于某种、某类商品或某个部门的成本，也称为特定成本。例如，专门生产或销售某种产品的专用设备的折旧费、保险费、租赁费等。由于变动成本基本上均为专属的成本，没有必要进行特定的分类，因而，管理会计所说的专属成本，主要是指专属的固定成本。

共同成本是指那些由几种、几类商品或若干个部门共同承担的成本，它是同专属成本相对应的一个成本概念。同样，由于变动成本基本上均是专属的成本，因而管理会计中的共同成本主要指的是共同的固定成本。例如，企业管理人员的工资、福利费，管理部门固定资产的折旧费、修理费、租赁费等，均属共同成本。

(九) 可避免成本与不可避免成本

可避免成本是指与特定备选方案相关联的成本，其发生与否，取决于其相关联的备选方案是否被选定，即某个备选方案如果被选定，与其相关联的某项成本就会发生，否则该项成本就不会发生，则该成本为可避免成本。例如，某企业准备增加经营品种，如果该方案实施，需扩大营业面积，为此需投资 20 000 元。此例中的 20 000 元支出是否发生，完全取决于增加经营品种这项决策方案是否被选定，这 20 000 元就是可避免成本。此外，还有一些支出是管理者的决策可以改变其数额的，如广告样品费、职工培训费，均可根据企业财务状态决定其支出，也属于可避免成本。

不可避免成本是同可避免成本相对应的成本概念。它是指在业务经营过程中必然发生的，其数额与决策活动无关的成本。例如，企业现有固定资产的折旧费、管理人员工资等成本项目，无论企业在现有条件下是否改变经营方向，它们都必然发生，且数额不变。由于不可避免成本不与备选方案相关联，有关备选方案的取舍对其不存在影响，在分析、评价有关备选方案时可不予考虑。

（十）相关成本与无关成本

相关成本是指与备选方案密切相关，在决策分析时必须加以考虑的成本，如机会成本、差量成本、边际成本、重置成本、付现成本、可避免成本等。

无关成本是指与备选方案不存在直接联系，在决策分析时可不予考虑的成本，如历史成本、沉落成本、不可避免成本等。

📖 课堂讨论

大学学习中的成本概念

在本节中，我们学习了决策分析中的一些成本概念，包括机会成本、沉落成本等。如果我们要对大学的学习进行决策分析，会涉及哪些成本？这些成本中哪些是决策的相关成本，哪些是非相关成本？

第二节 短期经营决策常用分析方法

短期经营决策分析方法，是应用数学工具对决策过程可供选择的多种方案进行定性、定量的描述和分析，提供数量依据，辅助决策者从中选取最佳方案的方法。

鉴于决策过程中可供选择的决策方案，提供信息明确程度的不同，管理决策分为确定型决策(决策方案有一个明确的结果)、风险型决策(决策方案可归结为几种结果中的一个，事先仅知道每种结果的概率)和不确定型决策(决策方案可归结为几种结果中的一个，甚至事先也无法知道每种结果的概率)。同时考虑到三类决策在决策过程中评价方案的优劣，通常以决策问题的目标来加以描述，有时决策目标为一个，有时决策目标为多个。这样，三类不同的决策其决策分析方法也就不相同。本节我们对这三类常用的决策分析方法进行介绍。

一、确定型决策分析方法

确定型决策是在明确决策目标的情况下，通过预测确定未来特定状态下多种方案对目标贡献结果做出的决策。这里所说特定状态下多种方案对目标贡献结果，是指决策者能预先知道制约方案的约束条件，且方案中涉及的对可控制决策变量与决策目标内在因果关系的认识也是明确无疑的，再度量方案执行可能得到的后果。可见，确定型决策要求了解事件间的因果关系，能对可能事件做出情况属实的描述，利用它来明确未来会发生什么。企业管理中涉及原料供应、调度安排、产品组合和设备开发等需要经常做出且有固定结构的决策，大多都是确定型决策。确定型决策分析方法多种多样，这里我们介绍几种方法。

（一）差量分析法

不同备选方案之间预期收入和预期成本在量上的差别称为差量。管理人员在比较不同备选方案的收入、成本差量的基础上，从中选出最优方案的方法，叫差量分析法，也称为差别分析法。此方法一般适用于确定型的决策。差量分析法的基本原理，如表 5-1 所示。

表 5-1　差量分析法的基本原理

项目	方案 1	方案 2	差量
收入 S	S_1	S_2	S_1-S_2
成本 C	C_1	C_2	C_1-C_2
利润 P	$P_1=S_1-C_1$	$P_2=S_2-C_2$	$P_1-P_2=(S_1-S_2)-(C_1-C_2)$

从表 5-1 中可知，两个备选方案 S_1 和 S_2 的差量收入和差量成本的差额，实际上就是两个方案预期利润的差额。因此，当 $S_1-S_2>C_1-C_2$，即 $P_1>P_2$ 时，说明差量收入大于差量成本，应选取方案 1；否则应选取方案 2。

【例 5-1】某商店一组柜台既可经营甲商品，又可经营乙商品，预计销售数量、销售单价和单位变动成本资料，如表 5-2 所示。

表 5-2　某商店预计销售数量、销售单价和单位变动成本资料

商品名称	甲商品	乙商品
预计销售数量/个	1 000	500
预计销售单价/元	11.50	26.80
单位变动成本/元	8.20	22.60

要求：做出该商店究竟经营哪种商品较为有利的决策。

解：采用差量分析法具体分析如下。

第一步，计算差量收入：(11.50×1 000)−(26.80×500) = −1 900(元)

第二步，计算差量成本：(8.20×1 000)−(22.60×500) = −3 100(元)

第三步，计算差量损益：−1 900−(−3 100) =1 200(元)

从以上分析的结果来看，由于经营甲商品比经营乙商品可多获利 1 200 元，所以经营甲商品较为有利。

以上我们从两个备选方案的角度讲述了差量分析法的具体分析过程。如果备选方案为两个以上时，则需要进行两两比较，最终选出最优方案。在差量分析中，如果收入为无关收入，则只需要进行差量成本的比较，就可以完成决策分析。

【例5-2】 某自行车厂每年需用零件 5 000 件，外购单价 20 元，现该厂第三车间尚有剩余生产能力可以自制，经测算每件自制成本为 22 元，其中直接材料 10 元，直接人工 3 元，变动制造费用 2 元，固定制造费用 7 元。另外，第三车间为自制该项零件，每年还需增加专属成本 5 000 元，若第三车间生产设备不用于自制零件，可以租给外厂使用，每年可收租金 7 000 元。

要求：做出 A 零件是自制还是外购的决策。

解：据题意可知

外购总成本=5 000×20=100 000(元)

自制总成本=5 000×(10+3+2)+5 000+7 000=87 000(元)

差量成本=100 000-87 000=13 000(元)

因为差量成本 13 000 大于 0，所以应选用自制零件方案。

(二) 成本无差别点分析法

成本无差别点分析法是根据各个备选方案的业务量、成本和利润三者之间的依存关系，来选定特定情况下的最优方案的一种方法。具体的做法是，首先需要建立各备选方案中成本与业务量之间的函数关系；然后通过解方程组，求得成本无差别点业务量；最后根据不同的业务量水平确定相应的最优方案。

假设有 A、B 两个备选方案，A 方案的成本方程为 $y=a_1+b_1x$；B 方案的成本方程为 $y=a_2+b_2x$。此时固定成本和单位变动成本应当满足 $a_1<a_2$，$b_1>b_2$，假设无差别点业务量水平为 x_0，在无差别点上，两个方案的成本相等，即

$$a_1+b_1x_0=a_2+b_2x_0$$

求得 x_0，根据预计业务量的大小完成方案的决策。

【例5-3】 某企业为保证业务经营需要，需添置一台运输卡车。现有两个方案可供选择：一是购买一台，购进总成本 80 000 元，估计可用 10 年，每天的营运成本为 50 元，每年需支付维修保养费 400 元，预计净残值为 2 000 元；二是向其他单位租用一台，每天租金 200 元。

要求：做出最优方案的决策分析。

分析：本例决策分析的关键因素在于该企业每年需要使用运输卡车的天数，即业务量。因此，我们可以根据两个备选方案的成本与业务量之间的关系来确定在一定的营运天数范围内的最优方案。

若采用第一种方案(购置)，每年发生的成本包括属于固定成本性质的折旧费、维修保养费和属于变动成本性质的按实际使用天数计算的营运费。设每年的使用天数为 x，第一方案每年的使用总成本为 y_1。则成本方程为

$$y_1 = a+bx = (\frac{80\,000-2\,000}{10}+400)+50x = 8\,200+50x \tag{1}$$

若采用第二种方案(租用)，则每年发生的总成本为按使用天数计算的租金和营运费，且均属变动成本，此方案无固定成本。仍设该运输卡车每年的使用天数为 x，第二种方案的使用总成本为 y_2。则成本方程为

$$y_2 = a + bx = 0 + (200 + 50)x = 250x \tag{2}$$

根据(1)(2)两式，在两个使用方案使用总成本相等的情况下，可求出每年的使用天数：

$$8\ 200 + 50x = 250x$$
$$x = 41(天)$$

计算结果说明，若每年使用天数为 41 天，两个方案的总成本支出相同，均可行。若每年使用天数超过 41 天，则 $y_1 < y_2$，第一种方案的总成本支出小于第二种方案的总成本支出，因而以购置方案为宜；若每年使用天数少于 41 天，则 $y_1 > y_2$，即第一种方案的总成本支出大于第二种方案的总成本支出，因而以租用方案为佳。

运用成本无差别点分析的前提条件有两个：一是各备选方案业务量单位应该相同；二是备选方案之间的相关固定成本水平和单位变动成本水平必须是相互矛盾的。成本无差别点分析法主要适用在只考虑相关成本情况的决策分析中，其关键是找到不同方案间总成本相等的平衡点(分界点)，划分出各备选方案总成本最低时的业务量范围，从而做出抉择。

(三) 边际贡献分析法

边际贡献分析法是指在短期经营决策中，由于固定成本通常比较稳定，因而只需对各备选方案创造的边际贡献进行分析，确定最优方案的一种决策方法。

采用边际贡献分析法进行决策分析时的具体做法是：

(1) 在不存在专属成本的情况下，通过比较不同备选方案的边际贡献总额，进行方案的择优决策。

(2) 在存在专属成本的情况下，首先计算各备选方案的剩余边际贡献总额(边际贡献总额扣除专属成本后的余额)，然后通过比较不同备选方案的剩余边际贡献总额，进行方案的择优决策。

(3) 在企业某项资源(如原材料、人工小时等)受限制的情况下，可以通过计算、比较单位资源边际贡献来进行择优决策。单位资源边际贡献是单位边际贡献除以单位产品所需资源。

应该指出的是，在决策分析时选用的边际贡献指标可以是边际贡献总额或单位资源边际贡献，但是不能选择单位边际贡献。尽管单位边际贡献是反映商品盈利能力的重要指标，但在决策分析时，绝不能以单位边际贡献的大小作为选择的标准。由于边际贡献总额的大小受到单位边际贡献和销售量两个因素的影响，因此单位边际贡献大的产品，其边际贡献总额并不一定大，因此单位边际贡献不能直接作为择优方案的决策标准。

【例 5-4】 某企业使用同一台机器既可生产甲产品,又可生产乙产品,该机器的最大使用能力为 50 000 小时,生产甲产品每吨需 10 小时,生产乙产品每吨需 4 小时。两种产品的销售单价及成本数据,如表 5-3 所示。

表 5-3　产品销售单价及成本数据

产品名称	甲产品	乙产品
销售单价/元	2 000	1 200
单位变动成本/元	1 200	800
固定成本总额/元	30 000	

要求:根据上述资料,做出该企业生产哪种产品较为有利的决策。

分析:由于不论生产哪种产品,固定成本总额是稳定不变的,所以在决策分析中属于无关成本,不需考虑。因而可根据边际贡献分析法编制计算表,如表 5-4 所示。

表 5-4　边际贡献分析计算表

项　目	甲产品	乙产品
最大产量/吨	50 000÷10=5 000	50 000÷4=12 500
销售单价/元	2 000	1 200
单位变动成本/元	1 200	800
单位边际贡献/元	800	400
边际贡献总额/元	800×5 000=4 000 000	400×12 500=5 000 000

根据以上分析可以看出,尽管甲产品创造的单位边际贡献高于乙产品,但生产乙产品能比生产甲产品提供更多的边际贡献总额,故以生产乙产品为佳。

本案例中,机器的最大使用能力 50 000 小时就是受限制资源,因此我们也可以根据每小时所能创造的边际贡献的大小(即单位资源边际贡献)来进行分析,如表 5-5 所示。

表 5-5　单位资源边际贡献分析计算表

项目	甲产品	乙产品
销售单价/元	2 000	1 200
单位变动成本/元	1 200	800
单位边际贡献/元	800	400
单位产品所需工时/小时	10	4
单位小时所创造的边际贡献/元/小时	800÷10=80	400÷4=100

从表 5-5 的计算结果可以看出,生产乙产品每工时所创造的边际贡献比生产甲产品高出 20 元,故生产乙产品在经济上较为合算。此结论与按边际贡献总额分析的结果相同。

二、风险型决策分析方法

风险型决策是在明确决策目标的情况下,依据通过预测得到不同自然状态下多种方案的目标贡献及其出现概率做出的决策。由于未来自然状态不为决策者所肯定,仅能依据以往经验或历史资料了解其出现概率,无论做何选择都可能会不尽如人意,要承担一定风险,所以称为风险型决策。

(一) 风险型决策的基本特征

风险型决策具有以下特征:第一,明确的决策目标;第二,实现决策目标有两个或两个以上方案;第三,行动方案未来面临的可能自然状态在两种或两种以上;第四,每个行动方案在不同自然状态下的可能目标贡献结果可以预先计算;第五,未来面临的可能自然状态出现的概率,可以经调查研究预先估计得知。

(二) 期望值准则及其分析方法

所谓期望值准则,就是根据不同方案的损益期望值,选取具有最大收益期望值或最小损失期望值的方案作为决策方案。这里的方案损益期望值,是指每个方案在各种状态下的损益值以状态概率为权数的加权损益值。

为了便于分析计算和比较优选方案,按期望值准则进行决策分析的过程常借助决策表法或决策树法。

1. 决策表法

决策表是用风险型决策基本结构矩阵表来表述各种可供选择的方案,并计算出各方案损益期望值,经比较后择优。决策表简单、清晰,一目了然,应用十分方便。

【例 5-5】某商店销售鲜活商品,平均销售价为 20 元/千克,平均成本为 10 元/千克。商店的销售宗旨是当天进货当天销售,如果当天卖不出去,折价处理平均损失 3 元/千克。已知商店以往每天销售的市场需求(销售)及其概率资料如表 5-6 所示。

表 5-6 市场需求及其概率

市场需求/千克/天	0	100	200	300	400
概率 P_j	0.1	0.2	0.4	0.2	0.1

要求:试问该商店领导应如何决策每天的进货量?

解:由题意可知,该商店每天的销售订购计划有 5 个可供选择方案,记为 $A_i(1 \leqslant i \leqslant 5)$。无论选择哪一种方案,都可能遇到市场需要的 5 种自然状态,记为 $S_j(1 \leqslant j \leqslant 5)$。现在根据 S_j 的出现概率可以得到表 5-7 的决策结构矩阵表。表中 $W_{ij}(1 \leqslant i \leqslant 5, 1 \leqslant j \leqslant 5)$ 为条件收益值。

由题意按下式计算：

$$W_{ij} = \begin{cases} 10A_i & \text{当}A_i \leq S_j\text{时} \\ 10S_j - 3(A_i - S_j) & \text{当}A_i > S_j\text{时} \end{cases}$$

表 5-7 决策结构矩阵表

方案		市场需求/千克/天					收益期望值/元
		0	100	200	300	400	
进货量	0	0	0	0	0	0	0
	100	-300	1 000	1 000	1 000	1 000	870
	200	-600	700	2 000	2 000	2 000	1 480
	300	-900	400	1 700	3 000	3 000	1 570
	400	-1 200	100	1 400	2 700	4 000	1 400
概率 P_j		0.1	0.2	0.4	0.2	0.1	

比较 5 个进货量方案的销售收益期望值，从中选择大者，即

$$\max\{\text{EMV}(A_i)\} = \text{EMV}(A_4) = 1\,570(\text{元})$$

因此，按最大收益期望值准则应选择每天进货量 300 千克的方案。

如果本题以追求销售损失最小为决策目标，则应以销售损失期望值最小决策准则选择方案。

2. 决策树法

人们在做出决断和采取行动之前要慎重考虑和权衡各种可能发生的情况，就像俗语说的"走一步，看几步"。决策树是将决策分析过程以图解的方式，表达整个决策的层次、阶段及其相应决策依据。

决策树所用的图解符号有：□表示决策点，由它画出的直线称为方案枝，表示可能方案；○表示机会点，或称自然状态结点，由它引出的直线称为概率枝，每一概率枝代表一种自然状态，各状态的可能概率写于概率枝上；△表示结果点，它的上方标出某方案某一状态下的条件损益值；◇表示附加条件点，它与方案枝相连，在菱形框内标出方案的相关资源条件；×表示剪枝号，它标在淘汰方案的方案枝上。

利用决策树进行决策，其步骤如下：

(1) 根据要求，以初始决策点为树根出发，从左至右分别选择决策点、方案枝、机会点、概率枝、结果点等符号表达清楚思路，画出决策树。

(2) 从右至左逐步计算各个状态点和决策点的期望值(或效用值)，并将其数值标在各点上方。

(3) 从右至左在每一层次或阶段的决策点上对各种可行方案进行优选，保留这一层次或

阶段上的最佳方案，对其他方案进行"剪枝"，直至最初决策点为止，就形成了最佳决策方案。

【例5-6】 某企业拟对产品进行更新换代，经分析研究，确定有如下三种可行方案可供选择。

第一方案：引进一条生产线，用于生产新产品甲，需追加投资400万元；未来3年内，如果销路好，每年可获利300万元；如果销路不好，每年将亏损55万元。根据市场调查结果分析，销路好的概率为0.7，销路不好的概率为0.3。

第二方案：改造原有生产线，用于生产新产品乙，需追加投资额150万元；未来3年内，如果销路好，每年可获利180万元；如果销路不好，每年可获利20万元。根据市场调查结果分析，销路好的概率为0.8，销路不好的概率为0.2。

第三方案：维持老产品的生产，如果销路好，仍可生产3年，每年可获利90万元；如果销路不好，只能生产2年，每年可获得25万元。根据市场调查分析，销路好的概率为0.6，销路不好的概率为0.4。

要求：根据以上资料，对该企业如何进行产品更新换代做出决策。

解：根据给定资料，绘制决策树，如图5-1所示。

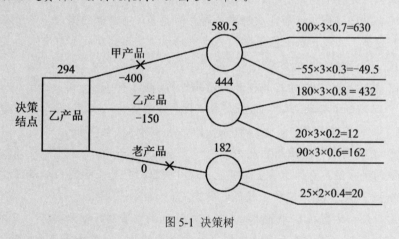

图5-1 决策树

比较三个方案的净收益：
第一个方案的净收益=580.5-400=180.5(万元)
第二个方案的净收益=444-150=294(万元)
第三个方案的净收益=182-0=182(万元)

通过以上分析可看出，第二个方案取得的净收益最大，因而，应剪掉第一、第三个方案，而以第二个方案为决策方案。

在决策问题比较简单的情况下，一般可采用上例中的单阶段决策树分析法进行分析。不过在实际的经营决策中，有时会遇到比较复杂的决策，往往不是一阶段决策就能求得问题的答案，而需要进行若干个阶段的决策。这样的问题，就可采用多阶段决策树分析法进行分析。

三、不确定型决策分析方法

有一类决策问题,决策者虽然知道未来可能发生哪些自然状态,但却无法预先估计或预测各种可能状态发生的概率,这就是不确定型决策问题。不确定型决策,也叫完全不确定型决策。这类决策问题目前尚无完善的办法来选择最佳方案,因为没一个最好的标准(虽然已经形成了一些公认的准则),而主要取决于决策者的经验和态度。

不确定型决策常用的分析方法主要有乐观法、悲观法、等可能法、系数法和遗憾值法等。

(一) 乐观法

乐观法又称"大中取大法"。乐观法的基本思想是对客观情况的发生总是抱乐观的态度。这种方法的决策原则是从每一个方案中找出最有利的效益值,然后在这些最有利的效益值中,选取一个效益最大的方案作为决策方案。

【例 5-7】某企业在编制年度计划时,其市场部门提供的数据表明,随着我国市场经济和商品经济的发展,居民收入的增加,消费者对商品品种、花色、款式、规格、质量的要求越来越高。企业必须充分利用现有的人力、物力、财力,不断地开发新产品,增加新的花色、品种,扩大网点,增强销售能力,改进服务等,才能满足消费者的需求,以求在市场经济的海洋中生存和发展。因此,企业决策部门根据市场供求关系的变化和自身人力、财力、物力等情况,拟定了以下4个备选方案。

方案 A_1:扩大进货,增加新品种和适销品种的比例。

方案 A_2:只增加部分新品种,而主要通过提高服务质量、改进服务方式来扩大销售量。

方案 A_3:增加小商品品种,以品种齐全的小商品满足顾客需要。

方案 A_4:扩建网点,增强销售能力。

无论采取何种方案,商品销售量都可能出现4种自然状态:状态 Q_1,销售量较高;状态 Q_2,销售量一般;状态 Q_3,销售量较低;状态 Q_4,销售量很低。

假如经过对每个方案在各种自然状态下可能达到的销售额、资金周转率、利润率、费用率等指标进行核算后,得出各方案在不同自然状态下的收益值,如表5-8所示。

表 5-8 各方案在不同自然状态下的收益值

单位:万元

方案	Q_1	Q_2	Q_3	Q_4	最大收益值
A_1	900	750	450	250	900
A_2	800	600	400	200	800
A_3	700	550	420	300	700
A_4	600	500	380	280	600

表 5-8 最右边一列为乐观法决策结果，其分析过程如下：
(1) 把每个方案在各种自然状态下的最大效益值找出来；
(2) 找出这些最大效益值中的最大值，最大值所对应的方案就是决策方案。
本例中，A_1 便是决策方案。

当我们以损失值为依据的话，应该采取"小中取小"准则，即找出每个方案在各种自然状态下的最小损失值，然后在所有的最小损失值中，选取一个损失最小的方案作为决策方案。

(二) 悲观法

悲观法又称"小中取大法"，其思想基础与乐观法相反，对客观情况总持悲观态度，因此，它的决策是从每一种方案中找出其最小的收益值，然后在这些最小的收益值中，再选取一个收益值最大的方案作为决策方案。

【例 5-8】仍以[例 5-7]中资料为例，把每个方案在各种自然状态下的最小收益值找出来，再找出这些最小收益值中的最大值。

各方案在不同自然状态下的收益值，如表 5-9 所示。

表 5-9　各方案在不同自然状态下的收益值

单位：万元

方案	Q_1	Q_2	Q_3	Q_4	最小收益值
A_1	900	750	450	250	250
A_2	800	600	400	200	200
A_3	700	550	420	300	300
A_4	600	500	380	280	280

表中显示，最小收益值中，方案 A_3 的值最大，因此应作为决策方案。

悲观法如果以损失值为依据时，则应采取"大中取小"准则，即先找出每个方案在各种状态下的最大损失值，再从这些最大损失值中找出最小值，它所对应的方案即为决策方案。

(三) 等可能法

等可能法又称等概率标准，其基本思想是假定未来各种自然状态发生的概率相同(因为决策者既然不能确切知道每种自然状态出现的概率，也没有理由认为它们出现的概率一定不等，因此，就假设各种自然状态发生的机会是均等的，即出现的概率相等)，因而等可能法的决策准则是，如果未来有 n 种自然状态，那么就认为每种自然状态发生的概率都是 $1/n$，然后按照风险型决策问题的决策准则，求出各方案的期望值进行决策分析。

【例 5-9】 仍以[例 5-7]中资料为例，假设未来四种自然状态发生的概率都相等，即为 1/4，求每一方案的效益期望值，选择具有最大效益期望值的方案为决策方案。

各方案在不同自然状态下的期望值，如表 5-10 所示。

表 5-10　各方案在不同自然状态下的期望值

单位：万元

方案	Q_1	Q_2	Q_3	Q_4	期望值
A_1	900	750	450	250	587.5
A_2	800	600	400	200	500.0
A_3	700	550	420	300	492.5
A_4	600	500	380	280	440.0

表中最后一列所示的期望值中，方案 A_1 为最大效益期望值方案，即 587.5 万元，应为决策方案。

如果有两个以上方案的期望值相等，则再比较其方差，取其方差较小的方案。

(四) 系数法

系数法又称折中分析法，是介于乐观法与悲观法之间的一种决策方法。决策者对未来发生的情况，既不乐观也不悲观，而是采取一个折中标准，引入一个乐观系数"a"，来计算方案的效益值。a 的取值在 0 和 1 之间，即 $0 \leq a \leq 1$；相应地，悲观系数就是 $1-a$。决策中，以方案中最乐观的效益值乘以乐观系数 a，以最不利的效益值乘以悲观系数 $1-a$，两项相加，就是该方案的效益期望值，即

$$方案期望值 = 最乐观的效益值 \times a + 最悲观的效益值 \times (1-a)$$

【例 5-10】 以[例 5-7]中资料为例，假定 $a=0.7$，则 $1-a=0.3$，采用系数法的计算结果如表 5-11 所示，选择 A_1 为决策方案。

表 5-11　系数法计算表

单位：万元

方案	Q_1	Q_2	Q_3	Q_4	最大收益值	最小收益值	效益期望值 EMV
A_1	900	750	450	250	900	250	805
A_2	800	600	400	200	800	200	720
A_3	700	550	420	300	700	300	580
A_4	600	500	380	280	600	280	504

系数法的两个极端分别是乐观法和悲观法。当 $a=1$ 时，即是乐观法；当 $a=0$ 时则为悲观法。

(五) 遗憾值法

遗憾值法又称后悔值分析法。遗憾值法的基本思想是决策制定后，若未来实际状态表明该决策并非最佳决策，当采用其他某个方案会有更好的收益时，决策者必定为没有采用另一种方案而感到后悔遗憾。为了将来少一些后悔，决策者决定以遗憾值作为决策准则选择方案。

遗憾值是每种自然状态下最高收益值与其他收益值之差。将各种状态下的各方案遗憾值求出列于决策表内，在第一方案中选取最大遗憾值，然后在其中选取最小值对应的方案作为决策方案。

【例 5-11】 仍以[例 5-7]的数据为例，各方案各种自然状态下的遗憾值如表 5-12 所示，且从各方案最大遗憾值中取最小值 50 万元对应的 A_1 方案为决策方案。

表 5-12 最大遗憾值计算表

单位：万元

方案	Q_1	Q_2	Q_3	Q_4	最大遗憾值
A_1	0	0	0	50	50
A_2	100	150	50	100	150
A_3	200	200	30	0	200
A_4	300	250	70	20	250

同一个问题，运用上面 5 种方法所得出的决策结果可能会不同，这是因为未确定型决策问题自然状态发生的概率不能确定，没有一个统一的客观评价标准所造成的。乐观法是以取得最大收益(或最小损失值)为决策标准，是一种最冒险的标准；悲观法是以取得最低程度的收益值(或不超过一定程度的损失值)为决策标准，是一种保守的标准；系数法是在最大收益值和最小收益值之间进行的折中选择；遗憾值法则追求选择出的方案的最大后悔值最小。决策标准的选择一方面与决策者的主观意志有关；另一方面也要考虑决策问题所处的客观条件。

第三节 短期经营决策方法的应用

生产决策是企业短期经营决策的重要组成部分，主要涉及产品生产的决策分析、亏损产品是否停产的决策分析、半成品进一步加工或出售的决策分析、零部件自制或外购的决策分析、是否接受追加订货的决策分析等方面的内容。下面结合上述内容，说明短期经营决策方法在这些决策分析中的具体应用。

一、产品生产决策

在某一特定的期间里,企业的生产能力是具有一定限度的,不可能同时生产多种产品。在这种情况下,为了使企业现有的生产能力得到充分利用,又可在经济上获得尽可能多的收益,决策者就必须在有关产品之间做出正确的取舍,确定在目标的技术、设备、物资和经营管理条件下,选择哪种产品进行生产在经济上更为有利。

(一) 选择单一产品的决策分析

选择单一产品的决策分析,是指在企业可以生产多种产品的情况下,由于受到生产能力的限制,只能选择其中一种产品进行生产的决策分析。决策的标准自然是何种产品能够给企业带来更多的收益。

【例5-12】某厂现有设备的生产能力为80 000台时,可用于生产A产品和B产品。该厂的条件决定其在同一期间只能生产一种产品。生产A产品,每件需消耗20台时,生产B产品,每件需消耗32台时,两种产品的成本及销售价格资料如表5-13所示。

表5-13 产品的成本及销售价格资料

单位:元

项目	A产品	B产品
单位售价	30	50
单位变动性制造成本	15	20
单位变动性销售费用	1.0	1.2
固定性制造费用总额	40 000	
固定性销售和管理费用总额	12 000	

要求:试分析应选择生产哪种产品?

解:根据资料编制两种产品的收益差量计算分析表,如表5-14所示。

表5-14 产品收益差量计算分析表

项目	A产品	B产品	差额
产(销)量/件	80 000÷20=4 000	80 000÷32=2 500	
销售收入/元	4 000×30=120 000	2 500×50=125 000	5 000
变动成本/元	64 000	53 000	11 000
制造成本/元	4 000×15=60 000	2 500×20=50 000	10 000
销售费用/元	4 000×1=4 000	2 500×1.2=3 000	1000
边际贡献/元	120 000-64 000=56 000	125 000-53 000=72 000	16 000

表 5-14 的分析对比结果表明：该厂现在的生产设备用于生产 B 产品比生产 A 产品可多实现利润 16 000 元，所以该厂应选择 B 产品作为单一产品。

(二) 选择新产品的决策分析

选择新产品的决策分析，是指企业在完成现有产品生产的同时存在剩余生产能力，可以利用这些剩余生产能力进行新产品的开发，需要在两种或两种以上可供选择的新产品中选择一种产品进行生产的决策分析。新产品的开发可以区分不追加专属成本和追加专属成本两种情况加以分析。

1. 不追加专属成本

在不追加专属成本的情况下，可以直接通过比较各新产品带来的边际贡献总额来进行决策分析；在存在某种资源约束的情况下，也可以通过比较单位资源边际贡献进行决策分析。

【例 5-13】某企业原来生产两种产品 A 和 B，现有 C、D 两种新产品可以投产，但由于剩余生产能力有限，只能投产一种产品。企业的固定成本总额为 10 000 元，新增产品并不增加固定成本。产品成本、销量、价格资料如表 5-15 所示。

表 5-15 产品成本、销量、价格资料

产品名称	销售量/件	售价/元	单位变动成本/元
A	1 000	14	7.0
B	1 500	12	6.5
C	800	10	5.5
D	1 200	9	5.0

根据表 5-15 中的资料可知，A、B 两种产品产生的收益属于无关收益，原有的固定成本 10 000 元也属于无关成本，因此通过计算 C、D 两种产品的边际贡献总额就可以进行决策：

C 产品的边际贡献总额=(10-5.5)×800=3 600(元)
D 产品的边际贡献总额=(9-5)×1 200=4 800(元)

计算结果表明：新产品 C 的边际贡献总额为 3 600 元，新产品 D 的边际贡献总额为 4 800 元，说明投产 D 比投产 C 效益更好。

上述的计算分析也可以通过计算产品组合利润来进行决策分析，选择新产品 C 或者新产品 D，分别构成 ABC 组合和 ABD 组合，组合利润计算如表 5-16 所示。

表 5-16 产品组合利润计算表

方案		销售量/件	售价/元	单位变动成本/元	单位边际贡献/元	边际贡献总额/元	固定成本/元	总利润/元
产品组合方案 I	A	1 000	14	7.0	7.0	7 000		
	B	1 500	12	6.5	5.5	8 250		
	C	800	10	5.5	4.5	3 600		
	合计					18 850	10 000	8 850
产品组合方案 II	A	1 000	14	7.0	7.0	7 000		
	B	1 500	12	6.5	5.5	8 250		
	D	1 200	9	5.0	4.0	4 800		
	合计					20 050	10 000	10 050

计算结果表明：ABC 组合的利润总额为 8 850 元，ABD 组合的利润总额为 10 050 元，说明选择 ABD 组合更有利，即投产 D 产品比投产 C 产品效益更好，与直接比较 C 产品、D 产品的边际贡献总额的结论一致。

2. 追加专属成本

利用剩余生产能力或利用淘汰过时的老产品所腾出来的生产能力，投入新产品，这种情况需要增加专属性固定成本，但并不影响老产品的生产经营。在这种情况下，投入新产品所提供的剩余边际贡献多的方案为最优方案。

【例 5-14】上例中，假设投产新产品 C，需增加固定成本 400 元；投产新产品 D，需增加固定成本 1 700 元。两种方案的剩余边际贡献计算，如表 5-17 所示。

表 5-17 剩余边际贡献计算

方案		销售量/件	售价/元	单位变动成本/元	单位边际贡献/元	边际贡献总额/元	剩余边际贡献/元	固定成本/元	总利润/元
产品组合方案 I	A	1 000	14	7.0	7.0	7 000	7 000		
	B	1 500	12	6.5	5.5	8 250	8 250		
	C	800	10	5.5	4.5	3 600	3 200		
	合计					18 850	18 450	10 000	8 450
产品组合方案 II	A	1 000	14	7.0	7.0	7 000	7 000		
	B	1 500	12	6.5	5.5	8 250	8 250		
	D	1 200	9	5.0	4.0	4 800	3 100		
	合计					20 050	18 350	10 000	8 350

计算结果表明：新产品 C 的剩余边际贡献为 3 200 元，新产品 D 的剩余边际贡献为 3 100 元，故应投产新产品 C；从企业总利润看，组合方案 I 为 8 450 元，组合方案 II 为 8 350 元，这也说明应选择投产新产品 C。

(三) 应增产何种产品的决策分析

在多品种生产的情况下,当企业的销售、供应及生产能力等都允许增加产量时,就存在应增产哪种产品的问题。这一类决策要求计算增产哪种产品能获得较多利润。

【例 5-15】某企业生产 A、B 两种产品,产品单价、成本资料如表 5-18 所示。

表 5-18　产品单价、成本资料

产品	单价/元	单位变动成本/元	单位边际贡献/元	单位产品需用工时/小时
A	100	60	40	2
B	100	70	30	1

要求:计划年度企业尚有 500 工时的剩余生产能力,试分析企业利用这 500 工时生产哪种产品能获得较多的利润?

分析:从表面来看,A 产品的单位边际贡献高于 B 产品,似乎生产 A 产品能获得较多的利润。但这样考虑问题是不全面的,因为它忽视了单位产品需要消耗的设备工时数,即忽略了企业的 500 剩余工时所能制造的每种产品的产量。为了得出正确的结论,我们可以用如下两种方法进行计算。

方法一:假设剩余工时全部用于制造某一产品,计算、比较生产哪种产品能获得更多的边际贡献,如表 5-19 所示。

表 5-19　产品边际贡献计算表

项目	产品 A	产品 B
可供使用的设备工时数/小时	500	500
单位产品需用设备工时数/小时	2	1
可制造产品的数量/件	250	500
单位边际贡献/元	40	30
边际贡献总额/元	10 000	15 000

从表 5-19 可以看出,生产 B 产品利润较大,应增产 B 产品。

方法二:由于不涉及追加专属固定成本,同时都受到 500 机器工时的制约,只需比较单位设备工时创造的边际贡献大小即可得出结论,其比较分析如表 5-20 所示。

表 5-20　产品单位资源边际贡献计算表

项目	产品 A	产品 B
单位产品边际贡献/元	40	30
单位产品需用设备工时/小时	2	1
单位设备工时提供的边际贡献/元	20	30

通过比较分析,可以得出同样的结论:生产 B 产品利润较大,应增产 B 产品。

二、亏损产品生产决策

在多品种生产的条件下，某种产品可能发生亏损。这里所说的亏损产品是指在多种产品生产的条件下，采用财务会计中完全成本法计算的产品销售收入小于其销售成本的产品。按照财务会计的计算，显然亏损产品停产可以减少企业损失，但在学习了管理会计的知识之后我们知道：企业的成本有固定成本和变动成本两类，停产亏损产品只能减少变动成本而不能减少固定成本，因此停产亏损产品并不一定能够减少亏损、增加利润，甚至可能减少利润、带来更大的亏损。也就是说，对于亏损产品我们要区分情况加以分析。

（一）亏损产品是否停产的决策分析

对于亏损产品是否停产的决策分析，通常是指在剩余生产能力无法转移的情况下，对亏损产品所做的决策分析。这里的剩余生产能力是指原有亏损产品停产之后闲置出来的生产能力；无法转移是指这部分生产能力不能用来生产其他产品，也不能用于出租，即不能带来任何收益。此时，这种亏损的产品是否停产，决策的关键也在于边际贡献。只要这种亏损产品的边际贡献为正数，即只要这种亏损产品的单位售价大于成本，或只要销售收入总额大于变动成本总额，就应做出继续生产的决策。

【例 5-16】某公司生产 A、B、C 三种产品，其年度的损益情况为：A 产品利润 10 000 元，B 产品亏损 600 元，C 产品利润 5 500 元，利润合计 14 900 元。另外，这三种产品的销售数量、销售单价及成本资料如表 5-21 所示。

表 5-21 产品的销售数量、销售单价及成本资料

项目	A 产品	B 产品	C 产品
销售数量/件	800	600	500
销售单价/元	25	50	30
单位变动成本/元	10	46	16
固定成本总额/元		6 500	

根据上述资料，编制分析计算表，如表 5-22 所示。

表 5-22 B 产品停产前利润计算表

单位：元

项目	产品 A	产品 B	产品 C	合计
销售收入总额	20 000	30 000	15 000	65 000
变动成本总额	8 000	27 600	8 000	43 600
边际贡献总额	12 000	2 400	7 000	21 400
固定成本总额	$\frac{20\ 000}{65\ 000}\times 6\ 500=2\ 000$	$\frac{30\ 000}{65\ 000}\times 6\ 500=3\ 000$	$\frac{15\ 000}{65\ 000}\times 6\ 500=1\ 500$	6 500
利润（或亏损）	10 000	(600)	5 500	14 900

从表 5-22 可以看出，虽然 B 产品的最终计算结果是亏损 600 元，但中间结果——边际贡献却为 2 400 元。其边际贡献为正数，故不应停止 B 产品的生产。这一决策的正确性，还可以通过如下进一步的计算分析得到证明。

假如因 B 产品亏损就停止 B 产品的生产，但固定成本并不会因此而减少，只会增加 A、C 两种产品负担的份额，如表 5-23 所示。

表 5-23　B 产品停产后利润计算表

单位：元

项目	产品 A	产品 C	合计
销售收入总额	20 000	15 000	35 000
变动成本总额	8 000	8 000	16 000
边际贡献总额	12 000	7 000	19 000
固定成本总额	$\frac{20\,000}{35\,000} \times 6\,500 = 3\,714$	$\frac{15\,000}{35\,000} \times 6\,500 = 2\,786$	6 500
利润（或亏损）	8 286	4 214	12 500

从表 5-23 所示的结果来看，停产 B 产品后的总利润比停产前减少了 2 400(12 500-14 900)元，正好是 B 产品提供的边际贡献总额。这就进一步说明，只要亏损产品有边际贡献，就不应停止生产。

（二）亏损产品是否转产的决策分析

亏损产品是否转产的决策分析，通常是指在剩余生产能力可以转移的情况下，是继续生产该亏损产品还是停止亏损产品的生产并转产其他产品。此时，决策的关键仍是边际贡献总额。转产后的新产品所能生产的边际贡献若能大于停产的亏损产品的边际贡献，则应转产，反之则不应转产。

【例 5-17】承上例，因 B 产品亏损，现拟转产 D 产品。D 产品的有关资料如下。

销售数量　　　　　500 件
销售单位　　　　　30 元
单位变动成本　　　24 元
单位边际贡献　　　6 元
边际贡献总额　　　3 000 元

根据前面的计算结果可知，B 产品的边际贡献总额为 2 400 元，因 D 产品的边际贡献总额比 B 产品多 600(3 000-2 400)元，转产方案是可行的，应做出转产决策。

这一决策的正确性，可以通过比较转产前后总利润来证实，如表 5-24 所示。

表 5-24 B 产品转产后利润计算表

单位：元

项目	产品 A	产品 C	产品 D	合计
销售收入总额	20 000	15 000	15 000	50 000
变动成本总额	8 000	8 000	12 000	28 000
边际贡献总额	12 000	7 000	3 000	22 000
固定成本总额	$\frac{20\,000}{50\,000}\times 6\,500=2\,600$	$\frac{30\,000}{50\,000}\times 6\,500=1\,950$	$\frac{15\,000}{50\,000}\times 6\,500=1\,950$	6 500
利润(或亏损)	9 400	5 050	1 050	15 500

可以看出，停产 B 产品而转产 D 产品之后，公司的总利润为 15 500 元，较转产前多出 600(15 500-14 900)元，正是 D 产品边际贡献大于 B 产品边际贡献的差额。这就证明转产方案是可行的。

三、半成品进一步加工或出售的决策分析

在某些工业企业中，某产品需经过若干生产阶段才能最终完成，在最终完工前某个阶段的产品即以半成品的形态出现。这些半成品可以加工成最终产品出售，也可以不再加工而立即出售。这就涉及是出售半成品还是继续加工后再出售的决策分析。

对于这类问题，关键是分析其差量成本与差量收入，即继续加工所能增加的收入是否大于继续加工所增加的成本。至于继续加工前的成本则是无关成本，不予考虑。如果继续加工所增加的收入能大于增加的成本，则应做出继续加工的决策；相反，如果继续加工增加的成本大于增加的收入，则以出售半成品为宜。

【例 5-18】 某企业每年生产 A 产品 10 000 件，单位变动成本 10 元，单位固定成本 4 元，销售单价 18 元。如果将 A 产品继续加工成 B 产品，单位售价可提高到达 24 元，但同时也必须追加单位变动成本 5 元。

要求：将 A 产品进一步加工成 B 产品的方案是否可行？

分析：很显然，不论 A 产品本身(即继续加工前)的单位售价和单位成本是多少，当继续加工后，差量收入为 6(24-18)元，而差量成本(追加的单位变动成本)为 5 元，可获得 1 元的单位差量利润，按总量计算，可获得差量利润 10 000 元，当然以进一步加工为宜。

如果将 A 产品继续加工成 B 产品，不仅需要追加单位变动成本，而且还需追加固定成本 12 000 元，此时，是否应进一步加工？

对此，可编制深加工与出售差量利润分析表，如表 5-25 所示。

表 5-25 深加工与出售差量利润分析表

单位：元

项　　目	进一步加工	出售半成品	差量
差量收入			
进一步加工成 B 产品	240 000		
出售 A 产品		180 000	60 000
差量成本			
进一步加工成 B 产品			
追加变动成本	50 000		
追加固定成本	12 000		
小计	62 000		
出售 A 产品		0	62 000
进一步加工出售的差量利润			-2 000

计算结果表明：将半成品 A 进一步加工为完工产品 B，反而会减少利润 2 000 元，因而以不继续加工为宜。

与此类似的还有联产品是否深加工的决策分析问题。所谓联产品，是指投入同一种原料，经过同一生产加工过程，同时生产出来的若干种同等重要的产品。例如，石油化工企业，原油经过裂化加工后，可以同时生产出汽油、柴油等联产品。这些联产品生产出来之后，有的可以直接出售，有的只能再加工以后出售，有的既可以直接出售也可以加工后再出售。这里所涉及的决策分析，就是针对这种既可以直接出售也可以加工后再出售的联产品。

对于联产品是否深加工的决策分析，与半成品是否深加工的决策分析相似，以分析进一步加工后预期收入的增加额是否超过追加的成本为决策依据。

需要注意的是，在联产品是否深加工的决策分析中，该联产品分离前所发生的成本，称为联合成本；联合成本不管是变动成本还是固定成本，都属于决策无关成本；决策的相关成本只包括联产品进一步加工所发生的成本(称为可分成本)。

四、零部件自制或外购的决策分析

企业生产中所需的一些零部件，可以自行制造，也可以从企业外部直接购买。对于这类关于零部件自制还是外购的决策分析，因所产生的收益相同，只需比较差量成本即可。在比较差量成本时会有不同的情形，下面分别举例说明。

(一) 自制方案中不增加固定成本的决策分析

自制方案中不增加固定成本的决策分析，通常是发生在企业已经具备了自制零部件的生产能力，并且生产能力无法转移的情况之下。此时企业自制零部件不会增加固定成本，当然如果由自制转外购,也不会减少固定成本。此时决策的标准是:外购的单位增量成本如果小于自制单位增量成本,就选择外购;反之,则选择自制。自制的单位增量成本即自制时发生的单位变动成本,外购的单位增量成本即外购单价(包括买价及相关的运输、装卸等费用)。

【例 5-19】某企业制造产品需用 A 零件 500 个,如从外部购进,连同各种采购费用在内,每个需用 20 元。该企业机修车间有剩余生产能力可用于这种零件的生产,生产该零件所需的直接材料 10 元,直接人工 4 元,变动制造费用 5 元,单位零件分摊的固定制造费用 3 元。

要求:分析在这种情况下,A 零件应自制还是外购?

分析:从已知条件来看,机修车间生产 A 零件分摊的固定制造费用,只是主观分摊的问题,实际情况是,固定制造费用,既不会因生产 A 零件增加,也不会由于外购 A 零件而减少。因此,固定制造费用应作为无关成本不予考虑,只需比较单位零件的自制或外购成本即可。即直接以自制的单位变动成本与外购的单位成本比较,择其低者作为可行方案。

本例中的自制 A 零件的单位变动成本为 19(10+4+5)元,较之外购成本 20 元更低,故应选择自制。

对于自制还是外购的决策,也可以通过比较外购成本与自制的变动成本来进行分析。我们可以编制自制、外购差量分析表,如表 5-26 所示。

表 5-26 自制、外购差量分析表

单位:元

项 目	自制	外购	差量
差量成本			
自制:直接材料	500×10=5 000		
直接人工	500×4=2 000		
变动制造费用	500×5=2 500		
小计	9 500		
外购:购入成本		500×20=10 000	-500
自制而非外购的差量利润			500

可见,自制 A 零件比外购可节约成本 500 元,增加利润 500 元,故以自制为宜。

(二) 自制方案中增加固定成本的决策分析

自制方案中增加固定成本的决策分析,通常发生在企业尚不完全具备自制的生产能力时,如果选择自制,企业需追加专属固定成本(如需要租入一台专业设备)。此时需要通过比较自制方案和外购方案的相关成本,择其低者为优选方案。

【例 5-20】 以[例 5-19]中的资料为例,假如机修车间有剩余生产能力,且无其他用途,但要用于 A 零件的生产需增加一台小型设备,因此而增加的专属固定成本为 800 元。

要求:应选择自制还是外购?

分析:对于这个问题,可先计算出不同方案的成本,然后再予以比较、选择。自制、外购差量分析表,如表 5-27 所示。

表 5-27　自制、外购差量分析表

项　　目	自制	外购	差量
差量成本			
自制:变动成本	500×19=9 500		
专属固定成本	800		
小计	10 300		
外购:购入成本		500×20=10 000	300
自制而非外购的差量损失			300

显然,由于自制而非外购的差量损失为 300 元,故应做出外购的决策。

对于增加专属固定成本的自制或外购决策分析,当已知需用量的条件下,可以采用上述分析方法。如果尚未确定需用量,可以首先计算成本无差别点,然后再根据需要量做分析判断,计算成本无差别点的公式为

$$自制或外购零部件的成本无差别点 = \frac{年专属固定成本总额}{外购零件单价 - 自制零件单位变动成本}$$

【例 5-21】 仍利用[例 5-19]的数据,判断该零部件应自制还是外购。

$$自制或外购零部件的成本无差别点 = \frac{800}{20-19} = 800(个)$$

由此可以做出判断:当零部件的需用量大于 800 个时,以自制为宜;如果零件的需用量少于 800 个,则应外购。

(三) 考虑机会成本的自制或外购的决策分析

以上均假定企业有剩余生产能力,且不用于其他方面。也就是说,除了自制与外购成本的直接比较外,自制所需的生产能力无机会成本可言。而事实上,企业剩余的生产能力,除自制某种零件外,还可能用于其他产品的生产或出租。此时,应考虑机会成本,才能做出更为有利的决策。

【例 5-22】延用[例 5-19]中的资料,假定该企业机修车间的剩余生产能力若不用于 A 零件的生产,每月可得租金收入 120 元,即如果所需的 A 零件通过外购而不自制,剩余的生产能力全年可得租金收入 120×12=1 440 元。此时,作为机会成本,究竟自制还是外购 A 零件,则需要重新予以考虑。可编制自制、外购差量分析表,如表 5-28 所示。

表 5-28 自制、外购差量分析表

项目	自制	外购	差量
差量成本			
自制:变动成本	500×19=9 500		
机会成本	120×12=1 440		
小计	10 940		
外购:购入成本		500×20=10 000	940
自制而非外购的差量损失			940

计算表明,如果自制 A 零件,则会形成 940 元的差量损失,因而以外购为宜。

需要指出,因企业机修车间生产能力剩余,才有自制的机会成本出现。所以,当考虑自制时,应将其列为自制成本;相反,如果立足点是外购,也可将自制的机会成本看作外购的机会收益,在编制差量分析表时将其用负数列在外购成本栏内,计算结果相同。

五、是否接受追加订货的决策分析

所谓追加订货,是指该项订货是在企业生产销售计划之外,并且价格低于本企业正常销售的价格的一种特殊订货。

追加订货的定价若与正常生产的产品相同甚至更高,而又有剩余能力的情况下,自然无须过多考虑,应接受订货。之所以考虑能否接受追加订货的问题,主要是追加订货的定价都较低,这样就必须在计算分析以后才能确定。具体来说,可能有以下几种情况的决策分析。

第一,不影响企业正常产销,并且不增加专属固定成本。如果追加订货不影响企业正常产销,并且不增加专属固定成本,此时,只要追加订货的单位价格大于单位变动成本(单位边际贡献或边际贡献为正数),即可接受订货。

【例 5-23】某企业生产 M 产品的单位成本资料如下:

直接材料　　　　30 元
直接人工　　　　18 元
变动制造费用　　10 元
固定制造费用　　10 元
单位成本合计　　68 元

该企业 M 产品的年生产能力为 10 000 件,目前产量仅为 7 000 件。现有一厂家要求订购

M产品2 000件,每件出价60元。该企业是否要接受这笔订货?

分析: 该企业生产能力有富余3 000件,现只订货2 000件,即使接受订货也不会增加固定成本,上列单位成本中10元的固定制造费用是无关成本,剔除这一项,单位产品的成本是58元,而现在追加订货的出价是60元,高出成本(相关成本)2(60-58)元,接受这笔订货,企业可增加边际贡献总额2 000×2=4 000元。不论单位边际贡献还是边际贡献总额,都表明应当接受这笔追加的订货。

第二,影响企业的正常产销,或有专属固定成本。如果追加订货影响企业的正常产销,就产生了机会成本;或者说追加订货有特殊要求,产生了专属成本,此时追加订货需要满足下列公式才可以接受:

$$订货量 \times (单位售价 - 单位变动成本) - 专属固定成本(机会成本) > 0$$

这一公式中,有两个因素可以是变量:订货量和单位售价。因此,这一公式可进一步分解为:

(1) 当单位售价(即订货方出价)不变时,只有满足下列公式才能接受订货,即

$$订货量 > \frac{专属固定成本}{单位售价 - 单位变动成本}$$

(2) 当订货量不变时,只有满足下列公式才能接受订货,即

$$单位售价(订货方出价) > 单位变动成本 + \frac{专属固定成本}{订货量}$$

【例5-24】 假定[例5-23]中的单位变动成本和订货方出价都不变,只是需要增加专属固定成本2 000元,是否应接受订货呢?

$$订货量 \times (单位售价 - 单位变动成本) - 专属固定成本$$
$$= 2\,000 \times (60-58) - 2\,000 = 2\,000(元)$$

可见,边际贡献总额仍大于0,故可以接受追加订货。

【例5-25】 仍利用[例5-23]中的资料,假定对方出价60元,订货量不低于多少,或订货量为2 000件,对方出价不低于多少才能接受订货?

(1) 计算订货量:

$$订货量 > \frac{2\,000}{60-58} = 1\,000(件)$$

可见,当对方出价60元而又有2 000元专属固定成本时,对方至少必须订货1 000件才能接受。

(2) 计算订购价：

$$单位售价 > 58 + \frac{2\,000}{2\,000} = 59(元)$$

也就是说，当对方订购 2 000 件而又有 2 000 件专属固定成本时，对方至少要出价 59 元才能接受。

第三，当有各种追加订货时，应优先安排边际贡献总额(或单位定额工时的边际贡献)大的订货生产，以使边际贡献总额最大，进而实现利润最大化。

【例 5-26】仍利用[例 5-23]中资料，假定现有两家厂商前来洽谈追加订货，一家出价 59 元，订购 3 000 件，不增加专属固定成本；另一家出价 62 元，订购 2 500 件，需增加专属固定成本 4 000 元。

要求：究竟应该怎样接受订货？

解：现分别计算如下。

前一家厂商订货可带来的边际贡献总额=(59-58)×3 000=3 000(元)

后一家厂商订货可带来的边际贡献总额=(62-58)×2 500-4 000=6 000(元)

可见，应首先接受后一家厂商的订货，因为接受后一家订货比接受前一家订货要多获 3 000 (6 000-3 000)元的边际贡献，而且先接受这一订货后，还有 500 件的剩余生产能力，若前一家还愿意利用这点剩余能力订购 500 件，那么企业还可获得 500×(59-58)元的边际贡献，共计可获得边际贡献 6 500(6 000+500)元。这样，比首先接受前一家订货可多获边际贡献 3 500(6 500-3 000)元。

思 考 题

1. 什么是决策？决策有哪些分类？
2. 决策分析的基本程序是什么？
3. 决策过程中有哪些相关成本概念？
4. 决策分析的方法有哪些？
5. 常见的生产经营决策如何进行分析？

延 伸 阅 读

《管理会计应用指引第 404 号——约束资源优化》

约束资源优化

第六章

长期投资决策

学习目标

通过本章的学习，要求学生：
- 了解货币时间价值的概念。
- 掌握复利终值与现值、年金的终值与现值的计算。
- 了解现金流量的作用。
- 掌握项目计算的构成。
- 理解项目现金流量的构成与计算方法。
- 能够运用投资决策评价指标对固定资产投资项目进行分析。
- 理解掌握动态指标间的关系。
- 理解掌握动态指标的折现率选择。

引导案例

云南恩捷新材料股份有限公司主要从事膜类产品(BOPP薄膜、锂电池隔离膜)、包装印刷产品(烟标和无菌包装)、纸制品包装的生产和销售，其中膜类产品的收入占总收入的80%以上。在国家大力发展新能源汽车的推动下，公司成为全球最大的湿法锂电池隔离膜生产企业之一。公司为进一步加大在锂电池隔离膜上的研发和生产，于2020年3月对外公告非公开发行A股股票募集资金使用可行性分析报告。

据公告显示，公司采用非公开发行A股股票募集资金不超过500 000万元(含)，扣除发行费用后的募集资金净额将用于：

序号	募集资金投资项目	项目投资总额/万元	拟使用募集资金/万元
1	江西省通瑞新能源科技发展有限公司锂离子电池隔膜一期扩建项目	175 000.00	150 000.00
2	无锡恩捷新材料产业基地二期扩建	280 000.00	200 000.00
3	补充流动资金	150 000.00	150 000.00
	合　　计	605 000.00	500 000.00

其中，江西项目总投资 17.5 亿元，其中建筑工程费 1.4 亿元，设备购置及安装费用 15.6 亿元，铺底流动资金 0.5 亿元。拟使用募集资金 15 亿元用于建筑工程费和设备购置及安装费用。本项目预计税后内部收益率为 19.03%，投资回收期为 6.43 年。

无锡项目总投资 28 亿元，其中建筑工程费 2 亿元，设备购置及安装费用 22 亿元，铺底流动资金 4 亿元，拟使用募集资金 20 亿元用于建筑工程费和设备购置及安装费用。本项目预计税后内部收益率为 18.72%，投资回收期为 6.40 年。

2020 年 7 月 21 日，公司得到证监会的发行批复。但市场有声音质疑公司在现有产能利用率较低的情况下，继续通过非公开发行募资建厂以扩张产能，可能是豪赌新能源汽车爆发，存在较大风险。据中国乘用车市场信息联合会数据显示，2020 年 6 月受中美贸易摩擦、新冠疫情、新能源车国补减半、地补取消等多重因素影响，中国新能源乘用车销量下降 35%。在严峻的形势下，恩捷公司的筹资与投资收益效果，只能拭目以待。

(资料来源：1. 云南恩捷新材料股份有限公司董事会. 恩捷股份非公开发行 A 股股票募资资金使用可行性分析报告[EB/OL]. [2020-3-24]. http://stock.jrj.com.cn/share,disc,2020-03-24, 002812,0000000000000ryx1q.shtml. 2. 吕方锐, 陈锋. 恩捷股份逆市频扩张 锂电池行业豪赌是否存"泡沫"[EB/OL]. [2020-7-16]. http://finance.eastmoney.com/a/202007161558376744.html.)

问题：
1. 如何进行新项目的财务可行性分析？
2. 公告中各种投资决策指标代表什么含义？

第一节　长期投资决策基础

一、货币时间价值

(一) 货币时间价值的概念

货币时间价值，是指货币经历一定时间的投资和再投资所增加的价值，也称为资金时间价值。

从经济学的观点看，即使不考虑通货膨胀，同一数量的货币在不同时期其价值也是不相同的。现在的 1 元钱比将来的 1 元钱更值钱。因为，将现在的 1 元钱存入银行，假设存款利率为 10%，1 年后可得到 1.10 元。现在的 1 元钱经过 1 年时间的投资增加了 0.10 元，这就是货币的时间价值。同样的道理，企业的资金投入生产经营中，经过周转，随着时间的推移，会创造出新的价值，使资金得以增值。因此，一定量的货币经过投资或再投资，货币总量在周转中按几何级数增长，使得货币具有时间价值。

由于市场竞争，各行业投资的利润率趋于平均化。在利润平均化规律的作用下，投资者将资金投资于不同行业，至少要获得社会资金利润率。但值得注意的是，投资者投资获得的收益并不全都是货币时间价值。投资收益由三部分组成：货币时间价值、通货膨胀补偿价值和风险报酬。因此，货币时间价值是没有风险和没有通货膨胀条件下的社会平均资金利润率。由此可见，利率并不等于货币时间价值，还包括了通货膨胀补偿价值和风险报酬。一般情况下，如果通货膨胀率很低，国债几乎又没有风险，就可以把国债利率认为是货币的时间价值。为简化起见，后面的分析我们一般用利率表示货币时间价值。

货币的时间价值可以用绝对数来表示，也可以用相对数来表示。在实际中，人们往往用增加的价值与投入资金的百分比这一相对数来表示货币的时间价值，如国债利率3%。由于货币时间价值的存在，不同时点上的货币就不能直接比较，必须换算到相同的时点上才能比较。因此掌握和运用货币时间价值对决策具有重要意义。货币时间价值的计算包括一次性收付款(复利)和定期等额系列收付款(年金)的终值、现值。

> **课堂讨论**
>
> "一寸光阴一寸金"，大学生应如何规划自己的大学时光
>
> 从经济学的视角来看，时间是有价值的；但从人生的成长来看，时间是无价的。作为一名大学生，在人生最美好的时光里，如何进行大学生涯规划，才能使自己学有所获，不虚度大学时光呢？

(二) 终值与现值的概念

货币时间价值的计算，涉及两个重要的概念：终值(future value)和现值(present value)。终值又称将来值或本利和，是指现在一定量的现金在将来某一时点上的价值。现值又称本金，是指未来某一时点上的一定量现金折算到现在的价值。

为了便于计算终值和现值，我们通常可能使用时间价值分析图来进行分析。时间价值分析图是一段被等分为 n 份的线段，如图6-1所示。

图6-1 时间价值分析

图6-1中所示"0"点的货币时间价值为现值 P，n 期期末的货币时间价值为终值 F，n 为任一非零的整数。图中的1，2，3……n 表示货币经过投资的时间，如没有特殊说明，这些时间点都表示每期期末。某期期初则用上期期末时点来表示，如第4期期初的现金流量，就

是第3期期末的现金流量。

由于终值与现值的计算与利息的计息方式有关，利息计息方式有复利和单利两种。单利是指只对本金计算利息，利息部分不再计息。而复利是指不仅对本金要计算利息，而且对本金所产生的利息也要计算利息，即"利滚利"。在管理决策中，一般按复利来计算。由于单利计算比较简单，所以下面只对复利终值与现值的计算进行介绍。

(三) 复利终值和现值

1. 复利终值

复利的终值是指一定量的本金按复利计算若干年后的本利和。复利终值的计算方式如图6-2所示。

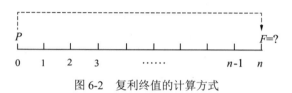

图6-2 复利终值的计算方式

根据复利的"利滚利"特点，复利终值的计算表达式可推导为

$$F_1 = P + P \times i = P \times (1+i)$$
$$F_2 = P \times (1+i) + P \times (1+i) \times i = P \times (1+i)^2$$
$$F_3 = P \times (1+i)^2 + P \times (1+i)^2 \times i = P \times (1+i)^3$$
……

由此可以推算出，第 n 年的复利终值为

$$F = P \times (1-i)^n$$

上式中 F 表示终值，P 表示现值，i 表示年利率，n 表示计息期数。$(1+i)^n$ 称为"复利终值系数"或"1元复利终值系数"，用符号 $(F/P, i, n)$ 或者 $\text{FVIF}_{i,n}$ 表示。可通过可查阅附录中"复利终值系数表"得到。

> 【例6-1】某人存入银行100万元，如果利率为10%，期限为5年，以复利计息，5年后此人可以取出的本利和为多少？
>
> 解：$F = 100 \times (1+10\%)^5 = 100 \times (F/P, 10\%, 5) = 100 \times 1.6105 = 161.05$(万元)
>
> $(1+10\%)^5$ 或 $(F/P, 10\%, 5)$ 是年利率为10%，5年期的复利终值系数，通过"复利终值表"，在 $n=5$ 的所在行与 $i=10\%$ 所在列的交叉处得到1.6105。其经济含义是在年利率10%，复利计息条件下，现在的1元等于5年年末的1.6105元。

2. 复利现值

复利现值是指在将来某一特定时间取得或支出一定数额的资金，按复利折算到现在的价值。复利现值的计算方式如图 6-3 所示。

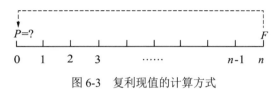

图 6-3 复利现值的计算方式

复利现值的计算和复利终值的计算互为逆运算，因此复利现值的计算公式为

$$P = \frac{F}{(1+i)^n} = F \times (1+i)^{-n}$$

式中，$(1+i)^{-n}$ 称为"复利现值系数"或"1 元复利现值系数"，用符号 $(P/F, i, n)$ 或 $\text{PVIF}_{i,n}$ 表示。可通过查阅附录中的"复利现值系数表"得到。

【例 6-2】某人将要在 5 年后归还债务 10 000 元，银行利率为 5%，复利计息，此人现在应存入银行多少钱？

解： $P = F \times (1+5\%)^{-5} = 10\,000 \times (P/F, 5\%, 5) = 10\,000 \times 0.783\,5 = 7\,835(元)$

$(1+5\%)^{-5}$ 或 $(P/F, 5\%, 5)$ 是年利率为 5%，期限为 5 年的复利现值系数。在复利现值表上，从横行中找到利率 5%，纵列中找到期限 5 年，两者相交处，可查到 $(P/F, 5\%, 5) = 0.783\,5$。其经济含义是在年利率 5%，复利计息条件下，第 5 年末的 1 元与现在的 0.783 5 元等值。

(四) 年金终值和现值

年金(annuity)是指定期等额的系列收支。在现实生活中，每月计提的等额折旧、每年支付的等额利息、每年支付的等额保险费、等额分期付款、零存整取的零存额等都属于年金。年金通常用 A 表示。

年金具有三个特点：①收支每次发生的时间间隔相等；②收支每次发生的金额相等；③收支在两期或两期以上。值得注意的是，年金收支的时间间隔并非一定是 1 年，可以是半年、季度、月或天。

年金根据每次收付发生的时点或期限不同，可分为普通年金、预付年金、递延年金和永续年金。

1. 普通年金终值和现值

普通年金(ordinary annuity)又称后付年金，是指从第一期开始，每期期末发生的年金。

(1) 普通年金终值。普通年金终值是一定期间每期期末等额发生的现金流的复利终值之和。普通年金终值的计算方式，如图 6-4 所示。

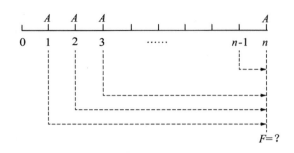

图 6-4 普通年金终值的计算方式

第 n 期末普通年金终值的计算公式为

$$F = A(1+i)^0 + A(1+i)^1 + A(1+i)^2 + \cdots\cdots + A(1+i)^{n-2} + A(1+i)^{n-1}$$

整理后可得

$$F = A \times \frac{(1+i)^n - 1}{i}$$

式中，$\frac{(1+i)^n - 1}{i}$ 称为"年金终值系数"或"1 元年金终值系数"，记为 $(F/A, i, n)$ 或 $\text{FVIFA}_{i,n}$，表示年金为 1 元，利率为 i，经过 n 期的年金终值的大小。可通过查阅附录中"年金终值系数表"取得。

【例 6-3】某人为其子女在银行存入 10 年期的教育基金，每年年末存入银行 10 000 元，以复利计息，利率为 4%，求该教育基金 10 年末的终值为多少？

解：$F = 10\,000 \times (F/A, 4\%, 10) = 10\,000 \times 12.006 = 120\,060(元)$

(2) 普通年金现值。普通年金现值是指一定期间每期期末等额发生的现金流的复利现值之和。普通年金现值的计算方式，如图 6-5 所示。

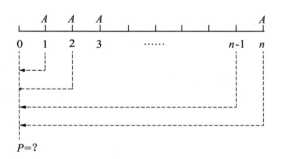

图 6-5 普通年金现值的计算方式

第 0 期普通年金现值的计算公式为

$$P = A(1+i)^{-1} + A(1+i)^{-2} + A(1+i)^{-3} + \cdots\cdots + A(1+i)^{-(n-1)} + A(1+i)^{-n}$$

整理后可得

$$P = A \times \frac{1-(1+i)^{-n}}{i}$$

式中，$\frac{1-(1+i)^{-n}}{i}$ 称为"年金现值系数"或"1元年金现值系数"，用 $(P/A, i, n)$ 或 $\text{PVIFA}_{i,n}$ 表示，表明年金 1 元，利率为 i，经过 n 期的年金现值的大小。可通过查阅附录中"年金现值系数表"取得。

【例6-4】某人现在存入银行一笔钱，准备在以后 5 年中每年年末取出 10 000 元，如年利率为 5%，复利计息，请问他现在应存入银行多少钱？

解：$P = 10\,000 \times (P/A, 5\%, 5) = 10\,000 \times 4.329\,5 = 43\,295(元)$

2. 预付年金终值和现值

预付年金(annuity due)又称先付年金或即付年金，是指从第一期开始，每期期初发生的年金。预付年金与普通年金的区别仅在于现金流发生的时点不同，普通年金发生在每期期末，预付年金发生在每期期初。

因为普通年金是基本的年金形式，所以年金终值和现值系数表是按普通年金编制的。计算预付年金的终值和现值时，需要在普通年金终值和现值公式基础上进行调整。

(1) 预付年金终值。预付年金终值是一定期间每期期初等额发生的现金流的复利终值之和。n 期预付年金终值的计算分式，如图 6-6 所示。

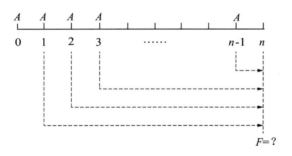

图 6-6 预付年金终值的计算方式

从图中可以看出，n 期预付年金与 n 期普通年金现金流发生的次数相同，但由于现金流发生的时点不同，n 期预付年金终值比 n 期普通年金终值多计算一期利息。所以，可以先求出 n 期普通年金终值，然后再乘以$(1+i)$，即可求出 n 期预付年金的终值。其计算公式为

$$F = A \times (F/A, i, n) \times (1+i)$$

式中，$(F/A, i, n) \times (1+i)$ 称为预付年金终值系数。因此，预付年金终值系数可由同期普通年金终值系数乘以$(1+i)$调整得到。

另外，在 n 期预付年金的第 n 期期末加上一期年金 A，即可成为 $n+1$ 期普通年金。因此，

先按公式计算出(n+1)期普通年金的终值 $F = A \times (F/A, i, n+1)$，然后再减去加上的第 n 期期末的年金 A，便可求出 n 期预付年金终值，其计算公式为

$$F = A \times (F/A, i, n+1) - A = A \times [(F/A, i, n+1) - 1]$$

式中，$[(F/A, i, n+1) - 1]$ 亦称为预付年金终值系数。因此，预付年金终值系数也可由同期普通年金终值系数"期数加 1，系数减 1"调整得到，即可利用普通年金终值表查得(n+1)期的终值，然后减去 1，得到 1 元预付年金终值。

【例 6-5】 某人每年年初存入 5 000 元，连续 10 年，年利率为 3%，复利计息，则第 10 年末的本利和为多少？

解：$F = 5\,000 \times [(F/A, 3\%, 11) - 1] = 5\,000 \times (12.807\,8 - 1) = 59\,039(元)$

(2) 预付年金现值。预付年金现值是一定期间每期期初等额发生的现金流的复利现值之和。n 期预付年金现值的计算方式，如图 6-7 所示。

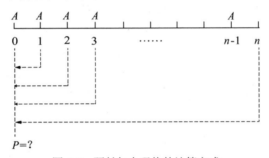

图 6-7 预付年金现值的计算方式

从图中可以看出，n 期预付年金与 n 期普通年金发生现金流的次数相同，但由于现金流发生的时点不同，在计算现值时，n 期普通年金现值比 n 期预付年金现值多贴现一期。所以，可以先求出 n 期普通年金现值，然后再乘以 $(1+i)$，即可求出 n 期预付年金的现值。其计算公式为

$$P = A \times (P/A, i, n) \times (1+i)$$

式中，$(P/A, i, n) \times (1+i)$ 称为预付年金现值系数。因此，预付年金现值系数可由同期普通年金现值系数乘以 $(1+i)$ 调整得到。

另外，将 n 期预付年金的第 0 期年金 A 去掉，即可成为 $n-1$ 期普通年金。因此，先按公式计算出 $(n-1)$ 期普通年金的现值 $P = A \times (P/A, i, n-1)$，然后再加上被减掉的第 0 期年金 A，便可求出 n 期预付年金现值，其计算公式为

$$P = A \times (P/A, i, n-1) + A = A \times [(P/A, i, n-1) + 1]$$

式中，$[(P/A, i, n-1) + 1]$ 亦称为预付年金现值系数。因此，预付年金现值系数可由同期普通年金现值系数"期数减 1，系数加 1"调整得到，即可利用普通年金现值表查得(n-1)期

的现值，然后加上 1，得到 1 元预付年金现值。

【例 6-6】 某人以 5 年分期付款购物，每年年初支付 3 000 元，年利率 10%，复利计息，该项分期付款相当于现在一次性支付多少钱？

解：$P = 3\,000 \times [(P/A, 10\%, 4) + 1] = 3\,000 \times (3.169\,9 + 1) = 12\,509.7(元)$

3. 递延年金终值和现值

递延年金是指第一次支付发生在第二期或第二期以后的年金。递延年金现金流收支情况，如图 6-8 所示。

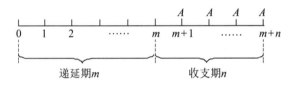

图 6-8 递延年金现金流收支情况

如上图所示，前 m 期没有发生收支，m 表示递延期数，年金的收支期为 n 期。因此，可以将递延年金看成是一组被推迟了 m 期的普通年金。

(1) 递延年金终值。递延年金终值的计算方法和普通年金终值类似，与递延期 m 无关。递延年金终值计算公式为

$$F = A \times (F/A, i, n)$$

【例 6-7】 某企业年初投资一个新项目，预计项目在第 3 年年末建设完工开始投产，从第 4 年起每年年末可获得收益 200 万元，项目经营期为 10 年，如利率为 10%，则该项目收益在第 13 年年末的终值为多少？

解：$F = 200 \times (F/A, 10\%, 10) = 200 \times 15.937\,4 = 3\,187.48(万元)$

(2) 递延年金现值。递延年金的现值的计算方法主要有以下两种。

第一种：将图 6-8 中收支期内的年金按 n 期普通年金计算到递延期期末 m 点的现值，再将该现值用复利调整为 0 点的现值。其计算公式为

$$P = A \times (P/A, i, n) \times (P/F, i, m)$$

第二种：先假设递延期也发生系列收支，则将其变为 $(m+n)$ 期的普通年金，先算出 $(m+n)$ 期的年金现值，再减掉未发生的递延期内的年金现值。其计算公式为

$$P = A \times [(P/A, i, m+n) - (P/A, i, m)]$$

【例 6-8】 某公司拟购置一处房产，房主提出以下两种付款方案：
(1) 从现在起，每年年初支付 20 万元，连续支付 10 次，共 200 万元；
(2) 从第 5 年开始，每年末支付 25 万元，连续支付 10 次，共 250 万元。

假设该公司的资金成本率(即最低报酬率)为10%，该公司应选择哪个方案？

解：(1) 方案一属于预付年金，其现值为：
$$P = 20 \times [(P/A, 10\%, 9) + 1] = 20 \times (5.759\ 0 + 1) = 135.18(万元)$$

(2) 方案二属于递延年金，递延期 $m=4$，支付期=10，其现值为：
$$P = 25 \times (P/A, 10\%, 10) \times (P/F, 10\%, 4)$$
$$= 25 \times 6.144\ 6 \times 0.683\ 0 = 104.92(万元)$$

或
$$P = 25 \times [(P/A, 10\%, 14) - (P/A, 10\%, 4)]$$
$$= 25 \times (7.366\ 7 - 3.169\ 9) = 104.92(万元)$$

比较两个方案的现值，方案二现值小于方案一，选择方案二对公司更有利。

4. 永续年金现值

永续年金是指无限期定额收付的年金。永续年金的现金流特点，如图6-9所示。

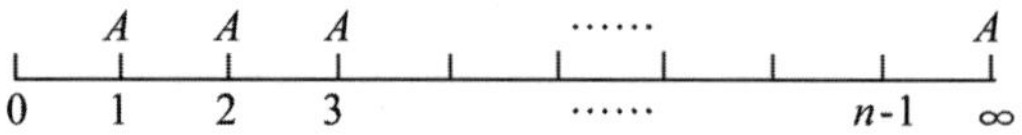

图6-9 永续年金的现金流特点

永续年金也是普通年金的一种特殊形式，其期限趋于无穷大，没有终止时间，因此永续年金只有现值，没有终值。在现实生活中，永久性的奖学金和优先股股利都是永续年金的实例。永续年金的现值可以通过普通年金现值的计算公式导出，即

$$P = A \times \frac{1 - (1 + i)^{-n}}{i}$$

当 $n \to \infty$ 时，$(1+i)^{-n}$ 的极限为0，故上式可写成

$$P = \frac{A}{i}$$

【例6-9】某人拟建立一项永久性的奖学金，每年计划颁发20 000元奖金。若利率为5%，现在需存入多少钱才能建立该奖学金？

解：$P = \dfrac{20\ 000}{5\%} = 400\ 000(元)$

二、项目计算期的构成

项目计算期是长期投资决策分析中一个重要的概念，它是指投资项目从投资建设开始到最终清理结束整个过程的全部时间，包括建设期和经营期。其中建设期是指从项目资金正式投入开始到项目建成投产为止所需要的时间，建设期第一年的年初称为建设起点，建设期最后一年的年末称为投产日。项目从投产日开始到项目最终清理报废所经历的时间称为经营期。项目计算期最后一年的年末称为终结点，假定项目最终报废或清理均发生在终结点(更新改造

除外)。

项目计算期的构成,如图 6-10 所示。

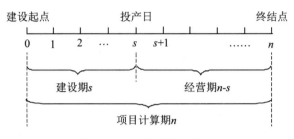

图 6-10 项目计算期的构成

三、现金流量

(一) 现金流量的概念

估计投资项目的现金流量是进行长期投资决策的基础。所谓现金流量是指长期投资项目在其计算期内因资金循环而引起的现金流入和现金流出的数量。这里的"现金"是广义的现金,不仅包括各种货币资金,还包括项目需要投入的企业拥有的非货币资源的变现价值。例如,一个投资项目需要使用企业原有的厂房、设备和原材料等,则相关的现金流量是指它们的变现价值,而不是其账面价值。

(二) 现金流量的构成

现金流量包括现金流入量、现金流出量和现金净流量三个具体概念。除了从现金流量的方向分析现金流量的构成外,还可以从现金流量产生的时间来分析现金流量的构成。按照现金流量产生的时间也可以将现金流量划分成初始现金净流量、营业现金流量和终结现金流量。

1. 现金流入量

现金流入量是指投资项目所引起的企业现金收入的增加额。项目的现金流入量主要包括如下几方面的内容。

(1) 营业收入。营业收入是指项目投产后每年实现的全部营业收入。为简化核算,假定正常经营年度内,每期发生的赊销额与回收的应收账款大致相等。营业收入是经营期主要的现金流入量项目。

(2) 固定资产的余值。固定资产的余值是指投资项目的固定资产在终结报废时的净残值收入,如果中途转让出售则为其取得的变价收入。

(3) 回收垫支的流动资金。回收流动资金是指投资项目结束时,收回原来投放在各种流动资产上的营运资金。

(4) 其他现金流入量。例如，项目获取的补贴收入、停止使用的土地的变价收入、固定资产更新时出售原有固定资产取得的变现净收入等。

2. 现金流出量

现金流出量是指投资项目所引起的企业现金流出的增加额。项目的现金流出量主要包括：

(1) 建设投资。建设投资包括项目的固定资产投资(固定资产的购置成本或建造成本、运输成本、安装成本等)、无形资产投资和开办费投资。

(2) 垫支的流动资金。垫支的流动资金是指投资项目建成投产后为开展正常经营活动而投放在流动资产(存货、应收账款等)上的营运资金。

(3) 付现成本。付现成本又称经营成本，是指在经营期内为满足正常生产经营而需用现金支付的成本(如购买材料、支付工资等)，它是生产经营期内最主要的现金流出量。项目运营期内的总成本按是否需要支付现金分为付现成本和非付现成本。非付现成本主要指固定资产的折旧和无形资产的摊销。

(4) 各种税款。项目投资运营后需依法缴纳各种税款，包括消费税、所得税等。后面的分析中主要考虑所得税，所得税额是指投资项目建成投产后产生盈利，因应纳税所得额增加而增加的所得税。

(5) 其他现金流出量。

3. 现金净流量

现金净流量(net cash flow，NCF)或称净现金流量，是指投资项目某年现金流入量与现金流出量的差额。因为货币时间价值的存在，必须使用某年的现金流入量与同年的现金流出量之差计算现金净流量。当流入量大于流出量时，净流量为正值；反之，净流量为负值。

净现金流量具有两个基本特征：①无论是在项目的经营期还是在建设期都存在净现金流量；②项目计算期不同阶段的现金净流量数量特征不同，建设期内的净现金流量一般小于或等于零；在经营期内的净现金流量则多为正值。

净现金流量按是否考虑所得税分为税前净现金流量和税后净现金流量两种形式。税前净现金流量的基础上，直接扣除所得税即可求得税后净现金流量。如未特殊说明，本书中长期投资决策涉及的均为税后净现金流量。

4. 初始现金净流量

初始现金流量是指项目开始投资建设时发生的现金流量，即建设期产生的现金流量。一般包括以下几部分。

(1) 建设投资，包括固定资产的投资、无形资产的投资和开办费投资。

(2) 垫支的营运资金，即项目某年流动资产增加额与流动负债增加额的差额。

(3) 其他投资费用，如与长期投资有关的职工培训费用、谈判费用等。

(4) 固定资产更新决策中原有固定资产的变现净收入。

5. 营业现金流量

营业现金流量是指项目投入使用后,在经营期内由于生产经营所带来的现金流入和现金流出。一般包括:营业收入、付现成本和各种税款。

6. 终结现金流量

终结现金流量指项目终结、报废时所发生的现金流量,主要包括固定资产净残值收入、收回垫支的流动资金和停止使用的土地的变价收入等。

(二) 现金流量的作用

在长期投资决策中,通常以现金流量而不是会计利润来评价投资项目的可行性,这主要是因为现金流量在长期投资决策中具有重要作用。

1. 有利于科学地考虑货币时间价值

长期投资决策必须考虑货币的时间价值。利润以权责发生制为基础,现金流量以收付实现制为基础,两者并不同步。例如,赊销成立后,就应该确认收入,增加利润,但企业并未收回现金。而计提固定资产折旧或对无形资产进行摊销时,确认了费用,减少利润,但企业并未支出现金。所以在考虑货币时间价值的情况下,不能使用会计利润,而应该使用现金流量,这样更能够反映项目的优劣。

2. 使投资决策更符合客观实际情况

采用现金流量对长期投资项目进行可行性分析更具有科学性和客观性。因为利润是会计核算的结果,会计准则允许企业选择不同的会计政策,由于会计政策的差异,使得利润可比性大大下降。会计利润还容易被人为操纵,严重扭曲项目的真实盈利水平。由此可见,会计利润比现金流量在计算上具有更大的主观随意性,不能客观反映项目的实际情况。此外,即便不存在会计政策差异与人为操纵,会计利润在产生时并不一定收回现金,具有较大风险,容易高估投资项目的经济效益,也存在不科学的一面。

(三) 现金净流量的计算

因为固定资产更新项目与新建项目现金流量构成不尽相同,所在计算现金净流量时方法上也存在一定差异,下面主要介绍新建项目的现金净流量的计算方法。固定资产更新项目现金净流量分析在第三节以举例的形式加以说明。

1. 初始现金净流量的计算

新建投资项目建设期内发生的初始现金净流量,可按公式计算为

建设期某年现金净流量(NCF_t) = -该年原始投资额$(t=0, 1, 2, \cdots, s, s \geqslant 0)$

公式中的原始投资额包括项目的建设投资和垫支的流动资金;s 为建设期年数。

由公式可见,当建设期 s 不为 0 时,建设期净现金流量的数量特征取决于其投资方式是

分次投入还是一次投入。

> **【例 6-10】** 某企业拟新建一条生产线,建设期为 2 年,经营期为 10 年。在建设期每年年初分别投入 200 万元固定资产,建设期末投入无形资产 50 万元、垫支营运资金 30 万元,则该项目建设期各年现金净流量是多少?
>
> 解:$NCF_0 = -200(万元)$
> 　　$NCF_1 = -200(万元)$
> 　　$NCF_2 = -(50+30) = -80(万元)$

2. 经营期现金净流量的计算

经营期现金净流量的计算方法有以下三种形式。

(1) 直接法。根据现金净流量的定义,某年现金流入量与现金流出量的差额形成当年现金净流量。而经营期现金流量的构成有营业收入、付现成本和各种税款,其中营业收入为现金流入,付现成本和税款为现金流出。为简化起见,各种税款中我们只考虑所得税,因此经营期现金净流量的计算公式为

经营期某年现金净流量(NCF_t)=营业收入-付现成本-所得税($t=s+1, s+2 \ldots n, s \geq 0$,下同)

(2) 间接法。间接法是根据经营期的会计利润进行调整从而得到其现金净流量。会计利润在计算时,扣除了折旧、摊销等非付现成本,但非付现成本并不发生现金流出,所以要在会计利润的基础上加回,得到经营期现金净流量。经营期现金净流量的计算公式为

经营期某年现金净流量(NCF_t)=税后净利润+折旧(摊销)

(3) 直接考虑税后收入和成本。由于所得税的存在,项目的营业收入和付现成本都应该考虑其税后金额。折旧和摊销则具有抵减所得税的作用,其抵税数额成为项目的现金流入。

税后营业收入=营业收入×(1-税率)

税后付现成本=付现成本×(1-税率)

折旧(摊销)抵税=折旧(摊销)×税率

因此,经营期现金净流量可按下列公式计算为

经营期某年现金净流量(NCF_t) = 税后营业收入-税后付现成本+折旧(摊销)抵税
　　　　　　　　　　　　　= 营业收入×(1-税率)-付现成本×(1-税率)+折旧(摊销)×税率

这个公式可以根据间接法的公式推导得出

经营期某年现金净流量(NCF_t) = 税后净利润+折旧(摊销)
　　　　　　　　　　　　　=[营业收入-付现成本-折旧(摊销)]×(1-税率)+折旧(摊销)
　　　　　　　　　　　　　=营业收入×(1-税率)-付现成本×(1-税率)+折旧(摊销)×税率

【例 6-11】 A 公司为一大型服装生产企业,现为扩大规模拟投资建立一条新生产线。经测算,建立该生产线需投入固定资产 800 万元,建设期为 3 年,第 1 年年初投入 300 万元,第 2 年年初投入 400 万元,第 3 年年初投入 100 万元。固定资产使用寿命为 10 年,预计净残值为 40 万元,采用直线法计提折旧。完工投产时,垫支营运资金 60 万元。营运资金于生产线报废清理时收回。该生产线投产后预计每年取得 600 万元的营业收入,支付付现成本 450 万元。假设公司所得税税率为 25%,计算该生产线的初始现金净流量和经营现金净流量。

解:(1) 初始现金净流量:

$NCF_0 = -300$(万元); $NCF_1 = -400$(万元); $NCF_2 = -100$(万元); $NCF_3 = -60$(万元)

(2) 经营期现金净流量:

经营期每年计的折旧额=(800-40)÷10=76(万元)

经营期每年的营业利润=600-450-76=74(万元)

经营期每年的所得税=74×25%=18.5(万元)

经营期每年的净利润=74-18.5=55.5(万元)

① 直接法:600-450-18.5=131.5(万元)

② 间接法:55.5+76=131.5(万元)

③ 直接考虑税后收入和成本:

$NCF_{4\sim14}$= 600×(1-25%)-450×(1-25%)+76×25%=131.5(万元)

3. 终结点现金净流量的计算

终结点现金净流量主要是固定资产净残值收入和收回垫支的营运资金,两者可统称为回收额。

终结点现金净流量(NCF_n)=固定资产净残值收入+收回垫支的营运资金

【例 6-12】 利用[例 6-11]的资料,计算该生产线的终结点现金净流量。

解:终结现金净流量(NCF_n)=40+60=100(万元)

值得注意的是,项目计算期的第 n 期期末,既会产生经营现金净流量,又会产生终结现金净流量,一般在计算第 n 期期末现金净流量(NCF_n)时,需将两部分进行加总。

[例 6-11]与[例 6-12]的现金净流量可以通过编制现金流量表来反映,如表 6-1 所示。

表 6-1 A 公司新项目的现金流量表

单位:万元

时间(t)	0	1	2	3	4	5	…	14	合计
初始现金流量									
固定资产投资	-300	-400	-100						-800
垫支流动资金				-60					-60
经营现金流量									
营业收入					600	600	…	600	6 000

(续表)

时间(t)	0	1	2	3	4	5	...	14	合计
付现成本					450	450	...	450	4 500
折旧					76	76	...	76	760
营业利润					74	74	...	74	740
所得税					18.5	18.5	...	18.5	185
净利润					55.5	55.5	...	55.5	555
经营现金净流量					131.5	131.5	...	131.5	1 315
终结现金流量							...		
固定资产残值							...	40	
收回流动资金							...	60	
各年现金净流量	-300	-400	-100	-60	131.5	131.5		231.5	—

第二节 长期投资决策指标

企业的长期投资具有资金量大、回收时间长、投资风险高的特点,一旦决策失误会给企业带来重大的经济损失,因此必须采取客观、科学的手段和方法对投资项目进行财务可行性评价。项目财务可行性评价的核心是评价指标的计算与分析。

长期投资决策评价指标根据是否考虑货币的时间价值,可分为静态评价指标(非贴现指标)和动态评价指标(贴现指标)两大类。当静态指标与动态指标产生矛盾冲突时,应以动态指标为准,静态指标只能作为决策的辅助指标。

一、静态评价指标

静态评价指标又称非贴现指标,指标的计算没有考虑货币时间价值因素,主要包括静态投资回收期和投资报酬率。

(一) 静态投资回收期

静态投资回收期,简称回收期,是指以投资项目经营现金净流量抵偿原始投资额所需要的全部时间。通常用年表示。它有"包括建设期的回收期"和"不包括建设期的回收期"两种形式。

根据项目经营现金净流量的数量特点,静态投资回收期的计算分为以下两种方法。

1. 每年经营现金净流量相等时

如果项目投产后前若干年(假设为 m 年)，每年的经营现金净流量相等，且相等的经营现金净流量累计合大于原始投资额，即 $m×$投产后 m 年内每年相等的现金净流量(NCF)≥原始投资额，则可利下面的公式计算投资回收期。

$$投资回收期 = \frac{原始投资额}{每年相等的经营现金净流量}$$

式中，得到的投资回收期是不包括建设期的回收期，如果计算包括建设期的回收期，还需要再加上建设期的年限。

【例6-13】利用[例6-11]的数据，计算项目的投资回收期。

解：项目每年经营现金净流量相等，均为131.5万元，原始投资共860万元，所以

不包括建设期的投资回收期=860÷131.5=6.54(年)

包括建设期的投资回收期=3+6.54=9.54(年)

2. 每年经营现金净流量不相等时

需要将各年的现金净流量进行逐年累计，"累计现金净流量"为零的年限即为投资回收期。其公式为

投资回收期 = 最后一项为负值的累计净现金流量对应的年数 + 最后一项为负值的累计净现金流量绝对值 ÷ 下一年度净现金流量

式中，得到的投资回收期是包括建设期的投资回收期，同样可以减去建设期的年限，得到不包括建设期的回收期。

【例6-14】某项目各年现金净流量如表6-2所示，项目建设期为1年，计算项目的投资回收期。

表6-2 某项目各年现金净流量

时间 t	0	1	2	3	4	5	…	14
各年现金净流量	-200	-100	80	90	75	82	68	76
累计现金净流量	-200	-300	-220	-130	-55	27	95	171

解：包括建设期的投资回收期=4+55÷82=4.67(年)

不包括建设期的投资回收期=4.67－1=3.67(年)

投资回收期反映了收回原始投资额的时间，其值越小，收回原始投资的时间越短，方案就越有利。只有回收期指标小于或等于基准投资回收期的投资项目才具有财务可行性。如果多个项目都具有财务可行性，那么回收期最短的方案为最优方案。

静态投资回收期的优点是计算简单，容易理解，能够直观地反映原始投资的返本期限，

可以直接利用回收期之前的净现金流量信息。但缺点是没有考虑货币时间价值因素和回收期满后继续发生的净现金流量，不能正确反映投资方式不同对项目的影响。因此，一般将其作为项目决策的辅助指标。

（二）投资报酬率

投资报酬率是项目投资方案的年平均净利润占原始投资额的百分比，即

$$投资报酬率 = \frac{年平均净利润}{原始投资额} \times 100\%$$

【例 6-15】利用[例 6-11]的数据，计算项目的投资报酬率。

$$投资报酬率 = \frac{55.5}{860} \times 100\% = 6.45\%$$

投资项目的投资报酬率越高越好，只有投资报酬率指标大于或等于基准投资报酬率指标的投资项目才具有财务可行性。如果多个项目都具有财务可行性，那么投资报酬率最大的方案为最优方案。

投资报酬率的优点是计算简单；缺点是没有考虑货币时间价值因素，不能正确反映建设期长短、投资方式及回收额的有无等条件对项目的影响，分子、分母的计算口径的可比性差，无法直接利用现金净流量信息。

二、动态评价指标

动态评价指标又称贴现指标，指标的计算需要考虑货币时间价值因素，主要包括净现值、现值指数、内部收益率。

（一）净现值

净现值(net present value，NPV)是指在项目计算期内，按一定折现率计算的各年现金净流量现值的代数和。净现值的计算公式为

$$\text{NPV} = \sum_{t=0}^{n} \frac{\text{NCF}_t}{(1+i)^t} = \sum_{t=0}^{n} \text{NCF}_t \times (P/F, i, t)$$

其中，n 为项目计算期；NCF_t 为第 t 年的现金净流量；$(P/F, i, t)$ 为第 t 年、折现率为 i 的复利现值系数。

计算机技术的广泛运用，使复杂的决策指标计算变得简单，净现值也可以通过计算机的专业软件进行计算。如在 Excel 环境下，可以通过插入财务函数"NPV"，并根据计算机系统的提示，正确地输入已知的基准折现率和电子表格中的现金净流量，就可求得净现值。

净现值是投资项目决策时常用的指标。对单一方案而言，如果投资项目的净现值大于或等于零，项目具有财务可行性；如果投资项目的净现值小于零，则项目不具有财务可行性；在多个互斥方案的决策中，应选择净现值为正且最大的方案作为最优决策方案。

【例 6-16】A 公司因业务发展的需要，准备购入一台新设备。现有甲、乙两个方案可供选择。甲方案需投资 500 000 元，使用寿命为 5 年，采用直线法折旧，5 年后设备无残值，5 年中每年销售收入为 280 000 元，每年的付现成本为 95 000 元。乙方案需投资 200 000 元，使用寿命也为 5 年，5 年后有净残值收入为 40 000 元，采用直线法折旧，5 年中每年的销售收入为 136 000 元，付现成本第一年为 60 000 元，以后随着设备陈旧，逐年将增加修理费 5 000 元，另需垫支流动资金 30 000 元，流动资金于设备报废时收回。假设公司所得税税率为 25%，两个方案均不存在建设期，设备安装调试后立即投入生产，公司资本成本率为 10%。

要求：(1) 计算两个方案的现金净流量。

(2) 计算两个方案的净现值。

(3) 以净现值作为决策依据，公司应选择哪种方案？

解：(1) 甲方案的现金净流量为：

NCF_0= -500 000(元)

每年折旧=500 000÷5=100 000(元)

NCF_{1-5}= 280 000×(1-25%)-95 000×(1-25%)+100 000×25%=163 750(元)

乙方案的现金净流量为：

NCF_0= -(200 000+30 000)= -230 000(元)

每年折旧=(200 000-40 000)÷5=32 000(元)

NCF_1= 136 000×(1-25%)-60 000×(1-25%)+32 000×25%=65 000(元)

NCF_2= 136 000×(1-25%)-65 000×(1-25%)+32 000×25%=61 250(元)

NCF_3= 136 000×(1-25%)-70 000×(1-25%)+32 000×25%=57 500(元)

NCF_4= 136 000×(1-25%)-75 000×(1-25%)+32 000×25%=53 750(元)

NCF_5= 136 000×(1-25%)-80 000×(1-25%)+32 000×25%+40 000+30 000
= 120 000(元)

(2) 甲方案的净现值：

$NPV_甲$=163 750×$(P/A, 10\%, 5)$-500 000=120 743.5(元)

乙方案的净现值：

$NPV_乙$=65 000×$(P/F, 10\%, 1)$+61 250×$(P/F, 10\%, 2)$+57 500×$(P/F, 10\%, 3)$+
53 750×$(P/F, 10\%, 4)$+120 000×$(P/F, 10\%, 5)$-230 000=34 127.5(元)

(3) 因为甲方案的净现值大于乙方案的净现值，所以公司应选择甲方案。

净现值的优点是综合考虑了货币的时间价值，能较合理地反映投资项目能为企业创造的价值；考虑了项目计算期内的全部现金净流量，体现了流动性与收益性的统一；考虑了投资风险，因为折现率的大小与风险大小有关，风险越大，折现率取值就越高。但该指标的缺点也非常明显，净现值不能反映投资项目的实际收益率水平；净现值是绝对值，当各项目原始投资额不等或项目计算期不同时，不便于进行比较；净现值的折现率在选择确认上存在一定困难，从而影响项目的可行性。

> **课堂讨论**
>
> **人生的价值如何衡量**
>
> 公司项目的价值可以用净现值来衡量，人生的价值应如果衡量呢？是看自己能赚多少钱？能有多高的社会地位？能为社会和他人贡献什么？还是回报养育我们的父母、支持我们的爱人、关心我们的朋友？
>
> 请结合你的成长环境，谈谈如何衡量人生的价值。

(二) 现值指数

现值指数(profitability of index，PI)又称获利指数或现值比率，是指项目投产后按一定折现率计算的经营期内各年现金净流量的现值合计与原始投资现值合计的比值。现值指数的计算公式为

$$PI = \frac{\sum_{t_1=s+1}^{n} NCF_{t_1} \times (P/F, i, t_1)}{\left| \sum_{t_2=0}^{s} NCF_{t_2} \times (P/F, i, t_2) \right|}$$

现值指数与净现值的关系是：当净现值大于 0 时，现值指数大于 1；当净现值等于 0 时，现值指数等于 1；当净现值小于零时，现值指数小于 1。

对单一方案而言，现值指数大于或等于 1，方案具有财务可行性；现值指数小于 1，则不具财务可行性。如多个方案是独立的，不存在互斥关系，现值指数均大于或等于 1 时，那么应优先选择现值指数最大的方案；如多个方案是互斥的，则应以净现值最大的方案为最优方案。因为在项目资金允许的情况下，净现值考虑了资金的应计利息，净现值最大的方案意味着能最大限度地增加企业价值。

【例 6-17】 利用[例 6-16]中的数据，计算甲、乙两方案的现值指数。

解： 甲方案的现值指数为：

$PI_甲 = 163\,750 \times (P/A, 10\%, 5) \div 500\,000 = 1.24$

乙方案的现值指数为：

$PI_乙 = [65\,000 \times (P/F, 10\%, 1) + 61\,250 \times (P/F, 10\%, 2) + 57\,500 \times (P/F, 10\%, 3) + 53\,750 \times (P/F, 10\%, 4) + 120\,000 \times (P/F, 10\%, 5)] \div 230\,000 = 1.15$

现值指数的优点是考虑了货币的时间价值,是一个相对数,有利于在初始投资额不同的投资方案之间进行对比。其缺点是现值指数与净现值一样,都不能反映投资项目的实际收益率水平,其值受折现率选择的影响。

在计算净现值和现值指数时,都需要事先确定折现率,折现率一般可选择企业自身的资本成本率、行业平均收益率、企业投资的机会成本率等。无论选择哪种折现率,都要注意折现率的高低需要体现项目的风险,风险越大,选择的折现率越高。

(三) 内部收益率

内部收益率(internal rate of return,IRR)又称内含报酬率,是使投资项目的净现值等于零的折现率,它反映了投资项目的真实报酬。内部收益率满足的等式为

$$\sum_{t=0}^{n} \text{NCF}_t \times (P/F, \text{IRR}, t) = 0$$

从上面的等式可以看出,计算净现值必须事先选择一个适当的折现率,而内部收益率的计算是先令净现值等于零,然后计算出能使净现值等于零的折现率。所以,内部收益率实际上反映了项目本身的真实报酬率。内部收益率的计算比净现值和现值指数更复杂,具体分为两种情况。

1. 现金净流量相等

经营期(含终结点)各年现金净流量相等,全部投资均于建设起点一次投入,建设期为零。

经营期(含终结点)各年现金净流量相等,第 1 至第 n 期每期现金净流量属于普通年金。由此可以得到的公式为

经营期每年相等的现金净流量(NCF)×年金现值系数$(P/A,\text{IRR},n)$-原始投资总额=0

此时,内含收益率具体的计算步骤如下:

(1) 计算年金现值系数$(P/A,\text{IRR},n)$,即

$$\text{年金现值系数}(P/A, \text{IRR}, n) = \frac{\text{原始投资额}}{\text{经营期每年相等的现金净流量}}$$

(2) 查"年金现值系数表",在项目计算期 n 内,找出与上述年金现值系数最相近的两个年金现值系数及其对应的折现率,确定内含收益率的范围。

(3) 根据邻近的折现率和相关年金现值系数,用插值法求出内含收益率。

【例6-18】利用[例6-16]的数据,计算甲方案的内部收益率。

解:因为甲方案现金净流量满足上述方法的条件,所以可以得到:

163 750×$(P/A,\text{IIR}_甲,5)$-500 000=0

$(P/A,\text{IIR}_甲,5)$=500 000÷163 750=3.053 4

查年金现值系数表,当 $n=5$ 时,查到与 3.053 4 最相近的两个年金现值系数分别为 3.127 2 和 2.990 6,对应的折现率分别为 18%和 20%。用插值法计算为

$$\begin{cases} 18\% & 3.127\ 2 \\ \text{IRR}_\text{乙} & 3.053\ 4 \\ 20\% & 2.990\ 6 \end{cases}$$

$$\frac{\text{IRR}_\text{乙} - 18\%}{20\% - 18\%} = \frac{3.053\ 4 - 3.127\ 2}{2.990\ 6 - 3.127\ 2}$$

$$\text{IRR}_\text{乙} = 19.08\%$$

2. 现金净流量不等

经营期内各年现金净流量不相等,或存在建设期。若投资项目在经营期内各年现金净流量不相等、建设期不为零或原始投资额是在建设期内分次投入的情况下,不能采用上述简便方法,必须按定义公式采用"逐次测试法",计算使净现值等于零的折现率,得到内含收益率。其计算步骤如下:

(1) 首先估计一个折现率,并按此贴现率计算净现值。如果净现值大于零,说明方案的实际内含收益率大于预计的折现率,应提高折现率再进一步测试;如果净现值小于零,说明方案本身的报酬率小于预计的折现率,应降低折现率再进行测算。如此反复,经过多次测试,得到使净现值由正到负或由负到正且接近零的两个折现率。

(2) 根据上述两个相邻的折现率用插值法求出方案的内含收益率。由于逐步测试法是一种近似方法,因此相邻的两个折现率不能相差太大(一般要求不越过5%),否则误差会很大。

【例 6-19】利用[例 6-16]的数据,计算乙方案的内部收益率。

解:因为乙方案经营现金净流量各年不相等,如表 6-3 所示,则需进行逐次测试法。

表6-3 乙方案经营现金净流量相关资料

年份 t	各年现金净流量(NCF)	$i=16\%$		$i=15\%$	
		$(P/F, i, t)$	现值	$(P/F, i, t)$	现值
0	-230 000		-230 000		-230 000
1	65 000	0.862 1	56 036.50	0.869 6	56 524
2	61 250	0.743 2	45 521	0.756 1	46 311.13
3	57 500	0.640 7	36 840.25	0.657 5	37 806.25
4	53 750	0.552 3	29 686.13	0.571 8	30 734.25
5	120 000	0.476 2	57 144	0.497 2	59 664
NPV			-4 772.12		1 039.63

用插值法计算：

$$\begin{cases} 16\% & -4\,772.12 \\ IRR_乙 & 0 \\ 15\% & 1\,039.63 \end{cases}$$

$$\frac{IRR_乙-16\%}{15\%-16\%}=\frac{0-(-4\,772.12)}{1\,039.63-(-4\,772.12)}$$

$$IRR_乙=15.18\%$$

净现值、现值指数与内部收益率的关系是：当净现值大于 0 时，现值指数大于 1，内部收益率大于资本成本率；当净现值等于 0 时，现值指数等于 1，内部收益率大等于资本成本率；当净现值小于 0 时，现值指数小于 1，内部收益率小于资本成本率。

对单一方案而言，内部报酬率大于或等于企业的资本成本或必要报酬率时具有财务可行性。如果多个方案是独立的，不存在互斥关系，内部收益率均大于或等于企业的资本成本或必要报酬率时，那么应优先选择内部收益率最大的方案。如多个方案是互斥，与现值指数决策一样，仍应以绝对值指标净现值作为决策标准。

内部收益率的优点为它是一个动态相对量指标，既考虑了货币时间价值，又能从动态的角度直接反映投资项目的实际报酬率，不受折现率高低的影响，比较客观。该指标的缺点是手工计算过程比较复杂，但在 Excel 环境下利用 IRR 财务函数也可以快速计算出项目的内部收益率。

第三节　几种典型的长期投资决策

一、单纯固定资产投资项目决策

单纯固定资产投资项目是指原始投资只涉及固定资产投资，而不涉及无形资产投资、其他资产投资和营运资金垫支的投资项目。相对于完整的工业投资项目而言，单纯固定资产投资的特点是投入资金形式上比较单一，经营期现金净流量的构成也相对简单。

单纯固定资产投资决策主要是对单纯固定资产投资进行可行性分析，所采用的指标可以是净现值、内部收益率、现值指数等动态指标，也可以是回收期、投资报酬率等静态指标。但值得注意的是，应以动态指标为主，静态指标为辅。

【例 6-20】某企业拟购买一台机器设备，需要一次性投资 600 万元。设备安装调试后可立即投入生产经营，建设期为 0。该机器设备采用直线法折旧，使用寿命为 10 年，预计残值为 50 万元。设备投产后，每年可为企业增加营业收入 250 万元，增加付现成本 130 万元。企业资金成本率为 12%，所得税税率为 25%。企业对该设备的基准投资回收期为 4 年。

要求：(1) 利用静态投资回收期对该固定资产投资进行决策；
　　　(2) 利用净现值对该固定资产投资进行决策；

(3) 利用内部收益率对该固定资产投资进行决策。

解：设备年折旧额=(600-50)÷10=55(万元)

设备各年的现金净流量：

$NCF_0 = -600$(万元)

$NCF_{1\sim9} = 250 \times (1-25\%) - 130 \times (1-25\%) + 55 \times 25\% = 103.75$(万元)

$NCF_{10} = 103.75 + 50 = 153.75$(万元)

(1) 设备的静态投资回收期：

$$PP = 600 \div 103.75 = 5.78(年)$$

因为设备静态投资回收期大于基准投资回收期，所以从静态投资回收期来看，购买该设备是不可行的。

(2) 设备的净现值：

$NPV = 103.75 \times (P/A, 12\%, 10) + 50 \times (P/F, 12\%, 10) - 600 = 2.31$(万元)

因为设备净现值大于0，所以从净现值来看，购买该设备是可行的。

(3) 设备的内部收益率：

令 $i = 14\%$

则 $NPV = 103.75 \times (P/A, 14\%, 10) + 50 \times (P/F, 14\%, 10) - 600 = -45.35$(万元)

用插值法计算：

$$\begin{cases} 12\% & 2.31 \\ IRR & 0 \\ 14\% & -45.35 \end{cases}$$

$$\frac{IRR - 12\%}{14\% - 12\%} = \frac{0 - 2.31}{-45.35 - 2.31}$$

$$IRR = 12.10\%$$

因为设备内部收益率大于企业资本成本率，所以从内部收益率来看，购买该设备也是可行的。

综上所述，设备的净现值和内部收益率都可行，但静态投资回收期不可行，应以动态指标为准。所以购买设备是可行的。

二、完整工业投资项目决策

完整工业投资项目与单纯固定资产投资项目相比，投入资金形式更多样化，不但包括固定资产投资，而且可能会涉及无形资产投资、其他资产投资和营运资金垫支。因此完整工业投资项目经营期现金净流量的构成更复杂，非付现成本除了折旧外还会涉及无形资产摊销，在终结点也涉及营运资金收回等问题，在进行可行性分析时，需要更全面地预测项目的现金净流量。但在决策方法上和指标的运用上，完整工业投资项目决策与单纯固定资产投资项目决策并没有区别。

【例6-21】 项目原始投资2 000万元,其中固定资产投资1 500万元,营运资金投资200万元,其余为无形资产投资,全部投资的来源均为自有资金。项目建设期为2年,经营期为10年,固定资产投资在建设期每年年初分别投入800万元和700万元,无形资产和流动资金在项目完工时(第2年年末)投入。固定资产的寿命期为10年,按直线法计提折旧,期满有100万元的净残值;无形资产在投产后的经营期内平均摊销;营运资金于终结点一次收回。预计项目投产后,每年产发营业收入和付现成本分别为1 200万元和500万元,所得税税率为25%,该项目不享受减免所得税的待遇。企业资金成本率为14%,对该项目包括建设期的基准投资回收期为6年。

要求:(1) 利用静态投资回收期对项目投资进行决策。
(2) 利用净现值对项目投资进行决策。

解:无形资产投资额=2 000-1 500-200=300(万元)

固定资产年折旧额=(1 500-100)÷10=140(万元)

无形资产年摊销额=300÷10=30(万元)

项目各年的现金净流量:

建设期各年现金净流量

NCF_0= -800(万元)

NCF_1= -700(万元)

NCF_2= -300-200= -500(万元)

经营期各年现金净流量

$NCF_{3\sim11}$= 1 200×(1-25%)-500×(1-25%)+(140+30)×25%=567.5(万元)

NCF_{12}=567.5+100+200=867.5(万元)

(1) 项目的静态投资回收期:

不包括建设期的回收期=2 000÷567.5=3.52(年)

包括建设期的回收期=3.52+2=5.52(年)

因为项目包括建设期的投资回收期小于基准投资回收期,所以从回收期来看,投资该项目是可行的。

(2) 项目的净现值:

NPV=567.5×(P/A, 14%, 10)×(P/F, 14%, 2)+300×(P/F, 14%, 12)-500×(P/F, 14%, 2)-700×(P/F, 14%, 1)-800=541.32(万元)

因为项目净现值大于0,所以从净现值来看,投资该项目是可行的。

三、固定资产更新决策

固定资产更新决策是企业长期投资决策的一项重要内容。与继续使用旧设备相比,使用新设备有利于企业提高产品质量,节约能源耗费。但显然,新设备的购置需要投入资金。因此,是否进行更新,企业需要对两个方案进行认真分析,运用投资决策指标得出客观、科学的结论。

1. 固定资产更新注意事项

与新建项目相比,固定资产更新决策中现金净流量的估算更复杂。在进行更新决策现金流量估算时,需特别注意以下几方面:

(1) 旧设备原始购置成本是已经发生的支出,属于沉没成本,不对现金流量产生影响。

(2) 如果选择使用新设备替代旧设备,旧设备可以进行变卖,其变现净收入是现金流入量。但如果选择继续使用旧设备,则放弃了取得变卖旧设备的变现净收入,成为继续使用旧设备的机会成本,可以将变现净收入作为继续使用旧设备的投资额。

(3) 旧设备变卖时所产生的变现净收入与税法规定的残值可能产生差异,从而产生营业外收入或支出,进而对所得税产生影响,所以进行更新决策时必须考虑旧设备变现损失抵税或变现收益纳税的影响。

2. 固定资产更新决策的方法

固定资产更新决策的方法一般有如下两种:

(1) 如果新、旧设备继续使用年限相同,可以将继续使用旧设备和更新为新设备看成是两个互斥方案,通过计算两个方案的差额现金流量,使用差额投资内部收益率法进行决策。当更新改造项目的差额内部收益率指标大于或等于企业资本成本率或基准折现率时,应当选择更新;否则,就应当继续使用旧设备。

(2) 如果新、旧设备继续使用年限不同,无法计算两方案的差额现金流量,此时可分别计算两个方案的年均净现值,选择年均净现值大的方案作为最优方案。如果设备更新不改变企业的生产能力,不增加企业的现金流入量,更新决策现金流量主要是现金流出量(少量残值收入可以看成是现金流出的抵减),因此还可通过计算两个方案的平均年成本,选择平均年成本较低的方案作为最优方案。

【例6-22】某公司正在考虑用一台新设备代替旧设备,以减少成本、增加收益。旧设备原购置成本为80万元,已使用3年,估计还可使用5年,预计残值为8万元。继续使用旧设备每年取得营业收入50万元,付现成本20万元。该公司现准备用一台新设备来代替原有的旧设备,新设备购置成本为85万元,估计可使用5年,预计残值为10万元,使用新设备后,每年收入为75万元,付现成本35万元。假定该公司的资本成本为8%,所得税率为25%,新、旧设备均采用直线法计提折旧,折旧方法和预计残值的估计均与税法的规定相同。如果现在出售旧设备变现净收入为45万元。

要求:(1) 计算更新设备各年的差额净现金流量 $\Delta NCF_{0\sim 5}$。

(2) 计算差额投资内部收益率,并决定是否应该替换旧设备。

解：旧设备每年折旧额=(80-8)÷8=9(万元)

旧设备已提折旧额=9×3=27(万元)

旧设备账面余值=80-27=53(万元)

旧设备变现净损失=53-45=8(万元)

旧设备变现净损失抵税= 8×25% = 2(万元)

所得税是现金流出，抵减所得税是现金流入，但由于继续使用旧设备，无法获得旧设备变现净收入和变现净损失抵税。因此，丧失的旧设备变现净收入和变现净损失抵税是继续使用旧设备的现金流出。

(1) 计算更新设备各年的差额净现金流量。

继续使用旧设备各年的现金净流量：

NCF_0= -45-2=-47(万元)

NCF_{1-4}=50×(1-25%)-20×(1-25%)+9×25%=24.75(万元)

NCF_5= 24.75+8=32.75(万元)

新设备每年折旧额=(85-10)÷5=15(万元)

使用新设备各年的现金净流量：

NCF_0= -85(万元)

NCF_{1-4}=75×(1-25%)-35×(1-25%)+15×25%=33.75(万元)

NCF_5=33.75+10=43.75(万元)

使用新设备和继续使用旧设备各年的差额现金净流量：

ΔNCF_0= -85- (-47) = -38(万元)

ΔNCF_{1-4}=33.75-24.75=9(万元)

ΔNCF_5= 43.75-32.75=11(万元)

(2) 计算差额投资内部收益率。

当 i=8%

$\Delta NPV = 9 \times (P/A, 8\%, 4) + 11 \times (P/F, 8\%, 5) - 38 = -0.70$(万元)

当 i=6%

$\Delta NPV = 9 \times (P/A, 6\%, 4) + 11 \times (P/F, 6\%, 5) - 38 = 1.41$(万元)

用插值法计算：

$$\begin{cases} 8\% & -0.70 \\ \Delta IRR & 0 \\ 6\% & 1.41 \end{cases}$$

$$\frac{\Delta IRR - 8\%}{6\% - 8\%} = \frac{0 - (-0.70)}{1.41 - (-0.70)}$$

$IRR = 7.34\%$

因为差额内部收益率小于企业资本成本率，应该继续使用旧设备。

也可以直接计算出继续使用旧设备和使用新设备两个方案的净现值或内部收益率，然后比较大小，选择净现值或内部收益率较大的方案。

【例6-23】 某公司正在考虑用一台新设备代替旧设备。新设备与旧设备的生产能力相同，即每年营业收入产生的现金流量相同。公司的资本成本为10%，所得税率为25%，其他资料如表6-4所示。

表6-4 新旧设备相关资料

单位：万元

项目	旧设备	新设备
账面原值	3 000	2 000
预计使用年限/年	6	5
尚可使用年限/年	4	5
目前变现价值	1 600	2 000
每年付现成本	400	320
预计净残值	150	100

说明：新、旧设备均采用直线法折旧，折旧方法和预计净残值均与税法规定相同。

要求：分别计算两个方案的平均年成本，确定公司是否应进行更新改造。

解：旧设备每年折旧额=(3 000－150)÷6=475(万元)

旧设备年折旧额抵税=475×25%=118.75(万元)

旧设备账面余值=3 000－475×2=2 050(万元)

旧设备变现净损失=2 050－1 600=450(万元)

旧设备变现净损失抵税=450×25%=112.5(万元)

旧设备年税后付现成本=400×(1－25%)=300(万元)

旧设备相关数据如表6-5所示。

表6-5 旧设备相关数据

单位：万元

项目	现金流量	时间	现值系数	现值
旧设备变现价值	－1 600.00	0	1	－1 600
旧设备变现净损失抵税	－112.50	0	1	－112.5
年税后付现成本	－300.00	1—4	3.169 9	－950.97
折旧抵税	118.75	1—4	3.169 9	376.43
净残值收入	150.00	4	0.683 0	102.45
合 计				－2 184.59

旧设备的平均年成本=2 184.59÷(P/A，10%，4)=689.17(万元)
新设备每年折旧额=(2 000-100)÷5=380(万元)
新设备年折旧额抵税=380×25%=95(万元)
新设备年税后付现成本=320×(1-25%)=240(万元)
新设备相关数据如表6-6所示。

表6-6 新设备相关数据

项目	现金流量	时间	现值系数	现值
新购买成本	-2 000	0	1	-2 000
年税后付现成本	-240	1—5	3.790 8	-909.79
折旧抵税	95	1—5	3.790 8	360.13
净残值收入	100	5	0.620 9	62.09
合计				-2 487.57

新设备的平均年成本=2 487.57÷(P/A，10%，5)=656.21(万元)
因为使用新设备的平均年成本小于继续使用旧设备的平均年成本，所以应该进行更新。

> **课堂讨论**
>
> 终身学习背景下，如何提高自身的价值创造能力
>
> 通过本章的学习，我们了解到项目可行性可以通过净现值、内部收益率等指标来开展其财务可行性评价，特别是净现值，可以直观地反映项目为公司创造价值的能力。从净现值角度看，要提升项目对公司的价值，主要通过提高项目现金流的创造能力，同时控制现金流风险，以最大化项目的价值。那么从人生成长发展的角度看，在终身学习的时代背景下，应如何投资自我，提升自身的价值创造能力呢？

思 考 题

1. 什么是货币时间价值，其在企业长期投资决策中起到什么作用？
2. 什么是复利终值和复利现值？
3. 什么是年金？年金有哪几种类型？
4. 预付年金终值和现值与普通年金终值和现值在计算中存在什么样的转换关系？
5. 长期投资决策中所分析的项目计算期是如何构成的？
6. 什么是现金流量？它包括哪些内容？
7. 进行长期投资决策时为什么使用现金流量而不是利润？
8. 长期投资决策中的静态评价指标有哪些？说明这些指标的优缺点。

9. 长期投资决策中的动态评价指标有哪些？说明这些指标的优缺点。
10. 长期投资决策中的动态评价指标间存在什么关系？

延伸阅读

1. 《管理会计应用指引 500——投融资管理》
2. 《管理会计应用指引 501——贴现现金流法》
3. 《管理会计应用指引 502——项目管理》

投融资管理

贴现现金流法

项目管理

第七章

全 面 预 算

学习目标

通过本章的学习，要求学生：
- 了解全面预算的概念及作用。
- 了解全面预算的编制程序。
- 理解全面预算主要的编制方法。
- 掌握弹性预算的基本原理。
- 掌握零基预算的基本原理。
- 了解滚动预算的基本原理。

引导案例

重庆长江电工工业集团有限公司是一家创建于1905年的国有企业，已有百年历史，是重庆市的第一家工业企业，一直居重庆工业企业前50强。随着内外部运营环境的一系列变化，公司管理工作的复杂性和不确定性日益提升，因此公司立足实际适时开展了全面预算管理。

公司的全面预算管理体系建立在业务运营系统之上，其源头是业务计划，基础是业务预算，薪酬预算和资本预算是重要支撑，最终以财务预算的形式将特定周期的运营过程预先反映出来。公司通过业务计划提前规划各职能单位将要做什么事；通过编制业务预算、薪酬预算和资本预算明确特定作业所需的资源支撑；在预算委员会牵头组织"三上三下"的沟通和审核过程中完成对作业活动的效果评估及资源配置方案；最终通过监控各项预算的执行实现对运营过程的及时管理控制。

问题：
1. 全面预算管理体系应该包括哪些内容？
2. 公司应该如何编制适合自身的预算？
3. 预算编制有哪些方法？

第一节 全面预算的作用及编制程序

一、全面预算的概念及作用

预算是指企业计划的数量说明,是企业决策目标的具体化。全面预算是把通过决策所确定的目标或方案,转化为企业各部门的具体目标,并用数量形式全部反映出来。全面预算涉及一个企业供、产、销的全过程,包括了企业生产部门及职能管理部门的全部经济活动。通过全面预算,一方面将企业目标具体化,另一方面也为将来对各部门的考核确定基本的尺度和标准。全面预算的作用具体表述如下。

1. 实现各部门的工作目标

通过全面预算不仅使企业一定时期内的总目标能准确地用数量形式表示出来,同时也使企业的总目标具体化,并落实到各个具体部门或单位。各部门据此制订出本单位实现目标的途径及措施,使企业总目标与各部门、单位的分目标相互配合协调,使全体职工清楚了解企业目标与自己工作的关系,有利于充分调动全体职工的积极性,为完成企业总目标而共同努力。

2. 协调各部门的日常工作

编制全面预算使企业各部门清楚自己在整个企业的全部工作中所处的地位和作用。在保证总目标的前提下,通过全面预算统筹兼顾,全面安排,使各个部门的经营活动不仅能完成各自的分目标,同时也有利于企业总目标的实现。

3. 控制各部门的经济活动

预算都是在实际发生以前制定的,不可能与实际情况完全一致,各部门在实际执行过程中很可能会出现偏差。这就必须根据企业预算,结合实际执行情况找出形成差异的原因,并及时采取措施纠正偏差,挖掘企业的内部潜力,以保证企业总目标和各部门分目标的实现。

4. 提供考核各部门实际业绩的依据

全面预算不仅是控制企业日常经济活动的依据,同时也是考核各部门一定时期工作成绩的重要依据。根据企业的预算,不仅可以计算出企业各部门一定时期工作量的偏差,也可以分析企业各部门工作成绩优劣的原因和影响因素,从而正确评价各部门的工作绩效,并为下一时期的预算编制提供参考依据。

二、全面预算的编制程序

为了保证全面预算真正发挥作用,企业编制全面预算时,一方面必须充分考虑现有的生产能力和条件,不能人为地拔高预算,另一方面必须充分利用现有的条件和资源,使预算具备先进性、全面性、完整性,具备指导作用和激励作用。一般来说,企业全面预算的编制程序应包括如下几个步骤。

(1) 明确企业的经营目标。在预算期开始前一个季度,由企业的最高决策阶层提出企业未来预算期的总目标。

(2) 企业各部门编制、修改分项预算。企业各部门的有关人员根据企业的总目标,结合本部门的实际情况,编制、修改本单位的分项预算,并按规定时间报企业预算委员会。

(3) 企业预算委员会编制、修改企业总预算。企业预算委员会根据各单位的分项预算,经过反复分析、审查、协调后,汇总编制企业的全面预算。

(4) 企业的最高决策层审查批准企业的总预算。企业预算委员会将汇总后的全面预算报企业最高决策层审查批准,然后由预算委员会通告下属各单位贯彻执行企业的全面预算。

第二节 全面预算的内容及编制方法

一、全面预算的内容

企业的全面预算包括一整套预算报表和其他附表,是以预算形式集中反映企业一定时期的经营活动,以及财务成果的形成与分配情况。全面预算的主要内容由业务预算、财务预算及资本预算三部分组成。

(1) 业务预算,是企业预算期内日常发生的各种经营活动的预算,主要包括销售预算、生产预算、直接材料预算、直接人工预算、制造费用预算、单位成本预算、销售及管理费用预算。

(2) 财务预算,是企业预算期内有关现金收支、财务成果及财务状况的预算,主要包括现金收支预算、预计利润表、预计资产负债表等内容。

(3) 资本预算,是指需要投入大量资金,对企业若干预算期的收益有影响的一次性专门预算。

二、全面预算的编制方法

(一) 销售预算的编制

销售预算是编制全面预算的出发点,全面预算的其他各个项目,如生产、材料采购、人工费用等方面的预算,都要以销售预算为基础。

销售预算主要由预计销售量、销售单价和销售收入三部分组成。为了编制预算期的现金收支预算,在销售预算中通常还包括预期的现金收入表,计算预算期内可以收到的现金收入。预期的现金收入包括上期销售将于本期收到的现金和本期销售可于本期收到的现金。

【例7-1】兴华公司计划年度生产甲产品,2020年末应收账款余额为276 000元,每个季度销售的甲产品当期收到的现金占40%,其余60%在下季度收回。则该公司甲产品的销售预算如表7-1所示。

表 7-1　兴华公司甲产品的销售预算

2021 年度　　　　　　　　　　　　　　　　　　　　　　单位：元

项目	第一季度	第二季度	第三季度	第四季度	合计
预计销售量/件	2 000	2 150	2 200	2 080	8 430
销售单价	250	250	250	250	250
销售收入	500 000	537 500	550 000	520000	2 107 500
预期的现金收入					
应收账款(2020 年年末)	276 000				276 000
第一季度销售额	200 000	300 000			500 000
第二季度销售额		215 000	322 500		537 500
第三季度销售额			220 000	330 000	550 000
第四季度销售额				208 000	208 000
现金收入合计	476 000	515 000	542 500	538 000	2 071 500
应收账款余额(2021 年年末)=520 000×60% = 312 000 元					

(二) 生产预算的编制

生产预算的编制应以销售预算为基础，在产品的生产量与销售量不一致的情况下，还应考虑产品的期初、期末存量。它们之间的关系可用公式表示为

预算期生产量=预算期销售量＋预算期末结存量－预算期初结存量

式中，预算期销售量根据销售预算确定；预算期初结存量就是上一预算期的期末结存量；预算期末结存量通常根据销售情况加以确定。实践中，一般是按事先估计的期末结存量占下一预算期销售的一定比例进行估算。

【例7-2】假设兴华公司各季度的期末存货结存量按下一季度销售量的10%计算，年末预计甲产品结存量为210件，2021年初的甲产品结存量为200件，则甲产品生产预算如表7-2所示。

表 7-2　兴华公司甲产品的生产预算

2021 年度　　　　　　　　　　　　　　　　　　　　　　单位：件

项目	一季度	二季度	三季度	四季度	合计
预计销售量	2 000	2 150	2 200	2 080	8 430
加：预计期末存货	215	220	208	210	210
合计	2 215	2 370	2 408	2 290	8 640
减：预计期初存货	200	215	220	208	200
预计生产量	2 015	2 155	2 188	2 082	8 440

(三) 直接材料预算的编制

根据生产预算所确定的预算期生产量,可以确定预算期的材料耗用量,结合预算期的期初、期末存量,就可以确定预算期材料采购量,从而编制直接材料预算。

预算期材料采购量=预算期生产量×单位产品耗用量
+预算期末材料结存量−预算期末材料结存量

根据预算期的材料采购量及材料单价和相应的采购费用,就可以确定材料的采购成本,由于材料采购与现金支出有关,因此,在直接材料预算中通常还包括现金支出的计算,为以后编制现金收支预算提供资料。在材料方面的预期现金支出,包括上期采购将于本期支付的现金和本期采购应由本期支付的现金。

【例7-3】兴华公司生产甲产品的材料单位耗用定额为8千克,每千克的材料单位成本为1元,假设每季度购料款在当期只支付40%,其余60%下季度付清,各季度期末存货按下一季度耗用量的10%计算,2020年末材料结存量为16 000千克,2021年末预计材料结存量为18 000千克,应付账款余额为64 000元,则甲产品的直接材料预算如表7-3所示。

表7-3 兴华公司甲产品的直接材料预算
2021年度 单位:元

项目	一季度	二季度	三季度	四季度	合计
预计生产量	2 015	2 155	2 188	2 082	8 440
单位产品耗用量	80	80	80	80	80
预计生产需用量	161 200	172 400	175 040	166 560	675 200
加:预计期末材料结存量	17 240	17 504	16 656	18 000	18 000
合计	178 440	189 904	191 696	184 560	744 600
减:预计期初材料结存量	16 000	17 240	17 504	16 656	16 000
预计材料采购量	162 440	172 664	174 192	167 904	728 600
材料单位成本	1	1	1	1	1
预计材料采购金额	162 440	172 664	174 192	167 904	728 600
预期现金支出					
2021年初应付账款	64 000				64 000
一季度采购额	64 976	97 464			162 440
二季度采购额		69 065.6	103 598.4		172 664
三季度采购额			69 676.8	104 515.2	174 192
四季度采购额				67 161.6	67 161.6
现金支出合计	128 976	166 529.6	173 275.2	171 676.8	640 457.6
2021年末应付账款				167 904×60%=100 742.4元	

需要说明的是，当企业生产中需要耗用多种材料的时候，可以按照各种材料分别计算，之后汇总得到企业整个的直接材料预算。

(四) 直接人工预算的编制

直接人工预算也是以生产预算为基础编制的。根据预算期产量和单位产品人工小时，确定预算期人工总工时，再乘以单位人工工时的成本，就可得出直接人工成本。在计算时应注意单位工时，人工成本期初、期末的变化情况，以及不同工种、不同技术等级直接人工工时的成本差异。如不同工种、不同技术等级的单位人工工时成本不相等时，应分别计算各工时、各等级的人工成本，再统一汇总，求出直接人工成本。为了简便，也可以对不同工种、不同技术等级的直接人工成本进行平均人工成本的计算。

$$预算期直接人工成本=预算期产量\times\sum(单位产品需用工时\times单位工时直接人工成本)$$

【例 7-4】 兴华公司生产甲产品需用直接人工工时 30 小时，每小时各工种、技术等级的单位工时平均成本为 2 元。则甲产品的直接人工预算如表 7-4 所示。

表 7-4　兴华公司甲产品的直接人工预算
2021 年度

项　目	一季度	二季度	三季度	四季度	合计
预计生产量/件	2 015	2 155	2 188	2 082	8 440
单位产品耗用直接人工工时/小时/件	30	30	30	30	30
需用直接人工工时总数/小时	60 450	64 650	65 640	62 460	253 200
单位工时直接人工成本/元/小时	2	2	2	2	2
直接人工总成本/元	120 900	129 300	131 280	124 920	506 400

由于直接人工工资一般全部用现金支付，因此无须另外预计现金支出，直接人工总成本就是现金支出数额。

(五) 制造费用预算的编制

除了直接材料、直接人工成本以外，生产成本中其他部分都计入制造费用。制造费用按照成本习性可以区分为变动性制造费用和固定性制造费用两部分。对于制造费用的各项预算数可以根据预算期的产销量结合上期实际情况确定。采用变动成本法计算的企业，只将变动性制造费用计入产品成本，可直接根据确定的人工工时计算分配率后计入，对于固定性制造费用则全部作为期间成本，列入当期损益表。制造费用成本也涉及现金支出，因此编制预算时也应附有现金支出预计数。

【例7-5】兴华公司采用变动成本法，变动性制造费用分配率为 0.6 元/小时。则制造费用预算如表 7-5 所示。

表 7-5　兴华公司甲产品的制造费用预算

2021 年度　　　　　　　　　　　　　　　　　　　　　　　　单位：元

变动性制造费用项目	金额	固定性制造费用项目	金额
间接材料	56 700	管理人员工资	80 000
间接人工	74 210	维修费	23 000
维修费	15 680	保险费	18 000
水电费	4 000	折旧费	4 000
其他	1 330	办公费	10 650
合计	151 920	其他	8 350
		合计	180 000
全年预计直接人工总工时/小时	253 200	减：折旧	40 000
分配率/元·小时	0.6	现金支出	140 000

预计现金支出

项目	一季度	二季度	三季度	四季度	合计
预计直接人工工时/小时	60 450	64 650	65 640	62 460	253 200
变动性制造费用分配率/元·小时	0.6	0.6	0.6	0.6	0.6
变动性制造费用现金支出/元	36 270	38 790	39 384	37 476	151 900
固定性制造费用现金支出/元	35 000	35 000	35 000	35 000	140 000
制造费用现金支出/元	71 270	73 790	74 384	72 476	291 920

表 7-5 中，变动性制造费用分配率=151 920÷253 200=0.6 元/小时

固定性制造费用现金支出是以全年固定性制造费用总数(除折旧外)除以 4，以求得每季度的现金支出数，即 140 000÷4=35 000 元。

(六) 单位生产成本预算的编制

在确定了直接材料预算、直接人工预算和制造费用预算的基础上，就可以编制单位生产成本预算。采用全部成本法计算成本的企业，单位生产成本应包括全部变动成本和固定成本；采用变动成本法计算成本的企业，单位生产成本只包括变动成本。

【例 7-6】假设兴华公司采用变动成本法计算产品成本，则甲产品的单位生产成本预算如表 7-6 所示。

表 7-6 兴华公司甲产品的单位生产成本预算

2021 年度　　　　　　　　　　　　　　　　　　　　　　　　　　单位：元

项 目	价格标准	数量标准	合计
直接材料	1 元/千克	80 千克	80 元
直接人工	2 元/小时	30 小时	60 元
变动性制造费用	0.6 元/小时	30 小时	18 元
单位变动生产成本	—	—	158 元
期末存货预算	期末存货量：210 件		
	单位变动成本：158 元/件		
	期末存货成本：33 180 元		

(七) 销售及管理费用预算的编制

销售及管理费用是企业行政管理和为推销产品所发生的非生产性费用开支。采用变动成本法计算的企业，同样应将销售及管理费用按成本习性划分为变动费用和固定费用两部分，并分别按各自的具体项目加以编制。同时，该项预算也涉及现金支出，因此也应附有现金支出预算数。

【例 7-7】兴华公司销售及管理费用预算，如表 7-7 所示。

表 7-7 兴华公司销售及管理费用预算

2021 年度　　　　　　　　　　　　　　　　　　　　　　　　　　单位：元

变动性销售及管理费用	金额	固定性销售及管理费用	金额
销售人员工资及佣金	35 000	管理人员工资	48 000
广告费	80 000	保险费	30 000
办公费	8 100	财产税	15 000
其他	3 350	租金	10 000
合计	126 450	其他	800
全年销售收入	2 107 500	合计	103 800
分配率	0.06		

预计现金支出					
项 目	一季度	二季度	三季度	四季度	合计
预计销售收入	500 000	537 500	550 000	520 000	2 107 500
变动性销售及管理费用现金支出	30 000	32 250	33 000	31 200	126 450
固定性销售及管理费用现金支出	25 950	25 950	25 950	25 950	103 800
销售及管理费用现金支出	55 950	58 200	58 950	57 150	230 250

表 7-7 中，变动性销售及管理费用分配率=126 450÷2 107 500=0.06

固定性销售及管理费用现金支出是以全年固定性销售及管理费用总数除以 4，以求得每季度的现金支出数，即 103 800÷4=25 950 元，如果固定性销售及管理费用总额中包含折旧等非付现费用，应该从中扣除，本例中假设无非付现费用。

(八) 现金收支预算的编制

根据前面几项预算的有关资料可以编制现金的收支预算，以便加强现金流量的计划和控制，并采用措施弥补现金的不足，或对多余现金进行再投资。

完整的现金收支预算包括如下四个部分的内容。

(1) 现金收入。现金收入包括预算期初现金余额和预算期现金收入，其主要来源是预算期销货款及以前应收账款的收回。

(2) 现金支出。现金支出是指预算期预计的各项现金支出，包括支付购料款、支付直接人工工资、制造费用开支、上交所得税、购买设备、支付福利等方面的支出。

(3) 现金余缺。通过现金收入与支出反映出的现金收支差额，即为现金余缺。若收入大于支出即为现金剩余，可用于投资或偿还以前欠款等；若收入小于支出，即为现金短缺，应向银行借款或采用其他方式筹集资金，以弥补其不足。

(4) 现金筹集与运用。这部分主要详细反映上述现金剩余的运用情况或是现金短缺的筹集渠道。

【例 7-8】兴华公司 2021 年初现金余额为 21 000 元，假设公司既定 2021 年度的现金最低限额为 20 000 元，根据专项预算，企业在第二季度需购入一台价值 100 000 元的设备，另各季度需交纳所得税 25 000 元，支付股利 15 000 元，则该公司 2021 年现金预算，如表 7-8 所示。

表 7-8 兴华公司的现金预算

2021 年度 单位：元

项　　目	一季度	二季度	三季度	四季度	合计
期初现金余额	21 000	27 904	23 084.4	34 570.2	21 000
加：现金收入					
收回的应收账款及销售收入	476 000	515 000	542 500	538 000	2 071 500
可动用现金合计	497 000	542 904	565 584.4	572 570.2	2 092 500
减：现金支出					
采购材料	128 976	166 529.6	173 275.2	171 678.8	640 457.6
支付直接人工	120 900	129 300	131 280	124 920	506 400
支付制造费用	71 270	73 790	74 384	72 476	291 920
支付销售及管理费用	55 950	58 200	58 950	57 150	230 250
支付所得税	25 000	25 000	25 000	25 000	100 000

(续表)

项目	一季度	二季度	三季度	四季度	合计
支付股利	15 000	15 000	15 000	15 000	60 000
购买设备	—	100 000	—	—	100 000
其他	2 000	2 000	2 000	2 000	8 000
现金支出合计	419 096	569 819.6	479 889.2	468 224.8	2 402 567.6
现金余缺	77 904	26 915.6	85 695.2	104 345.4	
现金运用与筹集					
向银行借款		50 000			50 000
归还借款			50 000		50 000
支付借款利息			1 125		1 125
购入有价证券	50 000			80 000	130 000
融通资金合计	50 000	50 000	51 125	80 000	8 131 125
期末现金余额	27 904	23 084.4	34 570.2	24 345.4	24 345.4

表 7-8 中数据来源的说明如下。

现金收入、采购材料、现金支出、支付直接人工、支付制造费用、支付销售及管理费用等项目，数据均来源前面所涉及的相关业务预算。

支付所得税，通常是根据企业预计的利润按照适用税率预估所得税费用之后，平均计入各预算期，在本例中为已知数。

支付股利，通常是根据企业预计的利润，结合公司的股利政策，计入相应的预算期，在本例中为已知数。

购买设备现金支出，是结合公司的投资计划加以确定的，在本例中为已知数。

现金余缺，是现金收入合计和现金支出合计之间的差额。

现金运用与筹集数额的确定，通常需要考虑三个因素：一是现金余缺数额；二是各预算期末最低现金余额要求；三是筹资或运用的条件。

由于现金预算的主要目的是在确定现金短缺上，短期内现金如果有溢余，即便不进行投资，最多就是失去部分收益，不会对企业运营带来困难；但如果出现短缺，不及时加以解决的话，则可能给企业带来财务危机。而短期内解决现金短缺的主要办法就是银行借款，因此我们以银行借款来说明筹资的条件限制。

对于银行借款，我们通常需要考虑以下三个条件：一是金额要求，比如 10 000 元的整数倍，或者 1 000 元的整数倍等；二是借款、还款的时间要求，比如借款在期初、还款在期末；三是还本付息的要求，比如还本时付息，或者按期付息、到期还本等。

在本例中，假设借款必须是 10 000 元的整数倍，借款在期初还款在期末，还本时付息，借款年利率 4.5%，因此第二季度短缺现金 26 315.6 元，加上期末最低现金余额要求为 20 000

元,总计短缺现金 46 315.6 元,在必须是 10 000 元整数倍的情况下,需借款 50 000 元。

第三季度现金溢余 85 695.2 元,在满足最低余额要求 20 000 元之后,尚有盈余 65 695.2 元,因此可以归还第二季度的借款 50 000 元,同时支付利息 1 125(50 000×4.5%×6/12)元。

第一季度、第四季度均为现金溢余,在满足最低余额要求的情况下,多余部分可以用于购买有价证券等获取收益,也可以作为期末现金余额,需结合企业的现金管理政策加以决定。

(九) 预计利润表的编制

根据前面已编制的销售、生产、成本预算资料,即可预计企业预算期的财务成果,编制预计的利润表。预计收益表的编制方法与财务会计中利润表的编制方法类似,只是其数据为前面各业务预算所涉及的预计数。通过编制预计利润表,显示公司的计划利润、衡量预算期内的经营绩效。

【例 7-9】根据前面各业务预算的数据,编制兴华公司的预计利润表,如表 7-9 所示。

表 7-9 兴华公司的预计利润表

2021 年度　　　　　　　　　　　　　　　　　　　　　单位:元

项　目	一季度	二季度	三季度	四季度	合计
销售收入	500 000	537 500	550 000	520 000	2 107 500
减:变动成本					
变动生产成本	316 000	339 700	347 600	328 640	1 331 940
变动销售与管理费用	30 000	32 250	33 000	31 200	126 450
小计	346 000	371 950	380 600	359 840	1 458 390
边际贡献	154 000	165 550	169 400	160 160	649 110
减:期间成本					
固定性制造费用	45 000	45 000	45 000	45 000	180 000
固定性销售及管理费用	25 950	25 950	25 950	25 950	103 800
利息			1 125		1 125
小计	70 950	70 950	72 075	70 950	284 925
利润	83 050	94 600	97 325	89 210	364 185
减:所得税	25 000	25 000	25 000	25 000	100 000
净利润	58 050	69 600	72 325	64 210	264 185

说明,预计收益表可以按照变动成本法编制,也可以按照全部成本法编制,本例中采用变动成本法编制。

变动生产成本,结合销售预算中的销售量和产品成本预算中的单位成本加以确定;

固定性制造费用、变动性销售管理费用、固定性销售管理费用,数据来源于制造费用预算和销售管理费用预算。

(十) 预计资产负债表的编制

预计资产负债表是反映预算期末预计的财务状况,它是以期初的资产负债为基础结合预算期的各项预算资料调整编制而成。

【例 7-10】 结合兴华公司的业务预算、财务预算的相关资料,编制 2021 年度兴华公司的预计资产负债表,如表 7-10 所示。

表 7-10 兴华公司的预计资产负债表
2021 年度   单位:元

资　产	期末数	负债及所有者权益	期末数
现金	24 345.4	应付账款	100 742.4
有价证券	130 000	应交税金	25 000
应收账款	312 000	应付股利	15 000
材料	18 000	小计	140 742.4
产成品	33 180		
小计	517 525.4		
固定资产原值	1 100 000	股本	1 000 000
减:累计折旧	200 000	留存收益	276 783
固定资产净值	900 000	小计	1 276 783
合计	1 417 525.4	合计	1 417 525.4

表 7-10 中的数据说明如下。

(1) 现金,根据现金预算中全年期末现金余额得到。

(2) 有价证券,根据现金预算中"现金筹集与运用"中购买有价证券数额得到。

(3) 应收账款,根据销售预算中第四季度销售额及收账政策计算得到。

(4) 材料,根据直接材料预算中第四季度期末结存量和采购单价计算得到。

(5) 产成品,根据单位生产成本预算中的数据得到。

(6) 固定资产原值,根据期初固定资产原值和现金预算中"购买设备"计算得到。

(7) 累计折旧,根据期初折旧数额和制造费用预算中计提的折旧数额计算得到,如果销售管理费用预算中涉及折旧计提,也应当加入计算。

(8) 应付账款,根据直接材料预算中第四季度的材料采购金额和付款政策计算得到。

(9) 应交税金、应付股利,根据现金预算中预计的所得税支付和股利支付数额得到,本例中假设所得税、股利的计算和支付不同步,同时 2020 年和 2021 年预计所得税和预计股利支付数额相等;如果当期支付完成,则该项目数额为 0。

(10) 股本，根据期初资产负债表中的数据获得，本例中为已知数。

(11) 留存收益，根据预计利润表中净利润、现金预算中股利支付数额和期初留存收益计算得到。本例中由于简化了资产负债表，所以留存收益的数据采用倒减的方式求得。

第三节 预算的编制方法

一、固定预算法与弹性预算法

固定预算法和弹性预算法是根据预算期预计业务量基础的数量特征所做的分类。

(一) 固定预算法

固定预算法(简称固定预算)是传统的预算编制方法，它是根据预算期固定的业务量水平来确定相应的预算数。前面第二节中所讲述的业务预算和财务预算都是以固定预算的方法编制的。

(二) 弹性预算法

1. 弹性预算法概述

弹性预算法(简称弹性预算)，也称变动预算法，是指针对同业务量变化有密切联系的预算内容，依据预算数值与业务量之间客观的依存关系(或函数关系)，测算出可能出现的不同业务量水平下的相应预算值，从而使预算富有弹性和应变能力而采用的预算编制方法。这是针对固定预算而言的，是一种较先进的多水平表现的预算编制方法。

2. 弹性预算法的主要功能

弹性预算法的主要功能，就是它不仅克服了固定预算法水平单一的缺陷，增强预算的适应能力，而且能使预算的执行建立在更为客观可比、便于控制和评价的基础上。对全面预算中与业务量变化密切相关的预算内容以弹性预算法编制，再和其他固定预算配合在一起，将会使预算的作用大为增强。

3. 采用弹性预算法的条件

能够采用弹性预算法编制预算的对象，应是与业务量变化存在内在依存关系的预算内容，如直接材料预算、直接人工预算等。在应用弹性预算法时，必须事先确定如下两项基本内容。

(1) 业务量的表示方式、计量方法和限定的变化区间的确定。不同的业务量，表示方式不同，计量方法也不一样，与此相应的预算内容的变化也有差别。因此，为了充分明确预算内容和业务量的依存关系，必须对业务量选用一个具有代表性的表示方式和计量方法。例如，销售预算中，核心是销售收入的测算，与此相关的业务量主要以实物的形式来计量，如台、件等。再如，直接人工预算中，与人工费用直接相关的业务量应是生产工人工时消耗，所以一般都应以工时来计量等。此时，对变化的业务量也应限定在相关范围内，并且可划分成间隔相同的区间段，这样才能使预算编制成为可能，并使之易于理解。在划分区间段时，间隔不宜过大或过小。过大将会使预算失去弹性，过小会使编制的工作量太大。

(2) 预算内容与业务量依存关系的确定。弹性预算法的意义在于便于明确业务量变动后引起预算内容的相应变动表现。对于那些业务量变动后预算内容反应迟钝甚至毫无反应的，编制弹性预算也就毫无价值。例如，固定制造费用预算，在相关范围内业务量变动时，它是不变或者变动甚微，因此不必采用弹性预算法编制。在采用弹性预算法时，应选择与业务量变化有密切关系的预算内容，否则应采用固定预算法等来编制。

4. 弹性预算法的适用范围

弹性预算法的适用范围，主要有销售预算、直接材料预算、直接人工预算、变动性制造费用预算、变动性管理费及销售费用预算等。

5. 弹性预算法的表达方式

弹性预算法的表达方式，一般有列表法、公式法和图解法三种。

(1) 列表法就是将确定的业务量变化区间划分为若干水平段后，分别依据预算内容与之相关的依存关系估算出各水平段业务量下所对应的各种预算值，经汇总后列入一张表格中，使不同水平段下的预算内容能够一览尽知，因此也称多水平法。此方法便于阅读和比较，在实际报告中不必进行测算即可直接找到可比基础，应用起来直观清晰；但这种预算中业务量水平段的列示不可能包括一切现实情况，从而也会给实际应用带来不便。

从制造费用的内容来看，与其直接相关的业务量是生产能力的利用，而生产能力用直接人工工时或机器工时来表示，与制造费用的关系更为密切，分配制造费用时，也常用此标准分配。

【例7-11】某厂采用直接人工工时为业务量单位，该厂生产能力的限度(相关范围)为70%≤或≤110%，将此分为五个平均水平段，生产能力达100%时，直接人工工时为13 900工时，正常生产能力下的变动制造费用分配率为2元/工时，固定制造费用在此区间内无变动。采用弹性预算法编制制造费用弹性预算，如表7-11所示。

表7-11 制造费用弹性预算

2021年度 单位：元

项 目	不同生产能力水平下的费用额				
	70%	80%	90%	100%	110%
	9 730工时	11 120工时	12 510工时	13 900工时	15 290工时
变动制造费用					
间接人工(0.6元/小时)	5 838	6 672	7 506	8 340	9 174
间接材料(0.5元/小时)	4 865	5 560	6 255	6 950	7 645

(续表)

项目	不同生产能力水平下的费用额				
	70%	80%	90%	100%	110%
	9 730 工时	11 120 工时	12 510 工时	13 900 工时	15 290 工时
维修费(0.2 元/小时)	1 946	2 224	2 502	2 780	3 058
水电费(0.4 元/小时)	3 892	4 448	5 004	5 560	6 116
固定资产租金(0.3 元/小时)	2 919	3 336	3 753	4 170	4 587
小计	19 460	22 240	25 020	27 800	30 580
固定制造费用					
管理人员工资	3 000	3 000	3 000	3 000	3 000
折旧费	10 000	10 000	10 000	10 000	10 000
保险费	1 600	1 600	1 600	1 600	1 600
财产税	2 080	2 080	2 080	2 080	2 080
小计	16 680	16 680	16 680	16 680	16 680
合计	36 140	38 920	41 700	44 480	47 260

(2) 公式法是指将业务量和预算内容的变化关系，用能够表达的数学模型做出普遍的公式列示，从而在实际业务量出现后，随时可利用该模型测算出相应的预算金额，以便与实际业务进行比较。

【例 7-12】如上述制造费用预算采用公式法，其弹性预算如表 7-12 所示。

表 7-12　制造费用弹性预算

2021 年度　　　　　　　　　　　　　　　　　　　　　　　　　单位：元

项目	业务量区间(9 730~15 290 工时)	
	单位变动成本	固定成本
间接人工	0.6 元/小时	
间接材料	0.5 元/小时	
维修费	0.2 元/小时	
水电费	0.4 元/小时	
固定资产租金	0.3 元/小时	
管理人员工资		3 000
折旧费		10 000
保险费		1 600
财产税		2 080
合计	2 元/小时	16 680

将表 7-12 中内容以公式表示就是：制造费用预算=$2x$+16 680

式中，x 为业务量，如 x 为 11 120 工时，制造费用预算值为 2×11 120+16 680=38 920(元)

公式法的优点是，在相关范围内，能对任何业务量下的预算值进行测算，从而使预算控制能力更强。但是，对任何预算都用数学模型来表示，有时是困难的，甚至是做不到的，或者表达不准确，或者公式的表现太复杂不易理解，从而会影响预算的应用。另外，这种方式在应用时还需计算方可得到相应的预算数值，因而给实际操作也带来不便，不如列表法直观易懂。现实生活中，很少单一采用这种方法，一般可与列表法等配合使用，借以弥补列表法存在的不足。

(3) 图解法就是将预算内容同业务量的变化关系，用直角坐标图的形式表示出来，以便从图中了解各项预算内容，并用于实际的预算控制。这种方法不仅表达全面，还能给人以一目了然的直观印象。但是，对于内容构成较多，关系复杂的预算，有时在图中难以充分表达，或者绘出的图形繁杂难懂，所以这种方法一般不单独采用。

二、增量预算法和零基预算法

增量预算法和零基预算法的区分标志是编制预算的出发点不同。

(一) 增量预算法

增量预算法(简称增量预算)，是一种传统的预算编制方法，是在过去实际数值的基础上，结合预算期内可能发生的各种变化对预算产生的影响，从而测算出各种预算值。其基本指导思想是：承认现状是基本合理的，并且未来还将是现在的继续。由此而形成的预算的最大缺陷是：没有超脱于过去的框架，仍然将预算编制人员的思维束缚在过去实际的范围内，很难发挥预算编制的创造性和开拓性，从而使预算的结果在先进性上受到很大影响。

(二) 零基预算法

1. 零基预算法概述

采用零基预算法，是在编制预算时，对过去的内容全然不予考虑，视同为一切从零开始，对每项预算内容都根据实际需要和可能做出最先进的估计，并划分决策单元分别提出预算方案，然后汇总形成"一揽子业务方案"，再运用成本效益分析的方法，对其重要性进行排序，从而合理确定出预算资源的分配，形成最终的预算方案。

2. 零基预算法的特点

零基预算法能够使全体员工积极参与预算编制，从而在预算中能够通过切身利益关系，充分发挥其各阶层的创造性和开拓精神，并能充分开阔视野，挖掘潜力，堵塞各种漏洞，保证预算的编制和执行始终体现其先进性。

这种预算编制方法也存在一些非常棘手的问题，主要是在预算编制时非常分散，协调统一时很困难，尤其是涉及局部利益和整体利益的矛盾时，很难找到具有充分说服力的解决办法。此外，编制预算的工作量也相当大，无疑将加大预算编制费用，有时还会延长编制时间。克服这些缺点的办法，一般是先对各基层部门下达预算额度，从大体上加以目标控制，并由预算编制委员会统一集体审议，评定等级，按成本效益分析确定各方案的重要顺序，最后按重要性先后顺序分配预算资源。

3. 零基预算法的步骤

零基预算法对于那些没有直接业务量对应关系的费用预算具有特别的控制功效,如销售费用预算、管理费用预算和部分制造费用预算等。对于这些费用,在编制预算时采用零基预算法一般按照下列步骤进行:

(1) 先列出预算期内可能发生的费用支出项目及目的,并对各费用项目列示几套不同经营活动方式下的费用开支方案,上报预算委员会。

(2) 预算委员会将收到的各种费用开支方案进行汇总后,认真进行分析排序;对于必不可少的约束性费用,在尽量节约的前提下列为第一层次;对于同决策方案相关的酌量性费用,逐一进行成本效益分析,成本效益(预计收益/预计费用)较大的列为第二层次;次者列为第三层次……依次类推。

(3) 根据可动用的财力资源,按照各费用项目的层次顺序和轻重缓急进行分配。属于第一层必需的费用项目金额予以保证;余下的财力资源以成本效益比为权数进行合理分配,成本效益较高者多分,较少者少分,当然,此时还应考虑其重要性。

(4) 按照上述方法分配后编制成汇总费用预算,并进行最终审查,若有不合理者可进行适当调整,从而形成最终预算交付执行。

三、定期预算法和滚动预算法

定期预算法和滚动预算法的区别在于预算期的不同。

(一) 定期预算法

前面介绍的业务预算和财务预算都是以一个会计年度作为预算的编制期间,因此称为定期预算法(简称定期预算)。定期预算的优点在于预算期和会计年度一致,便于进行实际数和预算数的比较,从而对预算执行情况和执行结果进行分析、评价。

定期预算也存在一些缺点:定期预算一般在预算年度开始前2至3个月进行编制,此时对预算年度的生产经营情况难以做出准确的判断,尤其是对预算后半期的预算数据,往往只能粗略的进行估计,从而给预算的实际执行带来困难,不利于发挥预算的指导和控制作用;企业各项经济活动如果发生变化,可能导致实际情况与预算有较大出入,此时定期预算不能及时根据变化的情况进行相应的调整,使得原有的预算显得滞后和不适用;由于预算期的固定,管理人员往往只考虑预算期内的经营活动,采取短期的决策行为,忽略了企业的长远利益。

(二) 滚动预算法

1. 滚动预算法概述

滚动预算法是针对定期预算法编制预算所存在的缺点而提出的一种预算编制方法。具体方式是在初始编制预算时，先形成一个分月的年度预算，并且在各月的预算中，前几个月的预算数应力求准确，年度后期的月度预算可不必过于苛求准确，有个粗略的估计即可；在预算执行中，每过一个月，就应在月份结束之前，针对下个月各种可能发生的与编制预算时不同的新情况对预算进行调整和修订；同时在年度后再补增一个月的预算，使预算期始终保持12个月的期间，如此逐期向后滚动，以连续不断的形式来规划各项经营活动。

2. 滚动预算法的特点

滚动预算法与传统的定期编制预算相比较具有显著的优点：首先，这种预算以动态方式来进行，可以真正做到长计划、短安排，使执行月份的预算始终保持先进性，从而有效地克服了传统定期编制预算的缺点，预算的功效大为增强；其次，企业要经常处于预算的调整、修订和编制过程中，从而可以促使企业从动态的角度经常关注各种新变化、新信息，以便及时采取有效措施，控制现在，把握未来；再次，这种方法将预算编制工作分散在平时，不仅可以克服年度终了前一次集中编制下一年度全年预算时工作量过大，易产生应付的不良行为，而且还可以使预算编制工作能够持续有条不紊地进行；最后，这种方法下企业要经常修订编制预算，因此可以自觉地引发企业各部门甚至全体员工密切关注预算编制及控制工作，预算委员会的职能作用及地位也将大大提高，从而使企业增收节支工作能够真正落到实处。

滚动预算法也有不足之处，主要是预算编制工作由于要经常进行，将会加大预算编制的工作量，有时还可能会引起相关人员的厌烦心理。克服这一缺点的办法是可以将按月调整、修订和增补预算改为按季进行，在执行的季度内，再将其划分为各月份预算。实际应用时，可根据具体情况进行选择。

四、概率预算法

1. 概率预算法概述

概率预算法，即利用概率理论的基本原理，将预算期内各项预算内容中的各种数值(无论是变动性还是固定性)出现的可能性事先分别做出概率估计，然后进行综合求出相应概率预算值的预算编制方法。

2. 概率预算法的特点

概率预算法的优点，是在预算管理中应用了现代的数学手段，从而减少了预算的盲目性，提高了准确性，并使多种预算值出现的可能性都能在预算中做出充分的展示，为预算管理提供了更为科学的方法和手段，使预算管理更具有针对性，因此这种方法被誉为当今世界上最为科学的预算编制方法。

但这种方法也存在一定的缺点，主要是对预算编制人员的数学水平要求较高，计算内容过于复杂，编制的工作量也较大，在当今的经营管理水平下全面采用这种方式有一定的困难。如果企业的现代化管理水平较高，可以先对一些影响较大的预算采用此种方法编制，待时机成熟后再逐步扩大应用范围。

3. 运用概率预算法的基本步骤

(1) 预测各种预算因素可能出现的具体数值,此时不论是变量或常量均以变动的观点来考虑。

(2) 预测估计所列示的具体数值出现可能性的概率。

(3) 将各种预算因素出现的概率按照与预算因素之间的关系进行组合,求出不同条件下的联合概率。

(4) 以各种联合概率来测算其相应预算数值的结果,并将其汇总形成不同情况下可能的预算内容。

【例 7-13】某企业预算期内拟采用概率预算法对 A 产品编制销售预算,设 A 产品销售数量可能会出现 9 000 件、10 000 件和 11 000 件三种情况,各种情况下的概率分别为 0.3、0.6 和 0.1。各种销售量下可能出现的售价及相应概率,如表 7-13 所示。

表 7-13 A 产品售价及相应概率预算表

销售量/件	概率	销售单价/元	概率	销售收入/元	联合概率	预算值/元
(1)	(2)	(3)	(4)	(5)=(1)×(3)	(6)=(2)×(4)	(7)=(5)×(6)
9 000	0.3	80	0.2	720 000	0.06	43 200
		90	0.5	810 000	0.15	121 500
		100	0.3	900 000	0.09	81 000
10 000	0.6	80	0.4	800 000	0.24	192 000
		90	0.4	900 000	0.24	216 000
		100	0.2	1 000 000	0.12	120 000
11 000	0.1	80	0.5	880 000	0.05	44 000
		90	0.4	990 000	0.04	39 600
		100	0.1	1 100 000	0.01	11 000

销售收入最终预算值:868 300 元

从表中可以看出:销售量在 9 000 件下售价的可能值为 91(80×0.2+90×0.5+100×0.3)元,此时销售收入的可能值为 819 000 元,但这种可能值出现的概率仅占 30%;销售量在 10 000 件下售价的可能值为 88 元(80×0.4+90×0.4+100×0.2),此时销售收入的可能值为 880 000 元,但这种可能值出现的概率仅占 60%;销售量在 11 000 件下售价的可能值为 86 (80×0.5+90×0.4+100×0.1)元,此时销售收入的可能值为 946 000 元,但这种概率值出现的概率仅占 10%。此数据表明:随着销售数量的增加,产品单位售价将会逐步降低,但销售收入却在增长;同时销售量增加的难度在超过 10 000 件后大为增加,即超过一定的市场容量后再增加销售量时,即使采取降低售价的方式也极为困难,这就为我们的销售预算安排提供了非常有用的信息,并且这种预算结果是符合市场规律的,销售量变动,各种售价出现的可能性也在变动,从而真正形成了一种动态的预算,使预算结果的准确性大大提高。另外,还可以看出:在综合考虑多种因素出现的可能性的情况下，最终销售收入预算值为 868 300 元，此数也可按下述方式求出，即 819 000×30%+880 000×60%+946 000×10%=868 300 元。这就告诉我们，在执行预算时，应根据各种情况出现的可能性大小，有目的地安排工作重点。如果能够销售 11 000 件，企业将不放弃这种努力，但要花费的精力可能较大，有时甚至还要追加有关费用，最终结果不一定合算。此时，倒不如把主要精力放在销售 10 000 件上，在不需付出太大精力的情况下，还可获得比最终预算值还高的销售收入。

课堂讨论

职业生涯规划中如何运用"滚动预算"

在我们进行职业生涯规划时，会面对环境的变化和自身实际情况的变化，在学习了预算编制方法中的"滚动预算法"后，大家认为"滚动预算"的原理对于我们进行职业生涯规划有什么启示？

思 考 题

1. 什么是全面预算，全面预算有什么作用？
2. 全面预算包括哪些内容？
3. 如何进行全面预算的编制？
4. 什么是弹性预算？其基本原理是什么？
5. 什么是零基预算？其基本原理是什么？
6. 什么是滚动预算？
7. 什么是概率预算？

延 伸 阅 读

1. 《管理会计应用指引第 200 号——预算管理》
2. 《管理会计应用指引第 201 号——滚动预算》
3. 《管理会计应用指引第 202 号——零基预算》
4. 《管理会计应用指引第 203 号——弹性预算》

预算管理

滚动预算

零基预算

弹性预算

第八章

标准成本法

学习目标

通过本章的学习,要求学生:
- 了解标准成本法的产生背景。
- 了解标准成本法的含义。
- 了解标准成本的含义及其分类。
- 掌握标准成本法的主要内容。
- 掌握标准成本的差异计算与分析。
- 了解标准成本的账务处理系统。

引导案例

标准成本法作为一种与企业管理结合得比较紧密的成本核算方法,已经在很多行业得到了广泛的应用。宝山钢铁公司就应用该方法取得了显著成效。

宝钢标准成本制度的实施主要依赖于以下措施:①制度保证。宝钢成立了"标准成本管理委员会",由主管副总经理任主任,各生产厂厂长和有关职能部门领导担任委员。委员会的工作职责是检查标准成本制度的推进情况,协调解决有关成本的重大问题。②科学制定成本标准。宝钢的成本标准是以成本中心及其所生产的产品为载体制定的,它分为基本标准和价格标准两个部分。用于控制原料、人工、燃动力、劳务等的数量与金额。③客观分析成本差异。实际成本与标准成本之间的差额,称为成本差异,它是反映实际成本脱离预定标准程度的信息。"差异=实际成本-标准成本",负差为有利差异,正差为不利差异。为了消除这种偏差,要对产生的成本差异进行分析,找出原因和对策,以便采取措施加以纠正。

在成本分析上,公司做到了以下几点:①成本分析呈现出明显的层次,即由班组成本分析、作业区成本分析、生产部门成本分析、公司成本分析构成多层次的成本分析组织体系;

②成本分析的内容比较全面，不仅包括标准成本差异分析，还包括主要指标变动对成本升降的影响、成本升降对总成本的影响、产品成本分析、产品效益分析、成本趋势分析、与国内外同行业成本对比分析等；③以举行成本分析会为成本分析的重要形式。成本分析会是成本分析工作中实行领导与群众相结合、经济与技术相结合，充分发挥民主、协调各部门关系、相互取长补短的良好形式。成本分析会按空间划分为班组、作业区、分厂、区域、公司成本分析会；按时间划分为定期和不定期成本分析会。

通过以上措施，宝钢推行面向企业价值创造的标准成本管理制度，取得了显著的成效。近6年来，宝钢年平均成本降低率为3.5%，通过推进标准成本制度，广大员工不仅学习和掌握了许多成本管理的知识，而且更加注重在生产操作过程中控制成本。更为重要的是，加强标准成本管理工作已经成为企业内部各个部门、每一个员工的自觉行动，上至公司领导，下至普通员工均积极参与，一个运作精干高效、响应灵敏快捷的成本管理体系已经形成。由此可见，执行标准成本法能够降低企业运行成本、提高企业管理水平。

问题：
如何有效实施标准成本法，使其为企业带来更大的经济效益？

第一节 标准成本法概述

一、标准成本法的产生背景

标准成本法是早期管理会计的主要支柱之一。在南北战争以后美国工业有很大的发展，许多工厂成为生产多种产品的大企业。但由于企业管理落后，劳动生产率较低，许多工厂的产量大大低于额定生产能力。

为了改进管理，一些工程技术人员和管理者进行了各种试验，他们努力把科学技术的最新成就应用于生产管理，大大提高了劳动生产率，并因此形成了一套科学的管理制度。为了提高工人的劳动生产率，他们首先改革了工资制度和成本计算方法，以预先设定的科学标准为基础，发展奖励计件工资制度，采用标准人工成本的概念。在此之后，又把标准人工成本概念引申到标准材料成本和标准制造费用等。

最初的标准成本是独立于会计系统之外的一种计算工作。1920—1930年，美国会计学界经过长期争论，才把标准成本法纳入了会计系统，从此出现了真正的标准成本会计制度。

二、标准成本的含义

标准成本，是指按照成本项目反映的、在已经达到的生产技术水平和有效经营管理条件下，对应当发生的单位产品未来成本的理性预期。

制定标准成本的目的是对企业实施成本控制。成本控制有广义和狭义之分。狭义的成本控制主要是指对生产阶段产品成本的控制，即运用一定的方法对产品生产过程中构成产品成本的一切耗费，进行科学严格的计算、限制和监督，将各项实际耗费限制在预先确定的预算、计划或标准范围内，并通过分析造成实际偏离计划或标准的原因，从而来实施的会计管理行为或工作。狭义的成本控制比较看重日常生产阶段产品成本的限制。广义的成本控制则强调对企业生产经营的各个方面、各个环节及各个阶段的所有成本的控制，它不仅要控制产品生产阶段的成本，而且要控制产品的设计试制阶段的成本和销售及售后服务阶段的成本；不仅要控制产品成本，而且要控制产品成本以外的成本，如质量成本和使用寿命周期成本；不仅要加强事后的反馈性成本控制，而且要做好事前的前馈性成本控制。显然广义的成本控制在空间上渗透到企业的方方面面、在时间上贯穿了企业生产经营的全过程。它与成本预测、成本决策、成本规划、成本考核共同构成了现代成本管理的完整系统。

三、标准成本法的内容

标准成本法包括标准成本的制定、成本差异的计算分析和成本差异的账务处理三方面内容。其中，标准成本的制定与成本的前馈控制相联系，是采用标准成本法的前提和关键，据此可以达到成本事前控制的目的；成本差异的计算分析与成本的反馈控制相联系，是标准成本法的重点，借此可以促成成本控制目标的实现，并据以进行经济业绩考评；成本差异的账务处理则与成本的日常核算相联系。

四、标准成本法的作用

(一) 加强成本控制

标准成本是在开始生产产品之前，对单位产品所需的直接材料、直接人工及制造费用进行预计，按合乎科学的程序制定出生产单位产品耗用的数量标准和价格标准，它提供了一个具体衡量成本水平的适当尺度。成本差异是成本升降的数量反映，在日常经济活动中，只有不断地计算和分析差异，才能找到成本升降的真正原因，并采取有效的行动消除实际成本超出标准成本的差异，以便进行成本控制。

(二) 分清各部门的责任

由于标准成本的每个成本项目都采用单独的价格标准和数量标准，企业管理者可以及时掌握实际成本与标准成本之间各成本项目差异的责任归属，从而分清各部门的责任。

(三) 提供决策依据

由于标准成本是企业管理者所希望达到的成本目标，它剔除了各种不合理的因素，因此可以作为确定产品价格的基础,用于产品的销售定价决策,同时它也可以作为定量化决策成本分析的依据,用于对有关方案的鉴别与选优等。

(四) 简化成本核算

采用标准成本,将标准成本和成本差异分别列示,材料、在产品、产成品和产品销售成本均按标准成本计价,也不必将全部生产费用按一定的标准在完工产品和期末在产品之间进行分配,可使成本核算、日常账务处理及会计报表的编制大为简化。

第二节 标准成本的分类与制定

一、标准成本的分类

制定标准成本,首先应确定选择什么水平的成本目标为现行标准成本。可供选择的标准成本的种类很多,主要分为以下几种。

(一) 按生产技术和经营水平分类

按照制定标准成本所依据的生产技术和经营水平分类,分为理想标准成本、正常标准成本和现实标准成本。

1. 理想标准成本

理想标准成本是以现有生产经营条件处于理想状态下确定的最低水平的成本。这种标准成本是在假定材料无浪费、设备无事故、产品无废品、工时全有效的基础上制定的。它的要求过高,企业全体职工即使共同努力,也常常无法达到,因此它不宜作为现行标准成本。

2. 正常标准成本

正常标准成本也称平均标准成本,它是根据过去一段时期实际成本的平均值,剔除其中生产经营活动中的异常因素,并考虑今后的变动趋势而制定的标准成本。这种标准成本将未来视为历史的延伸,主要以过去若干年内成本的平均水平为基础制定,并结合未来的变动趋势进行调整。它是一种经过努力可以达到的成本,企业可以以此作为现行标准成本。但它也有局限性,企业只有在国内外经济形势稳定、生产发展比较平稳的情况下才能采用。

3. 现实标准成本

现实标准成本又称期望可达到的标准成本,它是根据企业最可能发生的生产要素耗用量、生产要素价格和生产经营能力利用程度而制定的。由于这种标准成本包含企业一时还不能避免的某些不应有的低效率、失误和超量消耗,因此它是一种经过努力可以达到的既先进又合理,最切实可行且接近实际的成本,因而被广为采用。

(二) 按照标准成本适用期分类

按照标准成本适用期，分为现行标准成本和基本标准成本。

1. 现行标准成本

现行标准成本是指根据其使用期间应该发生的价格、效率和生产经营能力利用程度等预计的标准成本。它可以成为评价实际成本的依据，也可以用来对存货和销货成本计价。此外，现行标准成本可用于直接评价工作效率和成本控制的有效性。

2. 基本标准成本

基本标准成本亦称尺度标准成本、静态标准成本、固定标准成本、指数标准成本，是以上年度或过去某一年度的实际成本为蓝本确定的标准成本。这种标准成本制定后，除非产品的生产或制造方法发生重大变化，已定的直接材料、直接人工及制造费用的数量标准和价格标准一般多年不变。基本标准成本的相对固定，可以使各期的成本在同一基础上进行比较，充当衡量成本变动趋势的尺度。

二、标准成本的制定

产品成本一般由直接材料、直接人工和制造费用三大部分构成，标准成本也应由这三个部分分别确定。

(一) 直接材料标准成本的制定

直接材料标准成本是由直接材料价格和直接材料用量两项标准决定的。

1. 直接材料价格标准的制定

材料价格标准通常采用企业编制的计划价格。企业在制定计划价格时，通常是以订货合同的价格为基础，并考虑到将来各种变动情况按各类材料分别计算。

2. 直接材料用量标准的制定

材料用量标准是指在现有技术水平下单位产品耗用原料及主要材料的数量多少，通常也称为材料消耗定额。材料用量标准应根据企业产品的设计、生产和工艺的现状，结合企业的经营管理水平的情况和成本降低任务的要求，考虑材料在使用过程中发生的必要损耗(如切削、边角余料等)，并按照产品的零部件来制定各种原料及主要材料的消耗定额。

3. 直接材料标准成本的制定

制定了材料的价格标准和用量标准后，可计算出单位产品耗用的直接材料的标准成本，公式为

$$某单位产品耗用某种材料的标准成本 = 价格标准 \times 用量标准$$

$$某单位产品的直接材料标准成本 = \sum 该种产品所耗用的各种材料标准成本$$

(二) 直接人工标准成本的制定

直接人工标准成本,是由直接人工价格和直接人工用量两项标准决定的。

1. 直接人工价格标准的制定

人工价格标准即工资率标准。在采用计件工资形式的企业就是单位产品所支付的生产工人工资,也称计件工资单价;在采用计时工资形式的企业,它就是生产工人每一工作小时所应分配的工资。计件工资单价是根据生产工人某一等级的标准工资(日标准工资或小时标准工资),乘以单位产品的工时定额来确定的。小时工资率标准的计算公式为

$$小时工资率标准 = \frac{预计支付生产工人工资总额}{标准工时总数}$$

式中,标准工时总数是指企业在现有的生产技术和工艺水平的条件下,可能生产的最大产量或是实现的最大生产能力,亦称产能标准,通常用生产工人工作小时或机器台时数来表示。

2. 直接人工用量标准的制定

人工用量标准即工时用量标准,也称工时消耗定额,是指企业在现有的生产技术条件、工艺方法和技术水平基础上,考虑到提高劳动生产率的要求,采用一定的方法,按照产品加工所经过的程序,确定所需耗用的生产工人工时数。制定工时消耗定额时,还要考虑到生产工人必要的休息和生理上所需的时间,以及机器设备的停工清理时间,使制定的工时消耗定额既合理又先进,从而达到成本控制的目的。

3. 直接人工标准成本的制定

制定了工时用量标准和小时工资率标准后,就可制定出单位产品直接人工的标准成本,其公式为

$$单位产品直接人工标准成本 = 小时工资率标准 \times 工时用量标准$$

(三) 制造费用标准成本的制定

制造费用的标准成本是由制造费用价格标准和制造费用量标准两项因素决定的。

1. 制造费用价格标准的制定

制造费用价格标准即变动(或固定)费用分配率标准,其公式为

$$变动(或固定)制造费用分配率标准 = \frac{变动或固定制造费用预算总额}{生产量标准}$$

式中,生产量标准通常用直接人工小时或机器台时表示。它有两种含义;第一,是指企

业充分利用现有生产能力可以达到的最高产量(工时);第二,是指按预算产量和单位产品标准工时所确定的预算产量标准工时。

2. 制造费用用量标准的制定

制造费用用量标准即工时用量标准,与上述直接人工用量标准的制定相同。

3. 制造费用标准成本的制定

制造费用标准成本又叫制造费用预算,通常分为变动性制造费用和固定性制造费用两部分编制。在完全成本法下,固定性制造费用预算可参照历史资料并考虑预算期生产能力利用程度加以估算,相应的生产量标准通常应选择预算产量标准工时。在变动成本法下,固定制造费用属于期间成本,不存在分配率标准的问题。

变动制造费用标准成本=变动制造费用小时分配率标准×标准工时
固定制造费用标准成本=固定制造费用小时分配率标准×标准工时

(四) 单位产品标准成本计算单的编制

有了上述各项内容的标准成本后,企业通常要为每一产品设置一张标准成本卡,并在该卡中分别列明各项成本的用量标准与价格标准,通过直接汇总的方法来求得单位产品的标准成本。

【例8-1】表8-1是2021年初某企业制定的A产品的标准成本卡(部分)。

表8-1　A产品的标准成本卡

项　目	单价标准	用量标准	标准成本
直接材料——甲材料	15元/千克	10千克/件	150元/件
直接人工	10元/小时	3小时/件	30元/件
变动制造费用	6元/小时	3小时/件	18元/件
固定制造费用	8元/小时	3小时/件	24元/件
单位产品标准成本			222元/件

第三节　成本差异的计算与分析

在标准成本系统中,对成本差异进行计算和分析是标准成本法的重点,借此可以促成成本控制目标的实现,并据以进行经济业绩考评。在成本差异分析中要注意把握例外管理原则,就是在日常实施全面控制的同时,有选择地分配人力、物力和财力,抓住那些重要的、不正常的、不符合常规的关键性成本差异(即例外)。采取例外管理原则的好处在于:一方面可以通过分析实际脱离标准的原因来达到日常成本控制的目的；另一方面可检验标准本身是否先进适宜。

一、成本差异计算的原理

成本差异是指产品的实际成本与标准成本的差额，其公式为

成本差异＝实际成本－标准成本
　　　　＝实际价格×实际数量－标准价格×标准数量
　　　　＝实际价格×实际数量－标准价格×实际数量＋标准价格×实际数量－
　　　　　标准价格×标准数量
　　　　＝实际数量×(实际价格－标准价格)＋标准价格×(实际数量－标准数量)
　　　　＝价格差异＋数量差异

由此可见，成本项目的成本差异应由数量差异和价格差异构成，成本差异可以用图 8-1 表示。

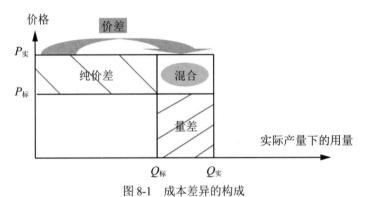

图 8-1　成本差异的构成

从图 8-1 中可以看出，把成本差异分为数量差异和价格差异是一种简略的划分方式，事实上有一部分差异是属于混合差异，只是因为我们在进行价格差异计算时，采用的数量是实际产量下的用量，从而把混合差异放在价格差异里，这样整个差异就被简化为数量差异和价格差异。

数量差异是指直接材料、直接人工和变动制造费用等要素的实际用量消耗与标准用量消耗不一致而产生的成本差异，它包括直接材料数量差异、直接人工效率差异、变动制造费用效率差异和固定制造费用效率差异。

价格差异是指一定时期生产一定数量的产品所发生的直接材料、直接人工和变动制造费用等要素的实际价格与标准价格不一致而产生的成本差异。它包括直接材料价格差异、直接人工工资率差异和变动制造费用耗费差异。

二、各成本项目成本差异的计算与分析

(一) 直接材料成本差异

1. 直接材料成本差异的计算

在标准成本制度下，成本差异计算与分析是实现成本反馈控制的主要手段。凡实际成本大于标准成本或预算成本的称为不利差异(一般在差异金额后面注明"U")；凡实际成本小于标准成本或预算成本的则称为有利差异(一般在差异金额后面注明"F")。

直接材料成本差异是指在实际产量下直接材料实际总成本与其标准总成本之间的差额。该项差异形成的基本原因有两个：一个是材料价格脱离标准(价差)；另一个是材料用量脱离标准(量差)。它可分解为直接材料用量差异和直接材料价格差异两部分，有关计算公式为

直接材料成本差异＝实际产量直接材料实际成本－实际产量直接材料标准成本
　　　　　　　　＝直接材料用量差异＋直接材料价格差异
直接材料用量差异＝直接材料标准价格×(实际产量下直接材料实际用量－
　　　　　　　　实际产量下直接材料标准用量)
直接材料价格差异＝(直接材料实际价格－直接材料标准价格)×实际产量直接材料实际用量

【例8-2】根据表8-1中A产品耗用甲材料的标准成本资料，假定2021年1月份生产的甲产品为1 000件，实际耗用A材料12 000千克，A材料实际单价为14元。

要求：计算甲材料成本差异。

解：依题意计算有关差异。

A材料成本总差异额＝14×12 000－15×1000×10＝18 000(元)(U)

其中，材料用量差异＝15×(12 000－10×1 000)＝30 000(元)(U)

材料价格差异＝(14－15)×12 000＝－12 000(元)(F)

2. 直接材料成本差异的原因及责任归属

影响直接材料用量差异的因素有很多，如工人的技术熟练程度和责任感、加工设备的完好程度、产品质量控制制度、材料的质量和规格、材料的安全保管工作等。从责任承担者的角度来讲，直接材料用量差异一般应由领用材料的生产部门负责。若是其他部门造成的，则由这些部门负责，如由材料质量不合格引起的直接材料用量差异应由采购部门负责。

影响直接材料价格差异的因素大致包括：市场环境、价格变动状况、材料采购方式、路费、批量和运输方式，以及材料供应者的选择等。从责任承担者来讲，直接材料价格差异一般应由采购部门负责，如果是由于外部因素或超过了材料采购部门能够控制范围的原因造成直接材料价格差异，则不应由采购部门负责。

(二) 直接人工成本差异

1. 直接人工成本差异的计算

直接人工成本差异是指在实际产量下直接人工实际总成本与其标准成本总额的差额，它也被区分为"价差"和"量差"两部分，即分解为工时用量差异(又称直接人工效率差异)与工资率差异两部分。直接人工成本差异的计算公式为

直接人工成本差异=实际产量下直接人工实际成本－实际产量下直接人工标准成本
=直接人工效率差异+直接人工工资率差异

其中，

直接人工效率差异=直接人工标准工资率×(实际产量直接人工实际工时-实际产量直接人工标准工时)

直接人工工资率差异=(直接人工实际工资率-直接人工标准工资率)×实际产量直接人工实际工时

【例8-3】根据表8-1中A产品标准人工成本资料，假定2021年1月份实际产量为1 000件，实际耗用工时为2 800小时，实际小时工资率为12元/小时。

要求：计算直接人工成本差异。

解：依题意计算有关差异。

直接人工成本差异总额=12×2 800-10×3×1 000 =3 600(元)(U)

其中，直接人工效率差异=10×(2 800-1 000×3)=-2 000(元)(F)

直接人工工资率差异=(12-10)×2 800=5 600(元)(U)

2. 直接人工成本差异的原因及责任归属

直接人工成本差异计算出来之后，可进一步分析其产生的原因。工资率差异形成的原因，包括直接生产工人升级或降级、奖励制度未产生实效、工资率调整、加班或使用临时工、出勤率变化等。直接人工工资率通常较少变动，主要影响因素是工人工资结构和工资水平变动。这种差异一般应由生产部门或人事部门负责。

影响直接人工效率差异的因素包括工人的劳动生产率、加工设备的完好程度、工作环境不良、机器或工具选用不当、作业计划安排不当、产量太少无法发挥批量节约优势、动力供应情况，以及材料半成品供应保证程度、材质规格等。人工效率差异一般应由生产部门负责，但属于其他部门原因造成的，应由这些部门负责。

(三) 变动性制造费用成本差异

1. 变动性制造费用成本差异的计算

变动性制造费用成本差异是指实际产量下，变动性制造费用实际发生总额与其标准发生总额之间的差额，它又可分解为变动性制造费用耗费差异(又称开支差异)和变动性制造费用效率差异(又称工时数量差异)两部分。变动性制造费用成本差异的计算公式为

变动性制造费用成本差异=实际产量实际变动性制造费用-实际产量标准变动性制造费用
=变动性制造费用耗费差异+变动性制造费用效率差异

其中，

变动性制造费用耗费差异=(变动性制造费用实际分配率-变动性制造费用标准分配率)×
实际产量下实际工时

变动性制造费用效率差异=变动性制造费用标准分配率×(实际产量下实际工时-
实际产量下标准工时)

【例8-4】仍根据表8-1中A产品标准成本卡资料，假定2021年1月份实际产量为1 000件，实际工时数为2 800小时，当月支出变动性制造费用18 200元。

要求：计算变动性制造费用成本差异。

解：依题意计算有关差异如下。

变动性制造费用成本总差异=18 200-6×3×1 000 =200(元)(U)

其中，变动性制造费用耗费差异=(18 200÷2 800-6)×2 800 =1400(元)(U)

变动性制造费用效率差异=6×(2 800-1 000×3) =-1 200(元)(F)

变动性制造费用成本差异既可以按具体费用项目计算，也可以按费用合计计算。前一种方法可以逐项反映有关费用的各种差异，比较麻烦；后一种方法可简化成本差异的计算，尤其是在反映因工时利用方面的原因而导致的全部变动性制造费用效率差异合计数上可一目了然，便于分析。因为不管变动性制造费用分几个项目，就某一期而言，每项变动性制造费用效率差异的性质都是一样的，因此可采取变通的办法，如在分析变动性制造费用耗费差异时可分项计算，在分析其效率差异时可按变动性制造费用总额计算。

2. 变动性制造费用差异的原因及责任归属

在计算出全部变动性制造费用成本差异的基础上应结合实际进行具体分析，以查清费用超支或节约的原因，并明确责任。

(四) 固定性制造费用成本差异

1. 固定性制造费用成本差异的计算

固定性制造费用不同于变动性制造费用，它具有在相关范围内其总额固定不变的特性，这就决定了其采用的成本控制方法与变动性制造费用所采用的方法不同，常常通过编制固定预算进行成本控制，而不是使用弹性预算进行控制。

固定性制造费用成本差异是指在实际产量下，固定性制造费用实际发生总额与其标准发生总额之间的差额，用公式表示为

固定性制造费用成本差异=实际产量下实际固定性制造费用-
实际产量下标准固定性制造费用
=固定制造费用实际分配率×实际产量实际工时-
固定性制造费用标准分配率×实际产量标准工时

固定性制造费用总差异的分解具体有两种方法：一种是两差异法；另一种是三差异法。

(1) 两差异法。两差异法，亦称"二因素分析法"，是将总差异分解为预算差异和能量差异两部分，它们的计算公式分别为

固定性制造费用预算差异＝实际产量下实际固定性制造费用(即实际总额)－
预算产量下标准固定性制造费用(即预算总额)

固定性制造费用能量差异＝固定性制造费用标准分配率×(预算产量标准工时－
实际产量标准工时)

【例8-5】仍根据表8-1中A产品标准成本卡资料假定该企业2020年1月份固定性制造费用实际支出总额为30 000元，实际产量1 000件，实际工时2 800小时，预算产量标准工时为3 600小时，固定性制造费用预算总额为28 800元，则固定性制造费用标准分配率为8元/小时。

要求：计算有关固定性制造费用差异。

解：固定性制造费用成本差异＝30 000－1 000×3×8＝6 000(元)(U)

其中，固定性制造费用预算差异＝30 000－28 800＝1 200(元)(U)

固定性制造费用能量差异＝8×(3 600－1 000×3)＝4 800(元)(U)

(2) 三差异法。三差异法，亦称"三因素分析法"，是将固定性制造费用成本总差异分解为开支差异、能力差异(又称产量差异)和效率差异三种，开支差异的计算与二因素分析法中的预算差异相同。不同的是将二因素分析法中的能量差异进一步分解为两部分：一部分是实际工时未达到标准能量而形成的能力差异；另一部分是实际工时脱离标准工时而形成的效率差异。其计算公式分别为

固定性制造费用预算差异＝实际产量下实际固定性制造费用－
预算产量下标准固定性制造费用

固定性制造费用能力差异＝固定性制造费用标准分配率×(预算产量标准工时－
实际产量实际工时)

固定性制造费用效率差异＝固定性制造费用标准分配率×(实际产量实际工时－
实际产量标准工时)

2. 固定性制造费用成本差异的原因及责任归属

在计算出全部固定性制造费用成本差异的基础上，结合实际进行具体分析，以查清费用超支或节约的原因，并明确责任。

第四节 成本差异的账务处理

采用标准成本法进行核算的企业，为了同时提供标准成本、成本差异和实际成本三项成本资料，通常要设置"原材料""生产成本"和"产成品"账户登记标准成本，并设置成本

差异账户分别记录各种成本差异,在期末将标准成本各相关账户进行结转,将标准成本调整为实际成本。

一、"原材料""生产成本"和"产成品"账户登记标准成本

无论是借方和贷方均登记实际数量的标准成本,其余额亦反映这些资产的标准成本。

二、设置成本差异账户分别记录各种成本差异

在需要登记"原材料""生产成本"和"产成品"账户时,应将实际成本分离为标准成本和有关的成本差异,标准成本数据记录"原材料""生产成本"和"产成品"账户,而有关的差异分别记入各成本差异账户。各差异账户借方登记超支差异,贷方登记节约差异。

日常计算出来的各类成本差异除了可据以编报有关差异分析报告单之外,还应分别归集登记有关成本差异明细分类账或登记表,使差异能在账户系统中得以记录,以便期末汇总每一类差异的合计数并统一进行处理。

成本差异核算所使用的账户既可以按大的成本项目设置,又可按具体成本差异的内容设置。在完全成本法下,按大的成本项目设置的核算成本差异的会计科目包括"直接材料成本差异"科目、"直接人工成本差异"科目、"变动性制造费用成本差异"科目和"固定性制造费用成本差异"科目,每一个科目下再按差异形成的原因分设明细科目。在变动成本法下,可以不设置"固定性制造费用成本差异"科目。

按具体差异设置的科目应包括"直接材料用量差异""直接材料价格差异""直接人工效率差异""直接人工工资率差异""变动性制造费用耗费差异""变动性制造费用效率差异""固定性制造费用预算差异"(或"固定性制造费用开支差异")和"固定性制造费用能量差异"(或"固定性制造费用能力差异"和"固定性制造费用效率差异")等。

对本期发生的成本差异应及时在有关会计账户上登记。对超支差应借记有关差异账户,节约差则贷记相应的差异账户,生产费用账户则按标准成本予以登记。记录差异的会计分录通常在实际成本发生并且计算出差异的同时予以编制。

【例 8-6】依据[例 8-2]~[例 8-5]中计算的各类差异,编制有关会计分录。
(1) 借:生产成本——A 产品　　　　　150 000
　　　　直接材料用量差异　　　　　　30 000
　　　贷:直接材料价格差异　　　　　　12 000
　　　　　原材料　　　　　　　　　　168 000
(2) 借:生产成本——A 产品　　　　　 30 000
　　　　直接人工工资率差异　　　　　 5 600
　　　贷:直接人工效率差异　　　　　　 2 000
　　　　　应付工资　　　　　　　　　 33 600

(3) 借:	变动性制造费用	18 000	
	变动性制造费用耗费差异	1 400	
	贷: 变动性制造费用效率差异		1 200
	有关科目		18 200
(4) 借:	固定性制造费用	24 000	
	固定性制造费用预算差异	1 200	
	固定性制造费用能力差异	6 400	
	贷: 固定性制造费用效率差异		1 600
	有关科目		30 000

三、各会计期末对成本差异进行处理

各成本差异账户的累计发生额，反映了本期成本控制的业绩。在月末(或年末)对成本差异的处理方法有如下两种。

1. 结转本期损益法

结转本期损益法，是在会计期末将所有差异转入"利润"账户，或者先将差异转入"主营业务成本"账户，再随同已销产品的标准成本一起转至"利润"账户。采用这种方法的依据是认为标准成本就是企业的正常成本，成本差异是不正常的低效率和浪费造成的，应当直接体现在本期损益之中，使利润能体现当期经营业绩的高低。此外，这种方法的账务处理比较简便。但是，如果差异数额较大或者标准成本制定得不符合实际的正常水平，则这种方法不仅使存货成本严重脱离实际成本，而且会歪曲本期经营成果，因此在成本差异数额较大时不宜采用这种方法。

【例 8-7】假定 2021 年 1 月只发生了如[例 8-6]所示的几项成本差异。在完全成本法下，期末按直接处理法应编制如下分录。

借:	销售成本	27 800	
	直接材料价格差异	12 000	
	固定性制造费用效率差异	1 600	
	直接人工效率差异	2 000	
	变动性制造费用效率差异	1 200	
	贷: 直接材料用量差异		30 000
	变动性制造费用耗费差异		1 400
	直接人工工资率差异		5 600
	固定性制造费用预算差异		1 200
	固定性制造费用能力差异		6 400

2. 调整销货成本与存货法

调整销货成本与存货法，是在会计期末将成本差异按比例分配至已销产品成本和存货成本。采用这种方法的依据是税法和会计制度均要求以实际成本反映存货成本和销货成本。本期发生的成本差异，应由存货和销货成本共同负担。当然，这种做法会增加一些计算分配的工作量。此外，有些费用计入存货成本不一定合理，如闲置能量差异是一种损失，并不能在未来换取收益，作为资产计入存货成本明显不合理，不如作为期间费用在当期参加损益汇总。这种方法适合标准成本过时或制定的不合理，成本差异过大时用以确定产品的实际成本，但缺点是分配差异工作过于烦琐。

【例 8-8】 假定 2021 年 1 月初存货量为 0，产品完工率为 80%，完工产成品均已售出。在完全成本法下，期末按递延法应编制如下分录。

```
借：销售成本                      22 240(27 800×80%)
    生产成本                       5 560(27 800×20%)
    直接材料价格差异              12 000
    固定性制造费用效率差异         1 600
    直接人工效率差异               2 000
    变动性制造费用效率差异         1 200
    贷：直接材料用量差异          30 000
        变动性制造费用             1 400
        直接人工工资率差异         5 600
        固定性制造费用预算差异     1 200
        固定性制造费用能力差异     6 400
```

成本差异的处理方法选择要考虑许多因素，包括差异的类型(材料、人工或制造费用)、差异的大小、产生差异的原因和时间(如季节性变动引起的非正常差异)等。因此，可以对各种成本差异采用不同的处理方法，如材料价格差异多采用调整销货成本与存货法，闲置能量差异多采用结转本期损益法，其他差异则可视企业具体情况而定。值得强调的是，差异处理的方法要保持历史的一致性，以便使成本数据保持可比性，并防止信息使用人发生误解。

思 考 题

1. 什么是标准成本？标准成本有哪几种类型？
2. 标准成本法的主要内容是什么？
3. 标准成本法下如何进行变动性费用的差异分析？
4. 标准成本法下固定性制造费用如何进行差异分析？
5. 标准成本法下账务处理的基本原理是什么？

延伸阅读

《管理会计应用指引第 302 号——标准成本法》

标准成本法

第九章

责任会计

学习目标

通过本章的学习，要求学生：
- 了解责任会计的概念。
- 掌握责任中心的概念。
- 了解责任中心的种类。
- 掌握责任中心的评价与考核。
- 了解内部转移价格的意义及其制定方法。

引导案例

华为技术有限公司，是我国知名通信设备生产商，2020年上半年财报显示，其实现全球销售收入6 036亿元人民币，同比增长15.7%，净利润475亿元人民币，同比增长28.1%。营收、净利润双双上升，已超越三星成为全球第一大通信供应商，这在2020年全球疫情暴发、华为遭到一些国家经济打压、技术封锁的背景下，实属不易。华为能在三十年中崛起，取得年复合增长率为50%的回报，与它采取的责任制经营方式是紧密相关的。华为所采取的责任中心制，即按照不同部门的职责和应承担的经营责任，把它划分为投资中心、利润中心、成本中心、费用中心，并按照这几个中心进行责任中心的定位，尽可能地协调权、责、利的关系。

华为的责任中心建设是近年来华为整个管理思想演变的一个结果，其主要影响体现在下放经营权及加强监控权两个方面。首先，下放经营权。将权力通过授权、行权和管控的方式授给一线员工，让清楚市场环境的人去决定如何经营才能适应市场的发展趋势。其次，加强监控权。责任中心建设及全面预算管理，其实就是在下放权力的过程中起到一个约束和管控的作用，让经营权被公司收回来，让各部门"从心所欲不逾矩"。对此，华为在营销体系(LTC)流程变革之前就先做了集成财务服务，财经体系(IFS)变革，其中重要的核心就是责任中心建设和计划预算预测，通过这两个部分构建及约束了监控机制。此外，华为根据责任中心定位设计每个组织应承担的经营指标，既避免了内部转移定价所带来的争议，减少公司内部资源耗费，又使整个经营指标在组织内部进行分解，使得每个组织的合力往一块使，能够围绕公司经营的整体目标努力。因此，从本质上来看，责任制经营是华为治理架构的一个重要基石，是支撑华为战略落地到执行的过程。

第一节 责任会计概述

一、责任会计的发展及意义

责任会计(responsibility accounting)一词源于19世纪20年代的西方，以泰勒的"科学管理理论"为基础的标准成本制度的出现，使西方资本主义经济得以迅速发展，企业组织规模不断扩大。第二次世界大战后，越来越多的股份公司、跨行业公司和跨国公司出现，使传统的企业管理模式已难以发挥有效作用。许多企业开始由集权管理制度逐渐向分权管理制度转化，即将决策权随同相应的责任下放给基层经理人员，并确定相应的业绩考评指标与方法。责任会计正是顺应分权管理制度的要求而产生并不断发展和完善起来的，是会计核算和会计管理向企业内部纵深发展而出现的一种服务于企业内部的会计制度。

在我国，尽管责任会计理论的系统研究是改革开放以后的事情，但20世纪50年代初的班组经济核算、60年代的资金与成本的归口分级管理、80年代的厂内经济核算等都在不同程度上体现了我国责任会计思想的发展，这也可以说是经济发展的规律使然。

责任会计作为现代管理会计中的重要内容，实质上就是把企业的会计资料同各个责任中心紧密联系起来的信息系统，它的建立与完善有利于实现企业整体目标与各责任中心的局部目标相统一；有利于充分调动各个责任单位的工作积极性和主动性；有利于贯彻经济责任制及考核、评价各个责任中心的工作业绩与经营成果；有利于进一步强化企业内部经营管理，从而促使企业的生产经营活动沿着预定目标卓有成效地进行。

二、责任会计的概念及其制度构成

责任会计指以企业内部建立的各级责任中心为主体，以权、责、利的协调统一为目标，利用责任预算为控制的依据，通过编制责任报告进行业绩考核评价的一种内部会计制度。

责任会计的制度构成包括：设置责任中心，明确责权范围；编制责任预算，确定考核标准；提交责任报告，考核预算的执行情况；评价经营业绩，实施奖惩制度。

三、责任会计的基本内容

责任会计具体体现在分权管理的条件下,以企业内部的各个责任中心为会计主体,以责、权、效、利相统一的机制为基础,并以各个责任中心可控的资金运动为对象,对各个责任中心经营活动的进程和效果进行控制、评价和考核的一种内部会计控制制度。基本内容包括如下几方面。[①]

(一) 合理划分责任中心,明确规定权责范围

根据企业的具体情况和内部管理的实际需要,把其所属的各部门、各单位划分为若干责任中心,并规定各个责任中心的负责人应向其上一级责任中心承担的经营责任。同时,授予他们相应的经营管理决策权,使其经济利益与业绩直接挂钩。

(二) 编制责任预算,确定业绩考核标准

按照责任中心将企业生产经营的总体目标和任务层层分解,具体落实到每一个责任中心,作为各责任中心开展日常经营活动和评价其工作成果的基本标准和主要依据。

(三) 建立健全严密的信息跟踪系统,进行反馈控制

责任中心必须建立健全一套完整的日常记录、计算和考评有关责任预算执行情况的信息跟踪系统,对实际执行情况进行跟踪反馈,并定期编制"业绩报告"或"责任报告",及时通过信息反馈,控制和调节经营活动,并确保企业总体经营目标的顺利实现。

(四) 制定合理的内部转移价格

企业管理当局制定合理的内部转移价格是为了正确评价各个责任中心的工作业绩,分清各责任中心在相互提供产品或劳务的业务活动中所应承担的经济责任,以便进行计价、结算和责任考核,确保各责任中心和整个企业之间的经营目标达到一致,保证经营目标的顺利实现。

(五) 评价和考核工作业绩,制定有效的奖罚制度

根据既定的业绩考核标准对责任中心的工作实绩和经营成果进行比较,找出差异,分析原因,界定责任,采取有效措施,以确保企业生产经营目标的实现。这就要求企业事先制定一套完整而有效的奖惩制度,以各个责任中心实际工作业绩的好坏为依据进行奖惩,最大限度地调动员工的积极性,保证责任会计制度的贯彻执行。

---

① 余恕莲. 管理会计[M]. 北京: 对外经济贸易大学出版社, 2000.
余绪缨. 管理会计学[M]. 北京: 中国人民大学出版社, 1999.

(六) 定期编制业绩报告

业绩报告是责任中心在一定期间内从事生产经营活动的集中反映，是责任中心责任预算实际执行结果的概括说明。通过定期编制业绩报告，有助于保证各责任中心的主管人员对其责任预算同实绩之间的差异进行深入分析，并根据自身的特点，按照企业整体经营目标相应调节和控制自身责权范围内的生产经营活动，共同为提高企业生产经营的总体效益而努力。

四、责任会计的构成原则

为了更好地发挥责任会计制度的作用，企业在建立责任会计制度时应遵循如下六大基本原则。

1. 责任主体原则

责任会计的核算对象应是企业内部的各责任单位，责任会计信息的收集、记录、整理、计算和分析等工作都必须按责任单位进行划分，以保证对各责任单位经济责任的正确考核。

2. 目标一致原则

责任会计制度建立的目的在于促使企业内部各部门、各环节、各层次更好地履行自己的经济责任，促进各个责任中心出色地完成其各项工作任务，从而保证企业总体经营目标的圆满实现。在责任会计计量、考核和评价责任中心工作成果和责任预算编制时，各责任中心应在追求自身利益最大化的同时，不损害企业整体利益，保证局部利益和整体利益的一致性。

3. 可控性原则

可控性原则要求企业对各责任中心所赋予的经济责任，应以其能够控制为前提。每一责任单位只对其权责范围内可控的成本、收入、利润和资金项目负责，而不可控项目不应由该责任单位承担经济责任。在责任预算和业绩报告中，各责任中心只对其能够控制的因素的相关指标负责。在考核时，应排除责任中心不能控制的因素，以保证责、权、效、利的紧密结合。

4. 责任激励原则

合理的、切实可行的责任会计制度，应对提高管理人员的管理效率和效益，对提高各责任中心的工作积极性，更好地实现企业的总体经营目标具有激励作用。通常影响责任激励的因素主要有责任是否明确、责任目标完成的难易程度，以及相应的奖惩措施等。因此，在建立责任会计制度时，必须充分估计各影响因素的作用，利用利益机制激发各责任中心完成任务的积极性，充分发挥责任会计的激励作用。

5. 及时反馈原则

及时反馈原则要求各责任中心在预算执行过程中，对其生产经营活动提供及时、准确、可靠的信息，以便发现问题，及时采取措施加以控制。这里的"反馈"主要涉及两个方面：

一是向各责任中心反馈，使其能够及时了解预算的执行情况，不断调整偏离预算的差异，以实现预定的目标；二是向其上一级责任中心反馈，以便上一级责任中心能够及时了解其管辖责任范围的情况。贯彻及时反馈原则，有利于更好地发挥责任会计的控制职能，进一步提高企业的经营管理水平。

6. 公平性原则

公平性原则要求各责任中心在公平、合理的条件下进行生产经营活动，从而更好地实现企业总体目标。在编制责任中心责任预算时，应注意预算水平的协调性，避免出现诸如由于内部结算方法制定不当而导致不能"等价交换"等现象，充分调动各责任中心人员的积极性。

第二节 责任中心及其种类

一、责任中心的概念及其特征

(一) 责任中心的概念

企业为了实行有效的内部协调与控制，往往按照统一领导、分级管理的原则，将整个企业逐级划分为若干个责任领域，即责任中心。责任中心(responsibility center)是指由专人承担一定的经济责任，并具有相应管理权限和相应经济利益，能够对其经济活动进行严格控制的企业内部单位。责任中心受命完成某项特定的任务，并接受企业提供的为完成这些任务所需的资源。

建立责任中心是实行责任预算和责任会计的基础。企业为了保证总体经营目标的贯彻落实和最终实现，必须按照责任中心将企业总预算中确定的目标和任务逐层进行分解，形成责任预算，使各个责任中心据以明确目标和任务。责任预算执行情况的揭示和考评可以通过责任会计来进行。

(二) 责任中心的基本特征

建立责任中心是建立责任会计制度的首要前提。通常责任中心具有如下五个基本特征。[①]

(1) 责任中心是一个责、权、利相结合的实体，这是责任中心的本质特征。各个责任中心是按照经济责任、管理权限和利益分配等机制建立起来的责任单位，是实施责任会计的前提条件，有利于充分发挥各个责任中心各级管理人员及全体职工的积极性。

(2) 责任中心具有与其管理目标相适应的独立的经济管理决策权。建立责任中心时应合理下放企业经营管理决策权，使各责任中心能够在瞬息万变的外部市场竞争环境下独立执行

---

① 财务部会计资格评价中心. 财务管理[M]. 北京：中国财政经济出版社，2002.
张涛. 管理成本会计[M]. 北京：经济科学出版社，2001.

和完成上级所要求的经营管理任务，同时有效地进行与企业总体经营目标相一致的自我管理活动。

(3) 责任中心拥有承担经济责任的基本条件。它包含两个方面：一是责任中心具有履行经济责任中各条款的行为能力；二是责任中心一旦不能履行经济责任，能对其后果承担责任。责任中心只有同时具备上述两个条件，才能在行使独立管理决策权时不损害企业总体的利益。

(4) 责任中心承担的责任和行使的权力是可控的。可控是相对于不可控而言的，不同的责任层次，其可控的范围并不一样。通常，责任层次越高，其可控范围也就越大。每个责任中心只能对其责权范围内可控的成本、收入、利润和投资负责，在责任预算和业绩考核中也只应包括它们能控制的项目。

(5) 责任中心具有相对独立的经营业务和单独的责任会计核算。相对独立的经营业务是责任中心得以存在的前提条件，是确定经济责任的客观对象。而责任中心要划清经济责任，进行单独的责任会计核算是根本保证，只有既划清责任又能进行单独核算的企业内部单位，才能作为一个责任中心。

概括来说，建立责任中心必须满足以下条件：一是必须有承担经济责任的主体——责任者；二是必须有确定经济责任的客观对象——资金运动；三是必须有考核经济责任的基本标准——责任预算；四是必须具备承担经济责任的基本条件——职责和权限。凡不具备以上条件的单位或个人，不能构成责任实体，不能作为责任会计的基本单位。

二、责任中心的种类

划分责任中心是实施责任会计的首要步骤。如何建立责任中心，建立多少责任中心，完全取决于企业内部控制、考核的要求。通常，企业应按照其内部单位的权责范围及业务活动的特点不同，将责任中心划分为成本中心、利润中心和投资中心三大类。

(一) 成本中心

成本中心(cost center)，是指有权发生并控制成本或费用，并对其成本和费用承担经济责任的单位。这类责任中心一般没有收入来源，故该中心既不计量和考核收入、利润、资金，也不对收入、利润或资金负责。

成本中心是企业最基础、最直接的责任中心，其应用范围最为广泛，凡是企业内部有成本或费用的发生、需要对成本负责并能进行控制的单位(如负责产品生产的生产部门、劳务提供部门及企业的职能管理部门等)，都可作为成本中心加以考核。在工业企业中，上至工厂一级，下至车间、工段、班组，甚至个人都有可能成为成本中心，这些层级不同、规模不一的成本中心共同构成了一个逐级控制、层层负责的企业成本中心体系。

成本中心按其投入与产出之间相互关系的不同，可划分为两类：标准成本中心和费用中心。标准成本中心，即投入量同产出量之间有密切联系的成本中心。这类成本中心的成本，其发生的数额通过技术分析可以相对可靠地估计出来，如产品生产过程中发生的直接材料、直接人工、间接制造费用等，故这类成本中心又称为技术性成本中心。通常，标准成本中心的典型代表是制造业工厂、车间、工段、班组。费用中心也称为任意成本中心，是指投入量同产出量之间没有直接联系，其费用发生与否及发生数额的多少均由管理人员的决策行为决定，主要包括各种管理费用和某些间接费用，如研究开发费用、广告宣传费用、职工培训费用等。对于这类成本中心，其所耗费的资源同其所取得的成果之间不存在密切关系，其所提供的有关产品和劳务不能用通常的财务指标予以衡量。一般性行政管理部门、销售部门和研究开发部门等均可视为费用中心。

无论是标准成本中心还是费用中心，都应当具有如下三大特点。

1. 成本中心的考评对象是成本费用

成本中心一般不具备独立的经营权和销售权，其经济活动的结果不会形成可以以货币计量的收入。有的成本中心即使可能会有少量的收入(如生产车间可能会取得少量外协加工收入)，但从整体上讲，由于其产出与投入之间不存在密切的对应关系，这些收入不应作为该中心主要的考核内容，也不应计算这些收入。总之，成本中心只以货币形式计量投入，不以货币形式计算产出。

2. 成本中心只对可控成本承担责任

成本费用按其责任主体能否予以控制分为可控成本与不可控成本。凡责任中心能控制其发生及其发生数量的成本称为可控成本；凡责任中心不能控制其发生及其发生数量的成本称为不可控成本。

通常，可控成本应具备四个基本条件：①可以预知，成本中心必须能够预知将要发生的耗费及其发生的时间；②可以计量，成本中心必须能够对发生的耗费加以准确计量；③可以施加影响，成本中心必须能够通过自身的行为对其发生的费用加以调节和控制；④可以落实责任，成本中心必须能够将有关成本的控制责任分解落实，并进行考核评价。凡不具备上述三个条件的成本即为不可控成本，不属于成本中心考核的范围。

成本的可控与不可控并非绝对，而是相对于某一特定的责任中心或某一特定的时期而言，这与责任中心所处的管理层次的高低、管理权限及控制范围的大小和经营期间的长短直接相关。一般来说，一项成本对于较高层次的责任中心而言是可控的，对于其下属的较低层次的责任中心而言可能就是不可控的；反之，较低层次的责任中心的不可控成本，则可能是其所属较高层责任中心的可控成本；而对于企业最高管理层来说，所有成本都是可控成本。责任中心的管理权限越大，则可控成本的范围也越大。此外，某些成本对处于同一层次的某一责任中心而言是可控的，对于另一个责任中心则是不可控的。

3. 成本中心只对责任成本进行考核与控制

就某一成本中心来说，责任成本就是该责任中心主管人员必须而且能够负责或控制的有关成本和费用，是该责任中心当期所发生的各项可控成本之和。责任成本有别于一般意义上的产品成本，具体而言：①成本计算对象不同。产品成本是以产品为对象来归集和分配费用的；责任成本是以责任单位为对象来归集和分配费用的。②成本计算原则不同。产品成本是按照"谁受益，谁承担"原则进行计算；责任成本则是按照"谁负责，谁承担"原则进行计算。③成本计算基础不同。产品成本是按照制度规定的成本项目为基础计算的；责任成本则是以可控成本为基础计算的。④成本计算目的不同。产品成本计算主要是为成本的合理补偿及正确计量利润提供成本信息；而责任成本计算的主要目的在于控制耗费，降低成本，评价和考核责任中心的工作成果，提高经济效益。责任成本与产品成本虽有上述区别，但两者在性质上是相同的，即同为企业生产经营过程中的资金耗费。

责任成本可分为预算责任成本和实际责任成本，前者即由预算分解确定的各责任中心应承担的责任成本；后者即各责任中心从事业务活动实际发生的责任成本。在对成本中心的工作业绩进行评价与考核时，主要是将成本中心实际发生的责任成本与其责任成本预算进行比较而实现。

(二) 利润中心

利润中心(profit center)，是指对利润负责的责任中心。由于利润等于收入减去成本费用的差额，故利润中心是既对利润，也对收入和成本费用承担责任的责任单位。

与成本中心相比，利润中心的权力和责任都相对较大。利润中心往往处于企业内部的较高层次，即企业内部具有较高管理层次，具有独立的经营权、独立的收入来源或视同独立收入、能够独立进行会计核算的责任单位，如分公司、分厂、有独立经营权的各部门等。利润中心不仅对成本的发生负责，也必须对收入和利润的实现承担责任，也就是说，它不仅要尽可能地降低成本，而且更要追求收入和利润的增长，并使之超过成本的增长。

利润中心按照收入来源的性质或产品及劳务的销售方式不同，可分为自然利润中心与人为利润中心两类。自然利润中心，即可以直接对外销售产品或提供劳务并取得收入的利润中心。这类利润中心类似于一个完整的、独立的企业，本身直接面向市场，具有产品的销售权、价格制定权、材料采购权和生产决策权等，能够独立地控制成本、取得收入和利润。自然利润中心最典型的形式是公司内的事业部。人为利润中心，即只在本企业内部销售产品或提供劳务而取得"内部销售收入"的责任单位。这类利润中心一般也应具有独立的经营权，能自主决定本利润中心的产品品种、产品质量、作业方法、资金使用等，但不直接对外销售产品或提供劳务，它只在企业内部，按照"内部转移价格"将产品销售给本企业其他责任中心，从而取得收入并实现其内部利润。可见，作为人为利润中心须具备两个基本条件：一是该中心可向其他责任中心提供产品或劳务；二是能为该中心的产品确定合理的内部转移价格，以实现公平交易、等价交换。人为利润中心往往是由成本中心转化而来的。

(三) 投资中心

投资中心(investment center)，是指既对成本、收入和利润负责，又对投资效果负责的责任中心。由于企业投资的最终目的是为了获得利润，因而投资中心实际上也是利润中心，拥有较一般利润中心大得多的控制区域和职权范围。具体而言，投资中心处于责任中心的最高层次，具有最大的投资决策权(即能够相对独立地运用其所掌握的资金，通过购置和处理固定资产来扩大或缩小生产能力等)，也承担最大的责任。

投资中心不同于一般的利润中心，其主要区别为：第一，权利不同。利润中心没有投资决策权，只拥有在企业投资形成后的具体经营权；而投资中心不仅享有较大的生产及销售自主权，而且拥有投资决策权。第二，考核办法不同。考核利润中心业绩时不考虑投资问题；而考核投资中心业绩时必须将所获得的利润与所占用的资产进行比较。

投资中心是分权管理的最突出表现，大型集团公司所属的分公司、子公司往往都是投资中心。在组织形式上，成本中心一般不是独立的法人，利润中心可以是也可以不是独立的法人，但投资中心一般都是独立的法人。

第三节 责任中心的评价与考核

责任中心的评价与考核是责任会计的重要环节，它以责任预算为依据，对责任预算的实际执行情况进行系统的记录和计量，通过定期编制业绩报告，考评各责任中心的工作成果并予以适当奖惩，促使各责任中心积极纠正偏差，努力完成所承担的责任。这里的业绩报告是指根据责任会计记录而编制的反映责任预算实际执行情况的会计报告，其主要形式有报表、数据分析和文字说明等。通常，在分析责任预算与实际执行情况的差异时，企业必须对重大差异进行定量分析和定性分析，并根据分析结果提出改进建议，以便各责任中心和企业最高管理当局进一步予以控制。

一、成本中心的评价与考核

成本中心的评价与考核只应对其可控成本负责，其基本内容是将实际责任成本与预算责任成本进行比较，确定两者差异的数额、性质及形成原因。成本中心的考核指标主要采用相对指标和比较指标，包括成本(费用)变动额和变动率两个基本指标，其计算公式为

$$成本(费用)变动额 = 实际责任成本(或费用) - 预算责任成本(或费用)$$

$$成本(费用)变动率 = \frac{成本(费用)变动额}{预算责任成本(费用)} \times 100\%$$

在进行成本中心考核时，如果预算产量与实际产量不一致，应注意按弹性预算的方法先行调整预算指标，然后再按上述指标计算。

必须指出，成本中心的具体评价与考核同成本中心的类型直接相关。标准成本中心的考评是成本中心考核的重点，该中心不对生产能力的利用程度负责，而只对既定产量的投入量承担责任，其具体考核指标是既定产品质量和数量下的标准成本。也就是说，标准成本中心

必须按规定的质量、时间标准和预算产量来生产。这个要求是硬性的，很少有伸缩余地，如果未达到要求，成本中心将受到批评甚至惩罚；但如果产量过高，造成积压，给企业带来损失，也应视为未按预算进行生产。成本中心由于缺少度量其产出的标准及投入与产出之间的关系不密切，运用传统的财务技术来评价与考核该中心的预算执行情况、工作质量和服务水平等变得极为困难。因此，企业可以利用成本预算来评价成本中心的业绩。

二、利润中心的评价与考核

利润中心的评价与考核指标是利润，通过比较一定期间实际实现的利润与责任预算所确定的利润，可以评价其责任中心的业绩。在评价与考核时，应以成本的计算和考核为依据，正确计算该中心的利润。通常，对于不同成本计算方式和不同范围的利润中心来说，其利润指标的表现形式和考核重点也不尽相同。

首先，利润中心只计算可控成本，不分担不可控成本，亦不可分摊共同成本。这种方式主要适用于共同成本难以合理分摊或无须进行共同成本分摊的场合，如人为利润中心。采用这种成本计算方式的"利润中心"，实质上已不是完整和原来意义上的利润中心，而是边际贡献中心，因为该中心计算的盈利不是通常意义上的利润，只相当于"边际贡献总额"。这种利润中心由于不计算共同成本或不可控成本，其考核指标为

$$\text{利润中心边际贡献总额} = \text{该利润中心销售收入总额} - \text{该利润中心可控成本总额(或变动成本总额)}$$

需要说明的是，一般而言，利润中心的可控成本是变动成本，但如果可控成本中包含可控固定成本，就不完全等于变动成本总额。此外，企业各利润中心的"边际贡献总额"之和，减去未分配的共同成本，经过调整后才是企业的利润总额。

其次，利润中心不仅计算可控成本，也计算不可控成本。这种方式适合于共同成本易于合理分摊或不存在共同成本分摊的场合，如自然利润中心。这类利润中心如果采用全部成本法，利润中心可以直接计算出税前利润；如果采用变动成本法计算成本，其考核指标主要为以下几种，即

$$\text{利润中心边际贡献总额} = \text{该利润中心销售收入总额} - \text{该利润中心变动成本总额}$$

$$\text{利润中心负责人可控利润总额} = \text{该利润中心边际贡献总额} - \text{该利润中心负责人可控固定成本}$$

$$\text{利润中心可控利润总额} = \text{利润中心负责人可控利润总额} - \text{该利润中心负责人不可控固定成本}$$

$$\text{公司利润总额} = \text{各利润中心可控利润总额之和} - \text{公司不可分摊的各种管理费用、财务费用等}$$

值得注意的是，在考核利润中心负责人业绩时，应将其不可控的固定成本从中剔除，只针对经理人员的可控成本费用进行评价与考核。各利润中心的税前利润之和，就是全企业的利润总额。

【例9-1】某企业的A分厂是一个人为利润中心。本期实现内部销售收入600 000元，变动成本为350 000元，该中心负责人的可控固定成本为20 000元，中心负责人不可控且应由该中心负担的固定成本为50 000元。

要求：计算该中心实际考核指标。

利润中心边际贡献总额=600 000-350 000=250 000(元)

利润中心负责人可控利润总额=250 000-20 000=230 000(元)

利润中心可控利润总额=230 000-50 000=180 000(元)

三、投资中心的评价与考核

由于投资中心不仅对成本、收入负责，还应对投资效益负责，对投资中心的评价与考核指标主要是投资利润率和剩余收益。

(一) 投资利润率

投资利润率又称投资报酬率、净资产利润率，是投资中心所获得的利润与投资额之间的比率。它反映投资中心运用"公司产权"供应的每一元资产对整体利润贡献的大小，或投资中心对所有者权益的贡献程度。其计算公式为

$$投资利润率 = \frac{利润}{投资额} \times 100\%$$

投资利润率这一指标，还可以进一步展开为

$$投资利润率 = \frac{销售收入}{投资额} \times \frac{成本费用}{销售收入} \times \frac{利润}{成本费用}$$

$$= 资本周转率 \times 销售成本率 \times 成本费用利润率$$

式中，投资额是指投资中心的总资产扣除负债后的余额，即投资中心的净资产；利润通常指投资中心的息税前利润。此外，为了考核投资中心的总资产运用状况，也可以计算投资中心的总资产息税前利润率，即投资中心的息税前利润除以总资产(平均)占用额。

投资利润率作为广泛采用的评价投资中心业绩的指标，其主要优点是促使管理者像控制费用一样地控制资产占用或投资额的多少，综合反映一个投资中心全部经营成果，主要表现在：①投资利润率能反映投资中心的综合盈利能力，该指标的高低与收入、成本、投资额和周转能力有关。②投资利润率具有横向可比性，即在剔除了因投资额不同而导致利润差异等的不可比因素的基础上，将各投资中心的投入与产出进行比较。③投资利润率可以促使经理人员进行科学的投资决策，优化资源配置。④投资利润率可以正确引导投资中心的经营管理

行为，使其行为长期化。

但是，投资利润率也有其局限性：①世界性的通货膨胀使计算的投资利润率无法真正揭示投资中心的实际经营能力；②投资利润率往往会使投资中心的近期目标与整个企业的长远目标相背离；③投资利润率的计算与资本支出预算所用的现金流量分析方法不一致，不便于投资项目建成投产后与原定目标的比较；④由于一些共同费用无法为投资中心所控制，投资利润率的计量不全是投资中心所能控制的。

（二）剩余收益

为了克服投资利润率的某些缺陷，应采用剩余收益作为评价指标。剩余收益是指投资中心获得的利润扣减其最低投资收益后的余额。其计算公式为

剩余收益=利润-投资额×规定或预期的最低投资报酬率

=息税前利润-总资产占用额×规定或预期的总资产息税前利润率

式中，规定或预期的最低报酬率和总资产息税前利润率通常是指企业为保证其生产经营正常、持续进行所必须达到的最低报酬水平。投资中心的投资额(或资产占用额)乘以规定或预期的最低报酬率即为最低投资收益，或者投资于该项目的机会成本。剩余收益指标具有两个特点：①体现投入产出关系；②避免本位主义，即单纯追求投资中心的投资利润而放弃一些对整个企业有利可图的投资项目。

投资利润率与剩余收益的区别，如表9-1所示。

表9-1　投资利润率与剩余收益的区别

项目	投资利润率	剩余收益
含义	投资中心所获得的利润与投资额之间的比率	投资中心获得的利润，扣减其投资额或净资产占用额，按规定(或预期)的最低收益率计算的投资收益后的余额
计算公式	投资利润率=利润÷投资额×100% 投资利润率=资本周转率×销售成本率×成本费用利润率 总资产息税前利润率=息税前利润÷总资产×100%	剩余收益=利润-投资额(净资产占用额)×规定的预期的最低投资收益率 剩余收益=息税前利润-总资产占用额×规定或预期的总资产息税前利润率
优点	能反映投资中心的综合盈利能力；具有横向可比性，可作为选择投资机会的依据；可正确引导投资中心的经营管理行为，使其长期化	能够反映投入产出的关系，能避免本位主义
缺点	世界性的通货膨胀会使计算的投资利润率无法揭示投资中心的实际经营能力；会造成投资中心的近期目标与整个企业的长远目标背离；与资本指出预算使用的现金流量分析方法不一致，不便于比较；该指标的计量不全是投资中心所能控制的	是一个绝对数指标，不便于部门之间的比较

【例9-2】 某集团公司下设A、B两个投资中心。A中心的投资额为300万元,投资利润率为12%;B中心的投资利润率为15%,剩余收益为10万元。集团公司要求的平均投资利润率为10%。集团公司决定投资200万元,若投向A公司,每年增加利润30万元,若投资B公司,每年增加利润35万元。具体信息如表9-2所示。

表9-2 A中心与B中心的相关投资信息

项目		投资额	投资利润率	剩余收益
追加投资前	A	300	12%	300×12%-300×10%=6
	B	200①	15%	10
	合计	500	13.2%②	500×13.2%-500×10%=16
投资中心A 追加投资200	A	500	13.2%③	(300×12%+30)-500×10%=16
	B	200	15%	10
	合计	700	13.71%④	700×13.71%-700×10%=25.97
投资中心B 追加投资200	A	300	12%	300×12%-300×10%=6
	B	400	16.25%⑤	(200×15%+35)-400×10%=25
	合计	700	14.43%⑥	700×14.42%-700×10%=31.01

注:① =10÷(15%-10%)=200万元
② =[(300×12%+200×15%)÷500]×100%=13.2%
③ =(300×12%+30)÷(300+200)=13.2%
④ =[(500×13.2%+200×15%)÷700]×100%=13.71%
⑤ =(200×15%+35)÷(200+200)=16.25%
⑥ =[(400×16.25%+300×12%)÷700]×100%=14.43%

根据表9-2可知,若以投资利润率作为考核指标,向A投资比向B投资好;但以剩余收益作为考核指标,则应当向B投资。而从整个集团公司角度看,A追加投资时全公司总体投资利润率由13.2%上升到13.71%,剩余收益由16万元上升到25.97万元;B公司追加投资时全公司总体投资利润率由13.2%上升到14.42%,剩余收益由16万元上升到31万元,集团公司应向B公司追加投资,这与以剩余收益指标评价各投资中心业绩的结果一致。可见以剩余收益作为评价指标可以保证各投资中心获利目标与公司总的获利目标一致。

📖 课堂讨论

如何看待"高分低能"的说法

业绩评价的指标通常认为是对一项活动取得效果的评价,实际上业绩评价的确定还有一个导向作用,正确的业绩评价指标有助于我们做正确的事。在我们的学习过程中,考试的分数自然是对学习效果的一种评价,可是我们经常会听到一种说法:"高分低能"。这种说法有时也成为一些考试分数不理想同学的借口,那么你如何看待这一说法呢?

第四节 内部转移价格

一、内部转移价格的概念及意义

内部转移价格(intercompany transfer price)是指企业内部各责任中心在生产经营活动中，由于相互提供产品或劳务而发生内部结算和进行内部责任结转时所使用的价格。内部结转价格使企业内部两个责任中心之间在相互提供产品或劳务时，成为交易的买卖双方，具有与外部市场价格相类似的作用。但内部转移价格与外部市场价格又有许多不同之处，如内部转移价格所影响的买卖双方都处于同一个企业之中，在其他条件不变的情况下，内部转移价格制定得合理与否会影响到买卖双方的获利水平，因为内部转移价格对提供产品或劳务的生产部门来说价格表示收入，而对使用这些产品或劳务的责任单位来说则表示成本。总之，内部转移价格的合理制定，对于正确评价企业内部各责任中心的经营业绩，明确各自的经济责任等方面具有重要意义。

(一) 内部转移价格有利于明确各责任中心的经济责任

制定合理的内部转移价格是划分经济责任的重要手段。要划分各个责任中心的经济责任，首先必须确定各责任中心之间发生业务联系、进行经济往来时所采用的结算价格，即内部转移价格，并用此价格来衡量提供产品或劳务的责任中心的经营成果和接受产品或劳务的责任中心的成本费用。因此，企业只有制定出合理的内部转移价格，才能真正明确各个责任中心的经济责任界限，维护有关各方的正当经济利益，保证责任会计制度的顺利实施。

(二) 内部转移价格有利于客观评价与考核各责任中心的经营业绩

由于内部转移价格既可以表示提供产品或劳务的责任中心的收入，又可以表示接受产品或劳务的责任中心的成本费用，所以，在责任会计制度下，不论是成本中心，还是利润中心、投资中心，它们的业绩考核与评价都直接或间接地同内部转移价格相关。也就是说，合理的内部转移价格能恰当地衡量各责任中心的工作业绩，准确地计量与考核各责任中心责任预算的实际执行结果，使他们的工作业绩和经营效果能够按照科学的标准进行统一的、客观的评价，使责任中心的业绩考核建立在客观、公正和可比的基础之上。

(三) 内部转移价格有利于进行正确的经营决策

内部转移价格的制定和运用，可以有效地将各责任中心的经济责任和工作绩效加以数量化，使企业最高管理者和各责任中心管理人员能够根据企业未来一定期间的经营目标和各责任中心提供的有关成本、收入、利润和资金等相关信息，在计量、分析、比较的基础上进行正确的经营决策，选择履行经济责任、完成责任预算、实现预定目标的最佳行动方案。通过决策，使各责任中心在不影响整个企业利润的前提下，达到各自利益的最优化，从而保证各个责任中心的目标与整个企业的经营目标协调一致。

(四) 内部转移价格有利于调动各责任中心的积极性

合理的内部转移价格，不仅可以衡量各责任中心经济责任的完成情况，而且可以发挥类似于外部市场价格的辅助调节作用，并在相当程度上影响和激励各责任中心负责人和全体员工的劳动态度、工作精神和工作积极性。在企业利润总额不变的情况下，内部转移价格的不恰当提高或降低，都将导致企业内部利润在各个责任中心之间的增减变动，从而可能在不同程度上挫伤某些责任中心负责人和员工的积极性，妨碍整个企业生产经营活动的正常开展和责任会计制度的顺利施行。

二、制定内部转移价格的原则

(一) 全局性原则

制定内部转移价格应当强调企业的整体利益高于各责任单位的利益。因为内部转移价格直接关系到各责任中心经济利益的大小，每一个责任中心为了争取各自的最大利益，必然会要求把内部转移价格定得对自己有利，即实现该责任中心的最大利益。但是，某个责任中心的最大利益并不一定就能带来企业的最大利益，甚至有时还会妨碍实现整体的最大利益。因此，当企业整体利益与各责任中心的局部利益发生冲突时，企业和各责任中心应本着企业整体利润最大化的要求，制定内部转移价格，使部门利益同企业整体利益协调一致。

(二) 公平性原则

所谓公平性，就是指各责任中心所采用的内部转移价格应能使其经营努力与经营收益相适应。内部转移价格直接关系到各责任中心经济利益的大小，为了防止某些责任中心因结算价格上的优势而获得一些额外利益，而某些责任中心因价格劣势而遭受额外损失，在制定内部转移价格时应当公正、合理，使各责任中心的经营努力与其收益相适应。

(三) 激励原则

内部转移价格的激励原则主要体现在调动各责任中心的积极性上。企业内部各责任中心具有相对独立的地位，具有各自的责任和利益。因此，制定的内部转移价格，应能对经营业绩的评价提供合理的基准，能激励基层经理更好地经营；激励各责任中心生产经营的积极性；同时，促进分权单位与企业整体之间的目标一致性。具体而言，一方面要调动购买中间产品或劳务的责任中心主管人员从事业务经营的积极性，促使他们尽最大努力节约开支、降低成本，以实现成本最小化；另一方面应调动销售中间产品或劳务的责任中心主管人员从事业务经营的积极性，促使他们尽最大努力扩大销售、增加收入，实现收益最大化。

(四) 自主性原则

内部转移价格所影响的交易双方由于同处于一家企业之中,其内部转移价格的任何变化都不会引起企业利润总额的变化,只会引起交易双方的收入或内部利润呈相反方向变化。因此,为了使各责任中心的经济责任明晰,在确保企业整体利益的前提下,只要可能,各责任中心就应通过自主竞争或讨价还价来确定内部转移价格,真正在企业内部实现市场模拟,使内部转移价格能为各责任中心所接受。也就是说,所制定的内部转移价格不应成为限制各责任中心主管人员行动的手段,而应能使他们在实际经营过程中充分行使自主权,在不受干扰和不被强制要求的条件下自主做出决策。例如,接受产品或劳务的责任中心有权按较低的价格进行内部转账结算,甚至有权直接从外部市场获得有关产品或劳务;而提供产品或劳务的责任中心有权按较高的价格进行内部转账结算,甚至有权直接向外部市场销售有关产品或劳务。

三、内部转移价格的种类及制定方法

为了正确评价企业内部各责任中心的经营业绩,明确各自的经济责任,使各责任中心的业绩考评建立在客观的基础之上,企业必须根据各责任中心业务活动的特点,正确制定企业的内部转移价格。通常,按照制定价格的基础不同,内部转移价格可以分为如下几种类型。

(一) 市场价格

市场价格是企业外部同类产品或劳务的市场交易价格。在中间产品存在完全竞争市场的情况下,企业将产品投入市场,在市场竞争中判断社会所承认的产品价格,即市场价格,是计量产品内在经济价值的最好方法。因为以市场价格为基础确定的内部转移价格,不会使提供产品或劳务的一方因内部转移而失去应获得的收益,也不会使接受产品或劳务的一方因此而多支付销售费用,如包装、发运、广告、结算等。

以市场价格为基础制定内部转移价格时,应当注意:

(1) 采用市场价格的基本假设条件:①中间产品有完全竞争的市场,并有公开的市场价格可供采用。也就是说,企业外部存在中间产品的公平市场,生产部门被允许向外界顾客销售任意数量的产品,购买部门也可以从外界供应商那里获得任意数量的产品。②各责任中心都处于独立自主的状态,对其所需要的中间产品或劳务可以自行决定是外部购买还是内部购销。当生产部门采用这种转移价格不能长期获利时,企业可以停止生产该产品而到外部去采购。同样,当购买部门以此价格进货不能长期获利时,则可以停止购买并进一步加工此产品,同时应尽量向外部市场销售这种产品。

(2) 当中间产品存在外部市场时,以市场价格作为内部转移价格,并不等于直接将市场价格用于结算,而应对市场价格进行一些必要的调整。因为,一方面,如果企业的中间产品是向外销售,会因此而发生销售费用和管理费用,而如果中间产品在企业内部转移时,则会避免这些费用的发生；另一方面，如果直接用市场价格作为内部转移价格，则这些费用的节约所带来的好处都将成为提供产品或劳务的一方所得，与内部转移价格的公平性原则相悖。为了使各责任中心的利益分配更加公平，因产品或劳务内部转移而节约的费用应从市场价格中扣除，使内部转移价格低于市场价格。

值得注意的是，外部供应商为了能与企业进行长期交易，可能会报一个较低的价格，同时期望日后抬高价格。因此，在确认外部价格时应保证价格可以长期不变。另外，企业内部转移的中间产品可能比外购产品的质量更有保证，并且更容易根据企业需要加以改进。因此，在经济分析无明显差别时，各责任中心应当从企业整体利益出发，鼓励利用内部的供应能力，尽可能从内部取得产品或劳务，而不应该依靠外部供应商。

以市场价格作为内部转移价格，有利于真正将企业内部各责任中心推向外部市场的竞争环境，促使它们改善经营管理，降低成本费用，提高经济效益；同时，在企业内部形成真正的竞争市场环境，使每个利润中心或投资中心成为名副其实的独立经营单位。

(二) 协商价格

协商价格是指企业内部交易双方以正常的市场价格为基础，定期就转移中间产品的数量、质量、时间和价格进行共同协商，并确定双方都愿意接受的内部转移价格。

成功地协商转移价格依赖于下列条件：①采用这种内部转移价格的前提条件是中间产品有一个非完全竞争性的市场可以交易，且在这个市场内交易双方可以自由地选择接受或拒绝某一价格。如果根本没有可能从外部取得或销售中间产品，就会使一方或双方处于垄断状态，最终价格由于在很大程度上受谈判人员实力和技巧的影响，故而不是协商价格而是垄断价格。②谈判者共同分享所有的信息资源，使协商价格接近一方的机会成本，如能接近双方的机会成本则更为理想。③最高管理层的必要干预。虽然交易双方可以通过定期协商来确定双方都愿意接受的内部转移价格，以发挥分散经营的优点，但对可能导致企业非最优决策的协商结果，最高管理层有必要进行干预，对于双方不能自行解决的争论也有必要进行调解。值得强调的是，最高管理层的这种干预应该是有限度的，切忌将谈判变成由上级裁决一切问题。

协商价格往往低于市场价格，通常协商价格的上限是市场价格，下限是单位变动成本。将协商价格作为内部转移价格，可以顾及双方利益，使价格具有一定的弹性，但在协商过程中不可避免地要花费大量人力、物力和时间，部门获利能力大小与谈判人员的谈判技巧有很大的关系，而且当双方发生争执不休、需要上级管理当局的仲裁时，将难以发挥内部转移价格的激励作用。

总之，企业少量的外购或外销是有益的，它可以确保企业能够得到合理的外部价格信息，为协商双方提供一个可供参考的基准。

(三) 以成本作为内部转移价格

企业以产品或劳务成本作为内部转移价格，是制定内部转移价格的最简单的方法。对于成本的概念可以有不同的理解，如全部成本、标准成本、变动成本等，不同的成本概念对内部转移价格的制定将产生不同的影响。

1. 全部成本和全部成本加成

全部成本是指企业生产中间产品或提供劳务过程中所发生的实际生产成本。以全部成本作为内部转移价格，便于利用财务会计信息，简单容易。因为制定内部转移价格所需的全部成本资料可以从财务报表中直接得来，具有现成可用的特点，企业不必为取得成本资料而增加任何费用。但以全部成本作为转移价格无法划清各责任中心的经济责任，无法发挥其调节企业内部利润的作用，因为这种转移价格将使产品的销售单位或劳务的供给单位得不到任何利润，所有利润都表现在接受产品或劳务单位的账面上。由于"销售"方的成本全部转移给"购买"方，一方面使提供产品或劳务的责任中心的工作成效与缺陷全部转嫁给其他有关责任中心，无法激励该中心降低成本的积极性；另一方面将使接受产品或劳务的责任中心承担由其他部门造成的、其无法控制的工作效率上的责任。通常，以全部成本作为内部转移价格主要适用于各成本中心之间相互转移产品或劳务时价格的确定。

如果产品或劳务的转移涉及的是利润中心或投资中心，那么为了让提供部门取得一定的利润，可以各部门的全部成本为基础，再加上一定百分比的利润，以此作为内部转移价格。这种转移价格唯一的优点是简单，但其缺陷较多：首先，它无法消除以全部成本作为内部转移价格时成绩与缺陷的转嫁现象，无法调动有关部门降低成本的积极性；其次，它可能会鼓励部门经理维持比较高的成本水平，并据此取得更多的利润，越是节约成本的单位，越有可能在下一期因降低转移价格而使利润减少；再次，成本加成百分率的确定也是个困难的问题，很难准确确定；最后，在连续式生产企业中成本随产品在部门间流转，成本不断积累，使用相同的成本加成率会使后序部门利润明显大于前序部门。总之，以全部成本加成作为内部转移价格既不是业绩评价的良好尺度，也不能引导部门经理做出有利于企业的正确决策。

2. 标准成本及标准成本加成

以中间产品的标准成本作为内部转移价格最大的优点是将管理和核算工作结合起来，可以避免各责任中心功过转嫁的弊端，做到责任分明，对双方降低成本起到了激励作用；便于各责任中心加强成本控制。这种价格主要适用于成本中心产品的转移。

若产品的转移涉及利润中心或投资中心，其内部转移价格的制定可以在标准成本基础上加上一定的利润。此价格的优点基本同于标准成本，但所加成的利润高低带有一定的主观随意性，不利于正确评价各责任中心的业绩。

3. 变动成本及变动成本加固定费用

以变动成本作为内部转移价格有利于鼓励接受中间产品或劳务的责任中心尽可能接受企业内部其他责任中心的产品，避免企业生产能力的闲置和购买费用的增加，但这种价格会使提供产品或劳务的责任中心因无法收回固定成本而发生亏损。它适用于采用变动成本法计算产品成本的成本中心。

变动成本加固定费用是在单位变动成本的基础上，还应向购买方收取一定的固定费用(即期间固定成本预算额与必要的报酬之和)，作为长期以低价获得中间产品的一种报偿。这样，生产部门就有机会通过每期收取固定费用来补偿其固定成本并获得利润；购买部门每期支付特定数额的固定费用之后，对于购入的产品只需支付变动成本，通过边际成本等于边际收入的原则来选择产量水平，使其利润达到最优水平。

(四) 双重价格

双重价格是指企业内部交易双方分别采用不同的内部转移价格。通常，在某种产品存在不止一种市场价格时，为了较好地满足交易双方的不同需要，买方采用最低的市场价格，卖方采用最高的市场价格；对提供产品或劳务的责任中心按协商价格计价，对接受产品或劳务的责任中心按卖方的单位变动成本计价。对于双重价格产生的差额由会计部门调整计入管理费用。

双重价格是一种既不直接干预所属各责任中心的管理决策，也能消除职能失调行为的定价方法。以此作为内部转移价格，可以避免因内部定价过高或过低给企业或各责任中心带来的不必要的矛盾，同时也有利于提高供应方在生产经营中充分发挥主动性和积极性，促使接受方从企业整体出发做出正确的经营决策。这种转移价格通常在中间产品有外界市场，供应部门有剩余生产能力，且单位变动成本低于市场价格的条件下才行之有效。

应当指出，不存在对任何企业而言最优的内部转移价格，企业应根据自身生产经营条件和外部环境条件，制定出能够使各责任中心最大限度地达到企业整体目标的内部转移价格。

四、责任预算、责任报告与业绩考核

(一) 责任预算

1. 责任预算的含义

责任预算是指以责任中心为主体，以可控成本、收入、利润和投资等为对象编制的预算，它是企业总预算的补充和具体化。责任预算指标包括主要责任指标(即各个责任中心的考核指标)和其他责任指标(如劳动生产率、设备完好率、出勤率、材料消耗率、职工培训等)。

2. 责任预算的编制

责任预算的编制程序有如下两种：

(1) 以责任中心为主体，自上而下地将企业总预算在各责任中心之间层层分解。

(2) 各责任中心自行列示各自的预算指标，由下而上、层层汇总，最后由企业专门机构或人员进行汇总和调整。

实际工作中，责任预算最终确定前需要上下结合、反复沟通。在集权组织结构下，通常采用第一种编制程序；在分权组织结构形式下，多采用后一种编制程序。

(二) 责任报告

责任报告是指根据责任会计记录编制的反映责任预算实际执行情况，或者揭示责任预算与实际执行情况差异的内部会计报告。通过编制责任报告,可完成责任中心的业绩评价和考核。责任报告是指根据责任会计记录编制的反映责任预算实际执行情况,或者揭示责任预算与实际执行情况差异的内部会计报告。通过编制责任报告,可完成责任中心的业绩评价和考核。责任报告是自下而上逐级编报的,随着责任中心的层次由低到高,其报告的详略程度也会从详细到总括。

(三) 业绩考核

业绩考核是指以责任报告为依据,分析、评价各责任中心责任预算的实际执行情况,找出差距,查明原因,借以考核责任中心的工作成果,实施奖罚,促使各责任中心积极纠正行为偏差,完成责任预算的过程。

业绩考核应根据不同责任中心的特点进行:成本中心只考核其权责范围内的责任成本(各项可控成本);利润中心只考核其权责范围内的收入和成本,重点在于考核销售收入、边际贡献和息税前利润;投资中心除了要考核其权责范围内的成本、收入和利润外,还应重点考核投资利润率和剩余收益。

思 考 题

1. 什么是责任会计?责任会计有什么作用?
2. 责任会计制度建立的原则是什么?
3. 什么是责任中心?责任中心有哪几种类型?
4. 什么是成本中心?如何进行成本中心的评价与考核?
5. 什么是利润中心?如何进行利润中心的评价与考核?
6. 什么是投资中心?如何进行投资中心的评价与考核?
7. 什么是内部转移价格?内部转移价格有哪几种制定办法?

延 伸 阅 读

《管理会计应用指引第 404 号——内部转移定价》

内部转移定价

第十章

作业成本法

学习目标

通过本章的学习，要求学生：
- 了解作业成本法的产生。
- 掌握作业成本法的计算原理。
- 理解作业管理的主要内容，以及作业成本法对经营决策的影响。

引导案例

总部位于美国得克萨斯州朗德罗克的世界五百强企业——戴尔，以生产、设计、销售家用及办公室电脑而闻名，不过它同时也涉足高端电脑市场，生产和销售服务器、数据储存设备、网络设备等。

戴尔公司 1994 的销售收入达到 29 亿美元，但是税后利润却是 3 600 万美元的净损失。20 世纪 90 年代正是个人电脑市场飞速普及和发展的时代，戴尔公司清楚地知道自己正在面临着巨大的增长潜力，但管理层却不确定应该推出哪种产品，针对哪个市场才有可能实现最大赢利。戴尔管理层迫切地需要了解哪个产品线可以给企业带来最大的收益。

戴尔在公司内部组建跨部门的团队，具体研究公司管理层确定的 10 个成本活动方面。这10 个方面包括生产、物流、采购、运输、收货、计算机部件保险、组装、装载、配送和保证服务。在此基础上，将作业成本法引入企业管理之中，并充分利用 Excel 表格提高数据处理和分析能力。

从 1994 年开始实施的作业成本(ABC)系统终于得到了巨大的回报,1998 年戴尔公司的销售收入达到 123 亿，比 1994 年增长了 329%。公司税后纯收入达到 9.44 亿美元。但更为重要的是，公司的所有管理者现在可以自信地指出公司在哪些业务上盈利，在哪些业务上亏损。公司副总裁和戴尔公司北美公司运营总监说："ABC 真正使戴尔公司的管理更上一层楼。公司对各个产品的赢利有了更加透彻的了解，这将直接帮助公司制定竞争战略。"ABC 的实施使戴尔公司完成了转型,由一个粗犷经营的高速发展的企业转变为一个高速发展但同时管理细化的成熟企业。

(资料来源:佚名. 戴尔公司 ABC 作业成本法[EB/OL]. [2009-8-31]. https://www.chinaacc.com/new/635_652_/2009_8_31_le908313747113890022201.shtml.)

问题:
作业成本法为什么能使戴尔获得如此成功?其主要内容和原理是什么?

第一节 作业成本法概述

作业成本法,又称 ABC 方法,是一个以作业为基础的成本计算方法,它是以生产产品或提供服务所进行的作业为成本归集的中心点,将成本归属到各项作业,再经由作业将成本归属到产品或服务的会计方法。它以作业为中心,通过对作业成本的确认、计量和动态跟踪反映,及时、准确地评价作业业绩及资源利用情况,为尽可能消除"不增值作业"、改进"可增值作业"及时提供有用信息,从而促使有关的损失、浪费减少到最低程度,为企业生产的产品提供较准确的成本信息,以提高企业定价、计划、成本控制、生产经营决策的科学性和有效性。

一、作业成本法的产生

最早提出有关作业概念的是美国会计学家埃里克·科勒教授,他发现水力发电过程中,直接成本比重很低,间接成本很高,从根本上冲击了传统会计成本的核算方法——按照工时比例分配间接费用。他第一次将"作业会计"思想引入会计和管理之中。1941 年,科勒在《会计论坛》杂志上发表的一篇文章中指出:"作业就是一个组织单位对一项工程、一个大型建设项目、一项规划及一项重要经营的各个具体活动所做出的贡献。"在设计作业会计制度时,科勒认为"每项作业都应设置一个账户",也就是说作业账户的设置应从最低层预算单位开始,一层一层地设置到最高层,从而使作业会计应用于企业的每一层次,并实现预算与会计制度的协调一致。

1971 年美国的乔治·斯托布斯在其具有重大影响的著作《作业成本计算和投入产出会计》一书中,对"作业""成本""作业成本计算"等概念进行了全面阐述,并提出"作业会计"是一种和决策有用性目标相联系的会计。而后罗宾·库伯和罗伯特·卡普兰将其命名为 ABC 方法,此方法在通用、戴尔、ITT 等企业得到广泛运用。

作业会计概念的提出,引发了 20 世纪 80 年代以后对传统成本计算制度的反思,而作业成本法能够引起理论界的反思、实务界的具体应用,主要是由于以下一些原因。

1. 高新技术的发展和应用,为作业成本法的产生提供了直接推动力

20 世纪 70 年代以来,发达国家企业面对日益激烈的全球市场竞争,纷纷将高新技术应用于生产领域，其基本特征是：建立在电子技术革命基础上的生产高度计算机化、自动化，从产品订货开始，直到设计、制造、销售等所有阶段，所使用的各种自动化系统综合成一个整体，由计算机统一进行调控。高新技术在生产领域的广泛应用改变了企业产品成本结构，使得直接材料成本和直接人工成本比重大幅下降，而制造费用比重却大幅上升。在新的制造环境下，变动成本法的重要性日益减弱：一是在总制造成本中，变动成本的比重越来越小，特别是那些技术先进的组织，变动成本的比重甚至低于10%；二是把各个固定费用项目按期间归集处理，并不能为控制日益增长的固定成本管理提供良策。如何科学合理地分配制造费用成为一个重要问题。

2. 客户需求的多样化，破坏了传统成本计算法赖以存在的社会环境

高新技术在生产领域的广泛应用，极大地提高了社会生产力，促进了社会经济的发展，人们可以支配的收入大大增加，他们对消费提出越来越高的要求，从而使消费者的行为变得更具有选择性。这种社会需求的多元化使产品更新换代速度加快，而生命周期大大缩短。产品生命周期的缩短又使生产设备淘汰更快，企业的经营风险加大，必然要求企业以市场为导向，从传统的以追求"规模经济"为目标的大批量专业化生产方式转变为能对顾客多样化需求做出反应的"拉动式"小批量生产方式，以适应消费者多样化和快速多变的需求。这一趋势使得诸如产品设计、自动化技术等间接费用在产品成本中所占的比重越来越大。因此，在新的制造环境下，为了给企业决策提供正确、详细的信息，必须改变传统的成本计算方法。

3. 管理观念的变化为作业成本法的实施提供了条件

以计算机技术为代表的信息技术的发展和客户需求多样化趋势迫使企业更新管理理念。适时生产系统与全面质量管理的兴起为作业成本法的实施提供了条件。

适时生产系统与全面质量管理的理念在制造组织中的应用，要求企业通过改进产品设计和生产过程，减少产品零部件的数量，减少超量过时的存货及产品返工等浪费问题，也就是企业必须时刻检查并消除不增值作业。传统的成本会计制度显然无法满足这样的要求，因而客观上催生了作业成本计算与管理的思想与方法。

4. 传统成本计算方法的缺陷为作业成本法推广应用提供了机会

20世纪80年代，美国哈佛商学院的卡普兰教授发现，业界普遍认可的80/20法则，即80%的利润由20%的产品产生的理念掩盖了令人惊讶的事实：20%的产品事实上可以产生225%的利润！大大被侵蚀掉的利润，并非被其他产品所消耗，而是不恰当的成本核算方法所致。

传统的完全成本法与变动成本法均有先天不足之处。它们都属于以数量为基础的成本计算系统，其共同点就是重视对直接材料、直接人工等直接成本的技术与控制，而对间接的制造费用或固定成本的计算与控制则没有给予应有的重视。表现在具体方法上，完全成本法对间接费用多采用以直接人工工时或机器小时为基础进行分摊，这种分摊法只有在产品品种很少或间接费用数额不大的大批量生产条件下才有适用性。如果间接费用数额较大，仍以一个

或几个标准来分配间接费用,必将导致成本信息失真,从而引起成本控制失败、经营决策失误。变动成本法也是以产品数量作为区分固定成本和变动成本的基础,这就使得管理当局很难弄清楚日益增长的固定成本到底是怎样变化的,在决策时也就无法考虑它所定义的固定成本,从而难以达到决策的科学化。20世纪70年代以前,间接费用仅占人工成本的50%~60%,而现在很多企业的间接费用已上升为人工成本的400%~500%。以少量的直接人工为基础分配大量的制造费用,必然带来成本分配的偏差,从而导致产量大、技术含量较低的产品成本偏高,而产量小、技术含量较高的产品成本偏低,严重地扭曲了产品成本,由此可能导致生产经营决策的失误。

传统成本核算方法已经不适应时代的需要,企业迫切需要新的成本核算方法,在此情况下,作业成本法应运而生。作业成本计算与传统成本计算方法不同的是,分配基础(成本动因)不仅发生了量变,而且发生了质变,它不只限于传统成本计算所采用的单一数量分配基准,而是采用多元分配基准,而且集财务变量与非财务变量于一体,并且特别强调非财务变量(产品的零部件数量、调整准备次数、运输距离、质量检测时间等)。这种量变和质变、财务变量与非财务变量相结合的分配基准,由于提高了其与产品实际消耗费用的相关性,使作业成本会计能提供"相对准确"的产品成本信息。

二、作业成本法的基本概念

(一) 作业概述

从管理的角度看,作业就是指企业生产过程中的各工序和环节。但从作业成本计算的角度看,作业是基于一定的目的、以人为主体、消耗一定资源的特定范围内的工作,如创业构想、筹划、产品设计、设备安装及材料搬运等。作业是连接资源与产品成本的桥梁,作业成本的基本结构如图10-1所示。

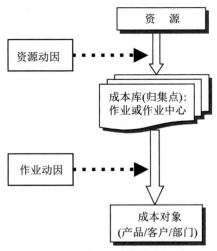

图10-1 作业成本的基本结构

1. 作业的基本特征

(1) 作业是一种资源的投入和另一种效果产出的过程。作业既是一种狭义的、具体的交易活动，又是一种动态活动，在这种活动过程中它既需要投入资源，耗费资源，但投入或耗费资源的同时，它又产生一定的效果，实现活动目的。例如，设计产品，投入的是智慧、技术、仪器等，产出的是产品设计图纸。

(2) 作业活动贯穿于生产经营过程的全部。产品从设计到最终销售出去是由各作业的实施而完成的，没有作业的实施，经营活动就无法实现。

(3) 作业是可以量化的，即作业可以采用一定的计量标准进行计量，这是作业的重要特性。

2. 作业的分类

作业有多种分类方法，最常用的一种分类方法是将作业分为单位水平作业、批量水平作业、产品水平作业及能力水平作业。

(1) 单位水平作业，是指作用于每一个产品单位或每一个顾客的作业。它使每一个单位产品或顾客受益，其成本与产品产量或服务量成比例变动，如对每件产品的加工作业或对每个顾客提供服务的作业(如对每一个产品所进行的质量检查消耗的间接人工成本明显与生产数量有关，机器运转消耗的润滑油、电力及对机器的定期维修都与机器小时成比例)。

(2) 批量水平作业，是指使一批产品或顾客受益的作业。例如，对每批产品的检验、机器准备、销售运送、原料处理、生产计划等作业，其成本与产品的批数成比例变动。批量水平作业的成本通常与处理的批数有关，不受产销量或其他数量基准所影响。例如，为新的生产批别准备机器，一旦机器准备好，每批无论是生产 100 单位还是 1 000 单位，准备成本都不变。因此，批量水平作业的成本取决于批数而非各批次的数量。

(3) 产品水平作业，是指与某种产品的生产和销售有关的作业，即使某种产品的每个单位都受益的作业。其成本与产品产量及批数无关，但与产品种类数或产品线数量成比例变动。例如，对每种产品编制数控计划、制图、工艺设计、编制材料需求清单、产品改良、技术支持等，其作用在于支援该产品品种的生产，因此与其他产品品种无关。

(4) 能力水平作业，是使企业生产经营正常运转的作业，即使某个机构或某个部门受益的作业。其成本与产品的种类、生产的批次、每种产品的生产数量无关，但与企业生产能力占用的资源成比例变动。能力水平作业包括机器设备的租金、折旧费、保险费和税金、房屋维修费、绿化费等。此外，能力水平作业还包括企业管理、会计、人力资源管理费用等。

以上四种作业及其成本动因，如表 10-1 所示。

表 10-1　作业与作业成本动因

种类	代表性作业	作业成本动因
单位水平作业	产品检查 直接人工监督 直接动力、燃料费用	产品数量 直接人工小时 机器小时
批量水平作业	机器准备 首件产品检查 处理顾客订单 材料搬运 生产计划	准备小时 检查小时 订单数量 材料移动次数 产品生产
产品水平作业	产品设计 零部件管理 工艺设计 修改产品特性	产品种类 零部件数量 工艺改变单
能力水平作业	机器设备的管理 会计和人力资源管理 房屋维修、照明 租金、折旧	场地面积 工人数量

(二) 作业链与价值链

企业是一个为了满足顾客需要而建立的一系列有序的作业集合体,这个有序的作业集合体分布于从产品设计到产品售出,乃至售后的整个生产经营过程,由一系列前后有序的作业构成。例如,某零件制造厂的整个生产系统可以划分为若干个作业:原材料、辅助材料的投入—切削—打磨—装配—待检入库—出售。从整个过程可以看出,一项产品的完成依赖于一系列作业的完成,由这些作业的内在联系就形成了一条作业链。

作业与顾客价值观相联系,顾客价值是顾客实现的价值与顾客付出的代价之差。顾客实现的价值是顾客对得到的产品或劳务的性能、质量、品牌和售后服务等因素满足程度的综合表现,其数量是以上述诸因素效用函数值加权平均数为基础的顾客期望值。顾客付出的代价是指顾客付出的买价与顾客发生的附加成本(如学习如何使用产品花费的时间)。顾客价值越高,产品或劳务的市场价值越大,其盈利能力越强,企业的经营业绩就越好。

由价值来表现的作业链或作业链的价值表现称为价值链。按照作业成本法的基本原理,产品消耗作业,作业消耗资源。企业每项作业的产出均形成一定的价值,作业的转移伴随着价值的转移,因而作业链的形成过程也是价值链的形成过程。

(三) 作业成本

作业成本是指各项作业所消耗的资源。这里的资源，是指企业付出代价而获得的能为其带来收入的一切事物，如资金、原材料、机器设备及人力资源等。

(四) 成本动因

成本动因是指导致企业成本发生的各种因素，又称为成本驱动因素。它是引起成本发生和变动的原因，如采购订单便是采购作业的成本动因。成本动因具有隐蔽性，不易识别，需要对成本行为进行仔细分析才能找到。每一项作业，都有与其相对应的作业成本动因。

成本动因按其对作业成本的形成及其在成本分配中的作用可分为资源动因和作业动因。

1. 资源动因

资源动因是作业成本计算的第一阶段动因，主要用于在各作业中心内部成本库之间分配资源。按照作业会计的规则，作业量的多少决定着资源的耗用量，资源耗用量的高低与最终的产品量没有直接联系。资源消耗量与作业量的这种关系称为资源动因。

资源动因反映着资源被各种作业消耗的原因和方式，它反映某项作业或某组作业对资源的消耗情况，是将资源成本分配到作业中去的基础。例如，搬运设备所消耗的燃料，直接与搬运设备的工作时间、搬运次数或搬运量有关，那么设备的工作时间、搬运次数或搬运量即为该项作业的资源动因。

2. 作业动因

作业动因即作业成本计算的第二阶段动因，主要用于将各成本库中的成本在各产品之间进行分配。它是各项作业被最终产品消耗的原因和方式，反映的是产品消耗作业的情况，是将作业中心的成本分配到产品、劳务或顾客中的标准，是资源消耗转化为最终产品成本的中介。例如，如果在各种产品或劳务的每份订单上所耗用的费用基本相当，那么就可以按照订单份数来向各种产品或劳务分配订单作业成本。在这里，订单的份数就是一项作业动因。

(五) 作业中心与作业成本库

作业中心是成本归集和分配的基本单位，它由一项作业或一组性质相似的作业所组成。一个作业中心，就是生产流程的一个组成部分，根据管理上的要求，企业可以设置若干个不同的作业中心，其设立方式与成本责任单位相似。但作业中心与成本责任单位的不同之处在于，作业中心的设立是以同质作业为原则，是相同的成本动因引起的作业的集合。

由于作业消耗资源，所以伴随作业的发生，作业中心也就成为一个资源成本库，也称为作业成本库，成本库的建立把制造费用的分配与产生这些费用的原因(成本动因)联系起来，不同的成本库选择不同的成本动因作为分配标准。

三、作业成本法的计算程序

作业成本法的基本原理是根据"作业耗用资源,产品耗用作业;生产导致作业的产生,作业导致成本的发生"的指导思想,以作业为成本计算对象,首先依据资源动因将资源的成本追踪到作业,形成作业成本,再依据作业动因将作业的成本追踪到产品,最终形成产品的成本。

作业成本法是以作业为核算对象,首先根据作业对资源的消耗情况将资源的成本分配到作业,其次由作业依成本动因追踪到产品成本的形成和积累过程,由此得出最终产品的成本。作业成本法基本步骤,如图 10-2 所示。

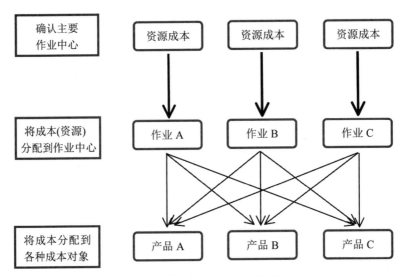

图 10-2　作业成本法基本步骤

1. 确认作业和作业中心,建立作业成本库

(1) 确认与企业制造费用发生有关的作业。不同类型的企业,不同产品的生产,其作业活动的领域不同,选择的成本基础也就不同。例如,企业可以把作业活动分为生产准备、购货订单、设备维修、材料处理、材料采购、质量监督、生产计划、工程设计变更、材料搬运、生产调度、包装和运输等。服务于最终产品的作业往往非常多,而选用的作业种数越多,计量成本就越高。因此,一个企业初次建立作业成本计算制度时,不妨先选用典型作业,一般 20~30 种即可。随后可适当增加,但不管何种行业,为作业成本法所设置的作业种数都不宜超过 100 种。

(2) 在确认作业的基础上,对作业进行筛选与整合。在一个企业内部,其作业种数的多少取决于其经营的复杂程度,生产经营的规模与范围越大,复杂程度越高,导致成本产生的作业种数就越多。事实上,如果列示全部的作业种数,会增大信息采集的成本,因此有必要对这些作业做必要的筛选与整合,确保最后可设计出特定而有效的作业中心。

为了有效筛选作业,必须了解每项作业的有关成本的重要性,以便评价它们是否值得单独列示为独立的成本归集库。此外，还要知道影响每项作业成本的因素(成本动因)，以便评价个别作业的成本性态是否同质，从而考虑它们是否可能被合并为一个成本归集库。

2. 将作业活动所消耗的资源成本分配给各种作业

在确定企业作业的前提下，按不同的作业领域追踪所消耗的各种资源，这些资源构成了产品的制造费用。例如，对于材料搬运，应追踪到其搬运的物资，是原材料还是零部件；对于生产调度，应追踪到其生产调度的依据上，即生产订单；对于自动化设备操作，应追踪到其机器工时等。

3. 确认各作业的成本动因并统计作业量

确认各作业的作业成本动因，并统计各作业活动所消耗的作业量。例如，材料搬运作业所消耗的作业量是搬运的零部件数量；生产调度作业所消耗的作业量是生产订单数量；自动化设备操作所消耗的作业量是机器工时数。据此分别计算各项作业的作业成本分配率。

4. 将各项作业成本分配到产品中

按每个成本库各自不同的作业成本分配率将其成本分配计入产品中，计算出各种产品的总成本和单位产品成本。

四、作业成本法核算举例

作业成本法与传统成本计算方法相比，其主要区别在于对制造费用的分配上的差异。对于生产成本中的直接材料和直接人工，由于属于直接成本，因此在核算方法上并无不同。作业成本法主要是在对制造费用的分配上，克服了单纯以直接人工成本等标准分配制造费用的局限。具体表现在两个方面：首先，缩小了制造费用的分配范围，将由整个企业的统一分配改为由若干个"成本库"分别进行分配；其次，增加了制造费用的分配标准，由单一标准改为多元标准，即按引起制造费用发生的各种成本动因进行分配。由于选择的成本动因可以代表成本库的作业活动，因而可以避免产品或劳务成本的扭曲。

【例10-1】M公司是一家电器制造企业，生产甲、乙两种产品。B车间是M公司下属的一个生产车间，主要从事原材料接收、成型加工、质量检验三项工作。经分析，分别选择人工小时、机器小时和检验次数作为三项作业的成本动因。

M公司共生产甲产品100件，乙产品60件，发生直接材料费用16 800元。其中，甲产品6 000元，乙产品10 800元。发生直接人工成本5 900元。其中，甲产品3 500元，乙产品2 400元。B车间发生制造费用50 000元。

假设B车间生产工人的熟练程度、等级和工资均无差别。因此，可以选择人工工时的百分比作为分配资源耗费到作业的资源动因。其中，资源动因的工时百分比根据各作业项目所耗并由相关作业管理人员进行预估分配。B车间各项作业按照作业动因统计的作业量及按照工时百分比分配的作业成本资料分别如表10-2和表10-3所示。

表 10-2 按照作业动因统计的作业量

作业项目	资源耗费	作业量	
		甲产品	乙产品
材料接收	人工小时	400 小时	200 小时
成型加工	机器小时	600 小时	400 小时
质量检验	检验次数	200 次	300 次

表 10-3 按照工时百分比分配的作业成本

作业项目	制造费用(总资源)	资源动因(工时百分比)	作业成本
材料接收		30%	15 000
成型加工	50 000	50%	25 000
质量检验		20%	10 000

本例中,为简化计算,假设其他生产车间发生的制造费用忽略不计。

在传统成本计算法下,对制造费用的分配通常以产量为分配标准。因此,按照传统成本计算方法计算的产品成本如下。

分配制造费用:50 000÷(100+60)=312.5(元)

其中,甲产品=312.5×100=31 250(元)

乙产品=312.5×60=18 750(元)

则甲、乙产品的单位成本为:

甲产品=(6 000+3 500+31 250)÷100=407.5(元)

乙产品=(10 800+2 400+18 750)÷60=532.5(元)

在作业成本法下,B 车间发生的制造费用需要按照作业量进行分配,具体计算结果如表 10-4 所示。

表 10-4 作业成本计算表

作业名称	资源消耗	产品	产量	作业量	分配率	分配额
材料接收	15 000	甲	100	400	25	10 000
		乙	60	200		5 000
成型加工	25 000	甲	100	600	25	15 000
		乙	60	400		10 000
质量检验	10 000	甲	100	200	20	4 000
		乙	60	300		6 000

汇总三项作业的成本分配额,可以计算出应分配到甲、乙产品的制造费用分别为 29 000 元和 21 000 元。因此,在作业成本法下,甲、乙产品成本计算如表 10-5 所示。

表 10-5　甲、乙产品成本计算

项目	甲产品	乙产品
直接材料	6000	10 800
直接人工	3500	2400
制造费用	29 000	21 000
其中：材料接收	10 000	5000
成型加工	15 000	10 000
质量检验	4000	6000
总成本	38 500	34 200
单位产品成本	385	570

第二节　作业管理

作业成本法及其核算结果，从动因角度解决了成本是多少的问题，但并没有直接回答产品成本应该是多少、为什么是这么多等诸多问题。由作业成本法而引出的作业管理，在一定程度上就是要解决此类问题。作业管理的目的就在于识别增值作业、非增值作业，消除那些不必要或者无效的非增值作业，控制成本动因，以提高企业竞争力。

作业管理通常包括作业分析和作业改进，在此基础上，则要根据作业成本信息优化经营决策。

一、作业分析

(一) 作业分析过程

一个完整的作业分析过程包括以下四个步骤：

(1) 区分增值作业和非增值作业。增值作业是指企业生产经营所必需的，且能为顾客带来价值的作业。企业应合理安排作业及各作业之间的联系，竭力减少非增值作业的执行，努力提高增值作业的执行效率。

(2) 分析确认重要性作业。根据重要性和成本效益原则，选择那些相对于价值创造比较重要的作业并对其分析。通常情况下，企业的绝大部分成本是由大约20%的作业引起的。

(3) 对标及有效性分析。通过与同业最佳实践进行比较，分析某项作业资源耗费的多少，判断该作业的人数、时间、效率是否最佳等，以寻找作业效率改进机会。

(4) 关联性分析。分析作业之间的联系以形成作业链。理想的作业链应该使作业完成的时间最短、重复次数最少。

(二) 作业分析的具体方法

1. 资源动因分析：评价作业的有效性

资源动因是资源被消耗的方式和原因，运用资源动因可以将资源成本分配给各有关作业。可见，资源动因是资源成本分配到各项作业的基本依据。资源消耗并非都是合理的、有效的，资源动因分析的目的在于提高资源的有效性。

资源动因分析的程序包括：首先，调查产品从设计、试制、生产、储备、销售、运输直到客户使用的全过程，在熟悉产品生命周期的基础上识别、计量作业，并将作业适当合并，建立作业中心；其次，归集资源费用到各相应的作业；最后，分析执行作业消耗资源的情况，确定作业的有效性。

由于作业成本库是根据资源动因逐项分配汇集而成的，所以对资源动因进行分析可以揭示作业成本的资源项目(即作业成本要素)；再通过作业成本要素和作业相关性分析，揭示哪些资源是必需的，哪些资源需要减少，哪些资源需要重新配置，最终确定如何降低作业消耗资源的数量。资源动因分析的过程正是判断作业消耗资源必要性、合理性的过程，即评价作业有效性的过程。

2. 作业动因分析：评价作业的增值性

作业动因分析的重点在于确定各作业对产出的贡献，确认作业的增值性，即揭示哪些作业是必需的，哪些作业是多余的，最终确定如何减少产品消耗作业的数量，从整体上降低作业成本和产品成本。利用作业动因进行分析的结果可以判断产出消耗作业的情况，可以评价作业的价值。在这里，确定作业增值与否的条件非常重要。一般来说，增值作业必须同时具备以下条件：①该作业的功能是明确的；②该作业能为最终产品或劳务提供价值；③该作业在企业的整个作业链中是必需的，不能随意去掉、合并或被替代。例如，在制造企业中，采购订单的获取、在产品的加工及完工产品的包装均属于增值作业。非增值作业是并非企业生产经营所必需的，不能为顾客带来价值的作业。例如，仓储、搬运，以及供产销中任一环节的等待、延误等，都是非增值作业。非增值作业是企业作业成本控制的重点。

3. 作业链综合分析

企业可以看成是一条完整的作业链，作业与作业之间保持其有效的链接，是决定企业作业链效率和价值的关键。理想的作业链应保证作业与作业之间环环相连，不存在重叠、作业之间的等待、延误等情形。企业在日常生产经营活动中，需要通过不断改进作业，提高作业链效率。例如，在一个典型的制造企业中，模具制作作业消耗的资源与零件的种类数有直接因果关系，因此可以在设计时注重考虑通用性以减少零件种类数，从而降低模具制作作业的资源消耗。

二、作业改进

作业管理的目的在于以顾客为导向，利用作业成本信息优化流程，改进作业，寻找成本最低的价值创造方式。作业改进的主要方法如下。

(1) 消除不必要作业以降低成本。例如，在选择高品质原料供应商的情况下，材料入库检验的作业不是必要的，应当消除。另外，由于非增值作业不能为顾客增加价值，类似材料的多次搬运作业等也应予以消除。

(2) 在其他条件相同时选择成本最低的作业。企业可以通过选择成本最低的方案，即选择成本最低的作业组合，实现降低成本的目的。企业不同的产品设计会有不同的作业(链)，从而产生不同的成本，企业要通过设计环节测算比较，以选择成本最低的作业(链)。

(3) 提高作业效率并减少作业消耗。它要求企业提高必要的增值作业或短期内无法消除的非增值作业的效率，减少作业消耗的时间和资源。例如，生产加工作业是增值作业，可以通过更高效的组织协调来降低成本；再如，车间通过对员工加工动作的标准化、加工流程的重新编排，以缩短加工时间提高加工效率，从而减少资源耗费。

(4) 作业共享。利用规模经济提供必要作业的效率，降低作业动因的分配率。例如，利用模块化、材料或产品的标准化设计等实现材料、零配件等的共享，从而降低采购作业、设计作业等的成本。

(5) 利用作业成本信息编制资源使用计划并配置未使用资源。

三、作业成本信息与企业经营决策

作业成本计算法，试图用成本动因来解释成本性态。依据成本与成本动因的关系，可以将成本分为短期变动成本、长期变动成本和固定成本三类。短期变动成本在短期内随产品产量的变动而变动，所以仍然以数量为基础，如直接人工工时、机器小时、原材料用量等来归属这些成本。长期变动成本通常随作业的变动而变动，且变动所需要的时间较长。因此应以作业基础，如检测小时、订购次数、准备次数等作为成本动因来加以归属，而不是像短期变动成本那样以数量基础作为成本动因。这样，在作业成本计算法下，管理当局的决策就应考虑短期变动成本和长期变动成本的数量，从而提高决策的科学性。

作业成本管理系统的核心用途在于通过提供信息，为企业经营决策提供服务或支持。采用作业成本法为企业提供经营决策主要包括以下几方面。

(一) 作业成本法下的本量利决策

传统管理会计根据相关范围内"产量—成本"之间的依存关系，将成本划分为变动成本和固定成本两种基本形态(混合成本最终要分解到变动成本和固定成本当中)。这种"变动成本—固定成本"两分法的本质，在于反映产品与作业成本在相关范围内的相关关系，它并没有反映产品与所耗资源之间的关系。

1. 作业成本法下的成本性态

作业成本法下，通过产品与所耗资源之间的关系，将成本划分为短期变动成本、长期变动成本和固定成本三种性态。

(1) 短期变动成本。短期变动成本类似于传统管理会计中的变动成本。从作业成本法来看，短期变动成本与单位级作业有关。由于单位级作业消耗的资源成本一般与产品产量有关，因此短期变动成本采用产量或与产量密切相关的动因(工时、机时、重量、体积等)作为分配间接费用的基准。短期变动成本总额随产量成正比例变动，而单位变动成本在相关范围内保持不变。

(2) 长期变动成本。长期变动成本是指在批次、品种固定情况下不随产量变动而变动的成本。这里的长期是指批次、品种可以调整的期间。与短期变动成本不同，决定长期变动成本高低的不是产量，而是品种级作业、批次级作业，如订购、生产准备、设备调整、接收、检验、搬运等成本。长期变动成本以作业为分配间接费用的基准，它随作业量变动而成正比例变动。

(3) 固定成本。固定成本类似于传统管理会计中的约束性固定成本，是指在相关范围内不随数量基础、作业基础的成本动因量而变，从而保持相对稳定不变的成本。固定成本通常包括设施级成本，如总部管理人员工资、房屋设备等固定资产的折旧费用等。

2. 作业成本法下的本量利决策

成本性态划分的改变导致本量利决策的变化。作业成本法认为，短期变动成本和长期变动成本都属于变动成本范畴，只不过前者与产品产量相关，后者与产品消耗的作业量相关。因此，边际贡献不仅应当减去短期变动成本，还应减去长期变动成本，这就要求用本量利分析进行重新测算。

【例 10-2】A 公司是一家从事家具制造的企业。通过市场调查，公司发现一种新型茶几无论是款式还是质量都很受市场欢迎。公司决定新上一条生产线生产该产品。已知，该产品的市场售价为 750 元/件，而变动成本为 350 元/件。公司预测，如果该产品生产线投产，将使公司每年新增固定成本 600 000 元，且公司要求其预期新增营业利润至少为 480 000 元。

根据传统本量利分析模型，假定公司产量与销量相等，则达到公司营业利润预期目标的产量为 2 700 件，即(600 000+480 000)÷(750-350)=2 700 件。

据测算，公司在上这一新项目时，其设备的预计产量是 3 000 件。这就表明，在这一情况下，公司的营业利润不仅能达到 480 000 元的预期目标，而且还要高出很多，其金额为 600 000 元，即 3 000×(750-350)-600 000=600 000 元。

但是公司成本分析人员发现：公司预计新产品线将按批次来调配生产，且只能进行小批量生产，每批次只生产 30 件。为此，公司预计 3 000 件的产能将需要分 100 批次来组织。同时，经过作业动因分析发现，在所有新增的 600 000 元固定成本中，有近 200 000 元的固定成本可以追溯到与批次相关的作业中去，如机器准备和检修作业等。在这种情况下，该新产品的本量利分析就要重新测算：

(1) 新产品的单位变动成本保持不变，即 350 元/件。

(2) 新产品中与每批次相关的长期变动成本为 200 000÷100=2 000 元/批，在这种情况下，单位产品所分摊的长期变动成本为 2 000÷30=66.67 元/件。

(3) 新产品的固定成本减少到 400 000 元。

因此，其本量利模型下保利产量为 2 640 件，即(400 000+480 000)÷(750-350-66.67)=2 640 件。

假定新产品的每批产量不变，以作业成本法为基础所确定的结果将低于传统模型上的测算结果。在这种情况下，企业每年预计的生产批次为 88 批(2 640÷30=88 批)，且总批量成本实际发生额为 176 000(88×2 000)元。企业可以降低其总批次成本。

随着批次的增长，在单位批次成本不变的情况下，其总批次成本也可能上升。假定公司新产品只能按更小的批量来生产(每批次只生产 20 件)，此时每件产品的批次成本为 100(2 000÷20)元，则其本量利模型的保利产量将改变为 2 933 件，即(400 000+480 000)÷(750-350-100)=2 933 件。

可见，批次增加相应增加了总批次成本(与批次级作业相关的长期变动成本)，并抬高了保利产量，从而有可能改变原来的产品生产决策。

(二) 作业成本法下的产品盈利性分析

产品盈利能力分析可以帮助管理者寻找盈利能力最强的产品，引导企业确定最佳的产品组合。不同的成本计算方法往往导致不同的成本计算结果，从而影响产品盈利能力的评价。采用传统变动成本法进行产品生产决策时，往往只注重产品生产的结果，而忽视了产品的实际生产过程，从而将与该产品生产过程相关的直接成本割裂开，有可能误导企业经营决策。作业成本法不仅考虑产品，还考虑产品在生产过程中消耗的作业量，使得决策更具相关性和科学性。

【例 10-3】根据[例 10-1]的相关资料，假设甲、乙产品的单价分别为 480 元和 550 元，则对甲、乙产品的盈利性分析如下。

根据资料可知：按照传统成本核算方法，其共同制造费用按两种产品的产量进行分配时，甲产品的单位成本为 407.5 元，则其单位利润为 72.5(480-407.5)元；乙产品单位成本为 532.5 元，则其单位利润为 17.5(550-532.5)元。两种产品均为盈利产品，企业应当生产这两种产品。

但在作业成本法下，甲产品单位成本为 385 元，其单位利润为 95(480-385)元；相反，乙产品单位成本则为 570 元，其单位盈利为-20(550-570)元。可见以现有价格来安排生产，乙产品在经济上并不合算。作业成本信息能帮助企业经营者进行经营决策和判断。

在多品种生产企业里，由于设备能力、加工能力、原材料供应等方面的限制，企业只能选择投入产出效益最好的产品进行生产。如何综合考虑各种产品的成本水平、盈利能力及市场需求等多种因素，合理安排产品的品种结构，才能使企业整体经济效益最大，这就是产品组合决策所要解决的问题。

(三) 作业基础产品定价决策

在一个完全竞争的市场中，产品价格由市场来决定，企业是市场价格的被动接受者。但完全竞争市场在现实中几乎不存在。而在不完全竞争的市场中，企业想要取得竞争优势，只能从产品的设计、替换、功能改进及成本上下功夫，并基于成本等因素进行有效定价。在这里，基于作业成本信息且借助于成本加成定价策略以进行产品定价，是企业常用的一种定价方法。

【例 10-4】 沿用[例 10-1]的成本数据，假设按照单位成本加成 20%的策略确定产品价格。若采用作业成本核算，可得甲产品和乙产品的价格分别为 462 元/件和 684 元/件。若采用传统成本核算，按照产量分配制造成本，则甲、乙产品单位制造成本均为 312.5 元，单位产品成本分别为 407.5 元和 532.5 元，加成 20%以后的价格分别为 489 元/件和 639 元/件，具体测算如表 10-6 所示。

表 10-6 甲、乙产品定价决策

项目	甲产品	乙产品
变动成本	9 500	11 000
其中：直接材料	6 000	10 800
直接人工	3 500	2 400
单位变动成本	95	220
作业成本	29 000	21 000
其中：作业 A	10 000	5 000
作业 B	15 000	10 000
作业 C	4 000	6 000
单位作业成本	290	350
单位产品成本	385	570
产品定价(作业成本法下)	462	684
产品定价(传统成本法下)	489	639

由此可见，传统成本法与作业成本法计算的成本结果存在较大差异。

应用成本加成定价时，需要强调的是加成率通常由企业竞争策略和产品/服务的市场生命周期决定，且从资源角度，所加成的"成本"通常针对相关成本或增量成本。也就是说，在现有生产能力允许的范围内，企业无须考虑生产能力成本及市场正常价格因素，而只需要确认相关的增量成本。例如，对于制造业而言，其增量成本一般考虑以下因素：①直接消耗的原材料成本；②额外增加的人工成本；③额外发生的相关制造费用。

思 考 题

1. 什么是作业成本法？作业成本法产生的主要原因是什么？
2. 作业成本法的基本原理是什么？与传统成本计算相比，作业成本法的主要差异在哪里？
3. 作业管理的主要内容是什么？
4. 作业成本法对经营决策会产生哪些影响？

延 伸 阅 读

《管理会计应用指引第 304 号——作业成本法》

作业成本法

参考文献

1. 余绪缨. 管理会计学[M]. 北京：中国人民大学出版社，1999.
2. 余恕莲. 管理会计[M]. 北京：中国财政经济出版社，2009.
3. 财政部会计资格评价中心. 中级财务管理[M]. 北京：中国财政经济出版社，2013.
4. 张涛. 管理成本会计[M]. 北京：经济科学出版社，2001.
5. 孙茂竹，文光伟，杨万贵. 管理会计学[M]. 北京：中国人民大学出版社，2012.
6. 吴大军. 管理会计[M]. 大连：东北财经大学出版社，2010.
7. 潘学模. 管理会计学[M]. 成都：西南财经大学出版社，2008.
8. 钱文菁. 新编管理会计学[M]. 上海：立信会计出版社，2003.
9. 何建国，黄金曦. 财务管理[M]. 北京：清华大学出版社，2011.
10. 中国注册会计师协会. 财务成本管理[M]. 北京：中国财政经济出版社，2013.
11. 张一贞. 管理会计[M]. 上海：上海财经大学出版社，2012.
12. 陈万江. 管理会计[M]. 成都：西南财经大学出版社，2009.
13. 许萍. 管理会计[M]. 厦门：厦门出版社，2010.
14. 胡国柳，刘学兵. 新编管理会计学[M]. 北京：高等教育出版社，2011.
15. Charles T. Horngren，Gary L. Sundem，William O. Stratton. 管理会计教程[M]. 北京：机械工业出版社，2012.
16. 唐·汉森，玛丽安娜·莫温. 新编管理会计学[M]. 北京：北京大学出版社，2012.
17. 安东尼·阿特金森，罗伯特·卡普兰，埃拉·梅·玛苏姆拉. 管理会计[M]. 北京：清华大学出版社，2011.
18. 潘飞. 管理会计[M]. 上海：上海财经大学出版社，2009.
19. 冯巧根. 管理会计[M]. 北京：中国人民大学出版社，2013.
20. 余恕莲，吴革，李相志. 管理会计[M]. 北京：对外经贸大学出版社，2009.
21. 余绪缨，汪一凡. 管理会计[M]. 北京：中国人民大学出版社，2010.
22. 吴英姿. 管理会计[M]. 长沙：湖南大学出版社，2013.
23. 财政部会计资格评价中心. 高级会计实务[M]. 北京：经济科学出版社，2013.
24. 颜敏，秦洪珍. 管理会计学[M]. 北京：清华大学出版社，2013.
25. 宋献中，胡玉明. 管理会计[M]. 北京：北京大学出版社，2006.

附录一

复利终值系数表(FVIF$_{i,n}$)

n	1%	2%	3%	4%	5%	6%	7%	8%	9%	10%
1	1.0100	1.0200	1.0300	1.0400	1.0500	1.0600	1.0700	1.0800	1.0900	1.1000
2	1.0201	1.0404	1.0609	1.0816	1.1025	1.1236	1.1449	1.1664	1.1881	1.2100
3	1.0303	1.0612	1.0927	1.1249	1.1576	1.1910	1.2250	1.2597	1.2950	1.3310
4	1.0406	1.0824	1.1255	1.1699	1.2155	1.2625	1.3108	1.3605	1.4116	1.4641
5	1.0510	1.1041	1.1593	1.2167	1.2763	1.3382	1.4026	1.4693	1.5386	1.6105
6	1.0615	1.1262	1.1941	1.2653	1.3401	1.4185	1.5007	1.5869	1.6771	1.7716
7	1.0721	1.1487	1.2299	1.3159	1.4071	1.5036	1.6058	1.7138	1.8280	1.9487
8	1.0829	1.1717	1.2668	1.3686	1.4775	1.5938	1.7182	1.8509	1.9926	2.1436
9	1.0937	1.1951	1.3048	1.4233	1.5513	1.6895	1.8385	1.9990	2.1719	2.3579
10	1.1046	1.2190	1.3439	1.4802	1.6289	1.7908	1.9672	2.1589	2.3674	2.5937
11	1.1157	1.2434	1.3842	1.5395	1.7103	1.8983	2.1049	2.3316	2.5804	2.8531
12	1.1268	1.2682	1.4258	1.6010	1.7959	2.0122	2.2522	2.5182	2.8127	3.1384
13	1.1381	1.2936	1.4685	1.6651	1.8856	2.1329	2.4098	2.7196	3.0658	3.4523
14	1.1495	1.3195	1.5126	1.7317	1.9799	2.2609	2.5785	2.9372	3.3417	3.7975
15	1.1610	1.3459	1.5580	1.8009	2.0789	2.3966	2.7590	3.1722	3.6425	4.1772
16	1.1726	1.3728	1.6047	1.8730	2.1829	2.5404	2.9522	3.4259	3.9703	4.5950
17	1.1843	1.4002	1.6528	1.9479	2.2920	2.6928	3.1588	3.7000	4.3276	5.0545
18	1.1961	1.4282	1.7024	2.0258	2.4066	2.8543	3.3799	3.9960	4.7171	5.5599
19	1.2081	1.4568	1.7535	2.1068	2.5270	3.0256	3.6165	4.3157	5.1417	6.1159
20	1.2202	1.4859	1.8061	2.1911	2.6533	3.2071	3.8697	4.6610	5.6044	6.7275
21	1.2324	1.5157	1.8603	2.2788	2.7860	3.3996	4.1406	5.0338	6.1088	7.4002
22	1.2447	1.5460	1.9161	2.3699	2.9253	3.6035	4.4304	5.4365	6.6586	8.1403
23	1.2572	1.5769	1.9736	2.4647	3.0715	3.8197	4.7405	5.8715	7.2579	8.9543
24	1.2697	1.6084	2.0328	2.5633	3.2251	4.0489	5.0724	6.3412	7.9111	9.8497
25	1.2824	1.6406	2.0938	2.6658	3.3864	4.2919	5.4274	6.8485	8.6231	10.8347
30	1.3478	1.8114	2.4273	3.2434	4.3219	5.7435	7.6123	10.0627	13.2677	17.4494
40	1.4889	2.2080	3.2620	4.8010	7.0400	10.2857	14.9745	21.7245	31.4094	45.2593
50	1.6446	2.6916	4.3839	7.1067	11.4674	18.4202	29.4570	46.9016	74.3575	117.3909

(续表)

n	11%	12%	13%	14%	15%	16%	17%	18%	19%	20%
1	1.1100	1.1200	1.1300	1.1400	1.1500	1.1600	1.1700	1.1800	1.1900	1.2000
2	1.2321	1.2544	1.2769	1.2996	1.3225	1.3456	1.3689	1.3924	1.4161	1.4400
3	1.3676	1.4049	1.4429	1.4815	1.5209	1.5609	1.6016	1.6430	1.6852	1.7280
4	1.5181	1.5735	1.6305	1.6890	1.7490	1.8106	1.8739	1.9388	2.0053	2.0736
5	1.6851	1.7623	1.8424	1.9254	2.0114	2.1003	2.1924	2.2878	2.3864	2.4883
6	1.8704	1.9738	2.0820	2.1950	2.3131	2.4364	2.5652	2.6996	2.8398	2.9860
7	2.0762	2.2107	2.3526	2.5023	2.6600	2.8262	3.0012	3.1855	3.3793	3.5832
8	2.3045	2.4760	2.6584	2.8526	3.0590	3.2784	3.5115	3.7589	4.0214	4.2998
9	2.5580	2.7731	3.0040	3.2519	3.5179	3.8030	4.1084	4.4355	4.7854	5.1598
10	2.8394	3.1058	3.3946	3.7072	4.0456	4.4114	4.8068	5.2338	5.6947	6.1917
11	3.1518	3.4785	3.8359	4.2262	4.6524	5.1173	5.6240	6.1759	6.7767	7.4301
12	3.4985	3.8960	4.3345	4.8179	5.3503	5.9360	6.5801	7.2876	8.0642	8.9161
13	3.8833	4.3635	4.8980	5.4924	6.1528	6.8858	7.6987	8.5994	9.5964	10.6993
14	4.3104	4.8871	5.5348	6.2613	7.0757	7.9875	9.0075	10.1472	11.4198	12.8392
15	4.7846	5.4736	6.2543	7.1379	8.1371	9.2655	10.5387	11.9737	13.5895	15.4070
16	5.3109	6.1304	7.0673	8.1372	9.3576	10.7480	12.3303	14.1290	16.1715	18.4884
17	5.8951	6.8660	7.9861	9.2765	10.7613	12.4677	14.4265	16.6722	19.2441	22.1861
18	6.5436	7.6900	9.0243	10.5752	12.3755	14.4625	16.8790	19.6733	22.9005	26.6233
19	7.2633	8.6128	10.1974	12.0557	14.2318	16.7765	19.7484	23.2144	27.2516	31.9480
20	8.0623	9.6463	11.5231	13.7435	16.3665	19.4608	23.1056	27.3930	32.4294	38.3376
21	8.9492	10.8038	13.0211	15.6676	18.8215	22.5745	27.0336	32.3238	38.5910	46.0051
22	9.9336	12.1003	14.7138	17.8610	21.6447	26.1864	31.6293	38.1421	45.9233	55.2061
23	11.0263	13.5523	16.6266	20.3616	24.8915	30.3762	37.0062	45.0076	54.6487	66.2474
24	12.2392	15.1786	18.7881	23.2122	28.6252	35.2364	43.2973	53.1090	65.0320	79.4968
25	13.5855	17.0001	21.2305	26.4619	32.9190	40.8742	50.6578	62.6686	77.3881	95.3962
30	22.8923	29.9599	39.1159	50.9502	66.2118	85.8499	111.065	143.371	184.675	237.376
40	65.0009	93.0510	132.782	188.884	267.864	378.721	533.869	750.378	1051.67	1469.77
50	184.564	289.002	450.735	700.233	1083.66	1670.70	2566.22	3927.36	5988.92	9100.44

(续表)

n	21%	22%	23%	24%	25%	30%	35%	40%	45%	50%
1	1.2100	1.2200	1.2300	1.2400	1.2500	1.3000	1.3500	1.4000	1.4500	1.5000
2	1.4641	1.4884	1.5129	1.5376	1.5625	1.6900	1.8225	1.9600	2.1025	2.2500
3	1.7716	1.8158	1.8609	1.9066	1.9531	2.1970	2.4604	2.7440	3.0486	3.3750
4	2.1436	2.2153	2.2889	2.3642	2.4414	2.8561	3.3215	3.8416	4.4205	5.0625
5	2.5937	2.7027	2.8153	2.9316	3.0518	3.7129	4.4840	5.3782	6.4097	7.5938
6	3.1384	3.2973	3.4628	3.6352	3.8147	4.8268	6.0534	7.5295	9.2941	11.3906
7	3.7975	4.0227	4.2593	4.5077	4.7684	6.2749	8.1722	10.5414	13.4765	17.0859
8	4.5950	4.9077	5.2389	5.5895	5.9605	8.1573	11.0324	14.7579	19.5409	25.6289
9	5.5599	5.9874	6.4439	6.9310	7.4506	10.6045	14.8937	20.6610	28.3343	38.4434
10	6.7275	7.3046	7.9259	8.5944	9.3132	13.7858	20.1066	28.9255	41.0847	57.6650
11	8.1403	8.9117	9.7489	10.6571	11.6415	17.9216	27.1439	40.4957	59.5728	86.4976
12	9.8497	10.8722	11.9912	13.2148	14.5519	23.2981	36.6442	56.6939	86.3806	129.746
13	11.9182	13.2641	14.7491	16.3863	18.1899	30.2875	49.4697	79.3715	125.252	194.620
14	14.4210	16.1822	18.1414	20.3191	22.7374	39.3738	66.7841	111.1201	181.615	291.929
15	17.4494	19.7423	22.3140	25.1956	28.4217	51.1859	90.1585	155.568	263.342	437.894
16	21.1138	24.0856	27.4462	31.2426	35.5271	66.5417	121.714	217.795	381.846	656.841
17	25.5477	29.3844	33.7588	38.7408	44.4089	86.5042	164.314	304.914	553.676	985.261
18	30.9127	35.8490	41.5233	48.0386	55.5112	112.455	221.824	426.879	802.831	1477.90
19	37.4043	43.7358	51.0737	59.5679	69.3889	146.192	299.462	597.630	1164.10	2216.84
20	45.2593	53.3576	62.8206	73.8641	86.7362	190.050	404.274	836.683	1687.95	3325.26
21	54.7637	65.0963	77.2694	91.5915	108.420	247.065	545.769	1171.36	2447.53	4987.89
22	66.2641	79.4175	95.0413	113.574	135.525	321.184	736.789	1639.90	3548.92	7481.83
23	80.1795	96.8894	116.901	140.831	169.407	417.539	994.665	2295.86	5145.93	11222.7
24	97.0172	118.205	143.788	174.631	211.758	542.801	1342.80	3214.20	7461.60	16834.1
25	117.391	144.210	176.859	216.542	264.698	705.641	1812.78	4499.88	10819.3	25251.2
30	304.482	389.758	497.913	634.820	807.794	2619.99	8128.55	24201.4	69348.9	191751
40	2048.40	2847.04	3946.43	5455.91	7523.16	36118.9	163437	700037	2849181	11057332
50	13780.6	20796.6	31279.2	46890.4	70064.9	497929	3286157	20248916	117057733	637621500

附录二

复利现值系数表(PVIF$_{i,n}$)

n	1%	2%	3%	4%	5%	6%	7%	8%	9%	10%
1	0.9901	0.9804	0.9709	0.9615	0.9524	0.9434	0.9346	0.9259	0.9174	0.9091
2	0.9803	0.9612	0.9426	0.9246	0.9070	0.8900	0.8734	0.8573	0.8417	0.8264
3	0.9706	0.9423	0.9151	0.8890	0.8638	0.8396	0.8163	0.7938	0.7722	0.7513
4	0.9610	0.9238	0.8885	0.8548	0.8227	0.7921	0.7629	0.7350	0.7084	0.6830
5	0.9515	0.9057	0.8626	0.8219	0.7835	0.7473	0.7130	0.6806	0.6499	0.6209
6	0.9420	0.8880	0.8375	0.7903	0.7462	0.7050	0.6663	0.6302	0.5963	0.5645
7	0.9327	0.8706	0.8131	0.7599	0.7107	0.6651	0.6227	0.5835	0.5470	0.5132
8	0.9235	0.8535	0.7894	0.7307	0.6768	0.6274	0.5820	0.5403	0.5019	0.4665
9	0.9143	0.8368	0.7664	0.7026	0.6446	0.5919	0.5439	0.5002	0.4604	0.4241
10	0.9053	0.8203	0.7441	0.6756	0.6139	0.5584	0.5083	0.4632	0.4224	0.3855
11	0.8963	0.8043	0.7224	0.6496	0.5847	0.5268	0.4751	0.4289	0.3875	0.3505
12	0.8874	0.7885	0.7014	0.6246	0.5568	0.4970	0.4440	0.3971	0.3555	0.3186
13	0.8787	0.7730	0.6810	0.6006	0.5303	0.4688	0.4150	0.3677	0.3262	0.2897
14	0.8700	0.7579	0.6611	0.5775	0.5051	0.4423	0.3878	0.3405	0.2992	0.2633
15	0.8613	0.7430	0.6419	0.5553	0.4810	0.4173	0.3624	0.3152	0.2745	0.2394
16	0.8528	0.7284	0.6232	0.5339	0.4581	0.3936	0.3387	0.2919	0.2519	0.2176
17	0.8444	0.7142	0.6050	0.5134	0.4363	0.3714	0.3166	0.2703	0.2311	0.1978
18	0.8360	0.7002	0.5874	0.4936	0.4155	0.3503	0.2959	0.2502	0.2120	0.1799
19	0.8277	0.6864	0.5703	0.4746	0.3957	0.3305	0.2765	0.2317	0.1945	0.1635
20	0.8195	0.6730	0.5537	0.4564	0.3769	0.3118	0.2584	0.2145	0.1784	0.1486
21	0.8114	0.6598	0.5375	0.4388	0.3589	0.2942	0.2415	0.1987	0.1637	0.1351
22	0.8034	0.6468	0.5219	0.4220	0.3418	0.2775	0.2257	0.1839	0.1502	0.1228
23	0.7954	0.6342	0.5067	0.4057	0.3256	0.2618	0.2109	0.1703	0.1378	0.1117
24	0.7876	0.6217	0.4919	0.3901	0.3101	0.2470	0.1971	0.1577	0.1264	0.1015
25	0.7798	0.6095	0.4776	0.3751	0.2953	0.2330	0.1842	0.1460	0.1160	0.0923
30	0.7419	0.5521	0.4120	0.3083	0.2314	0.1741	0.1314	0.0994	0.0754	0.0573
40	0.6717	0.4529	0.3066	0.2083	0.1420	0.0972	0.0668	0.0460	0.0318	0.0221
50	0.6080	0.3715	0.2281	0.1407	0.0872	0.0543	0.0339	0.0213	0.0134	0.0085

(续表)

n	11%	12%	13%	14%	15%	16%	17%	18%	19%	20%
1	0.9009	0.8929	0.8850	0.8772	0.8696	0.8621	0.8547	0.8475	0.8403	0.8333
2	0.8116	0.7972	0.7831	0.7695	0.7561	0.7432	0.7305	0.7182	0.7062	0.6944
3	0.7312	0.7118	0.6931	0.6750	0.6575	0.6407	0.6244	0.6086	0.5934	0.5787
4	0.6587	0.6355	0.6133	0.5921	0.5718	0.5523	0.5337	0.5158	0.4987	0.4823
5	0.5935	0.5674	0.5428	0.5194	0.4972	0.4761	0.4561	0.4371	0.4190	0.4019
6	0.5346	0.5066	0.4803	0.4556	0.4323	0.4104	0.3898	0.3704	0.3521	0.3349
7	0.4817	0.4523	0.4251	0.3996	0.3759	0.3538	0.3332	0.3139	0.2959	0.2791
8	0.4339	0.4039	0.3762	0.3506	0.3269	0.3050	0.2848	0.2660	0.2487	0.2326
9	0.3909	0.3606	0.3329	0.3075	0.2843	0.2630	0.2434	0.2255	0.2090	0.1938
10	0.3522	0.3220	0.2946	0.2697	0.2472	0.2267	0.2080	0.1911	0.1756	0.1615
11	0.3173	0.2875	0.2607	0.2366	0.2149	0.1954	0.1778	0.1619	0.1476	0.1346
12	0.2858	0.2567	0.2307	0.2076	0.1869	0.1685	0.1520	0.1372	0.1240	0.1122
13	0.2575	0.2292	0.2042	0.1821	0.1625	0.1452	0.1299	0.1163	0.1042	0.0935
14	0.2320	0.2046	0.1807	0.1597	0.1413	0.1252	0.1110	0.0985	0.0876	0.0779
15	0.2090	0.1827	0.1599	0.1401	0.1229	0.1079	0.0949	0.0835	0.0736	0.0649
16	0.1883	0.1631	0.1415	0.1229	0.1069	0.0930	0.0811	0.0708	0.0618	0.0541
17	0.1696	0.1456	0.1252	0.1078	0.0929	0.0802	0.0693	0.0600	0.0520	0.0451
18	0.1528	0.1300	0.1108	0.0946	0.0808	0.0691	0.0592	0.0508	0.0437	0.0376
19	0.1377	0.1161	0.0981	0.0829	0.0703	0.0596	0.0506	0.0431	0.0367	0.0313
20	0.1240	0.1037	0.0868	0.0728	0.0611	0.0514	0.0433	0.0365	0.0308	0.0261
21	0.1117	0.0926	0.0768	0.0638	0.0531	0.0443	0.0370	0.0309	0.0259	0.0217
22	0.1007	0.0826	0.0680	0.0560	0.0462	0.0382	0.0316	0.0262	0.0218	0.0181
23	0.0907	0.0738	0.0601	0.0491	0.0402	0.0329	0.0270	0.0222	0.0183	0.0151
24	0.0817	0.0659	0.0532	0.0431	0.0349	0.0284	0.0231	0.0188	0.0154	0.0126
25	0.0736	0.0588	0.0471	0.0378	0.0304	0.0245	0.0197	0.0160	0.0129	0.0105
30	0.0437	0.0334	0.0256	0.0196	0.0151	0.0116	0.0090	0.0070	0.0054	0.0042
40	0.0154	0.0107	0.0075	0.0053	0.0037	0.0026	0.0019	0.0013	0.0010	0.0007
50	0.0054	0.0035	0.0022	0.0014	0.0009	0.0006	0.0004	0.0003	0.0002	0.0001

(续表)

n	21%	22%	23%	24%	25%	30%	35%	40%	45%	50%
1	0.8264	0.8197	0.8130	0.8065	0.8000	0.7692	0.7407	0.7143	0.6897	0.6667
2	0.6830	0.6719	0.6610	0.6504	0.6400	0.5917	0.5487	0.5102	0.4756	0.4444
3	0.5645	0.5507	0.5374	0.5245	0.5120	0.4552	0.4064	0.3644	0.3280	0.2963
4	0.4665	0.4514	0.4369	0.4230	0.4096	0.3501	0.3011	0.2603	0.2262	0.1975
5	0.3855	0.3700	0.3552	0.3411	0.3277	0.2693	0.2230	0.1859	0.1560	0.1317
6	0.3186	0.3033	0.2888	0.2751	0.2621	0.2072	0.1652	0.1328	0.1076	0.0878
7	0.2633	0.2486	0.2348	0.2218	0.2097	0.1594	0.1224	0.0949	0.0742	0.0585
8	0.2176	0.2038	0.1909	0.1789	0.1678	0.1226	0.0906	0.0678	0.0512	0.0390
9	0.1799	0.1670	0.1552	0.1443	0.1342	0.0943	0.0671	0.0484	0.0353	0.0260
10	0.1486	0.1369	0.1262	0.1164	0.1074	0.0725	0.0497	0.0346	0.0243	0.0173
11	0.1228	0.1122	0.1026	0.0938	0.0859	0.0558	0.0368	0.0247	0.0168	0.0116
12	0.1015	0.0920	0.0834	0.0757	0.0687	0.0429	0.0273	0.0176	0.0116	0.0077
13	0.0839	0.0754	0.0678	0.0610	0.0550	0.0330	0.0202	0.0126	0.0080	0.0051
14	0.0693	0.0618	0.0551	0.0492	0.0440	0.0254	0.0150	0.0090	0.0055	0.0034
15	0.0573	0.0507	0.0448	0.0397	0.0352	0.0195	0.0111	0.0064	0.0038	0.0023
16	0.0474	0.0415	0.0364	0.0320	0.0281	0.0150	0.0082	0.0046	0.0026	0.0015
17	0.0391	0.0340	0.0296	0.0258	0.0225	0.0116	0.0061	0.0033	0.0018	0.0010
18	0.0323	0.0279	0.0241	0.0208	0.0180	0.0089	0.0045	0.0023	0.0012	0.0007
19	0.0267	0.0229	0.0196	0.0168	0.0144	0.0068	0.0033	0.0017	0.0009	0.0005
20	0.0221	0.0187	0.0159	0.0135	0.0115	0.0053	0.0025	0.0012	0.0006	0.0003
21	0.0183	0.0154	0.0129	0.0109	0.0092	0.0040	0.0018	0.0009	0.0004	0.0002
22	0.0151	0.0126	0.0105	0.0088	0.0074	0.0031	0.0014	0.0006	0.0003	0.0001
23	0.0125	0.0103	0.0086	0.0071	0.0059	0.0024	0.0010	0.0004	0.0002	0.0001
24	0.0103	0.0085	0.0070	0.0057	0.0047	0.0018	0.0007	0.0003	0.0001	0.0001
25	0.0085	0.0069	0.0057	0.0046	0.0038	0.0014	0.0006	0.0002	0.0001	0.0000
30	0.0033	0.0026	0.0020	0.0016	0.0012	0.0004	0.0001	0.0000	0.0000	0.0000
40	0.0005	0.0004	0.0003	0.0002	0.0001	0.0000	0.0000	0.0000	0.0000	0.0000
50	0.0001	0.0000	0.0000	0.0000	0.0000	0.0000	0.0000	0.0000	0.0000	0.0000

附录三

年金终值系数表(FVIFA$_{i,n}$)

n	1%	2%	3%	4%	5%	6%	7%	8%	9%	10%
1	1.0000	1.0000	1.0000	1.0000	1.0000	1.0000	1.0000	1.0000	1.0000	1.0000
2	2.0100	2.0200	2.0300	2.0400	2.0500	2.0600	2.0700	2.0800	2.0900	2.1000
3	3.0301	3.0604	3.0909	3.1216	3.1525	3.1836	3.2149	3.2464	3.2781	3.3100
4	4.0604	4.1216	4.1836	4.2465	4.3101	4.3746	4.4399	4.5061	4.5731	4.6410
5	5.1010	5.2040	5.3091	5.4163	5.5256	5.6371	5.7507	5.8666	5.9847	6.1051
6	6.1520	6.3081	6.4684	6.6330	6.8019	6.9753	7.1533	7.3359	7.5233	7.7156
7	7.2135	7.4343	7.6625	7.8983	8.1420	8.3938	8.6540	8.9228	9.2004	9.4872
8	8.2857	8.5830	8.8923	9.2142	9.5491	9.8975	10.2598	10.6366	11.0285	11.4359
9	9.3685	9.7546	10.1591	10.5828	11.0266	11.4913	11.9780	12.4876	13.0210	13.5795
10	10.4622	10.9497	11.4639	12.0061	12.5779	13.1808	13.8164	14.4866	15.1929	15.9374
11	11.5668	12.1687	12.8078	13.4864	14.2068	14.9716	15.7836	16.6455	17.5603	18.5312
12	12.6825	13.4121	14.1920	15.0258	15.9171	16.8699	17.8885	18.9771	20.1407	21.3843
13	13.8093	14.6803	15.6178	16.6268	17.7130	18.8821	20.1406	21.4953	22.9534	24.5227
14	14.9474	15.9739	17.0863	18.2919	19.5986	21.0151	22.5505	24.2149	26.0192	27.9750
15	16.0969	17.2934	18.5989	20.0236	21.5786	23.2760	25.1290	27.1521	29.3609	31.7725
16	17.2579	18.6393	20.1569	21.8245	23.6575	25.6725	27.8881	30.3243	33.0034	35.9497
17	18.4304	20.0121	21.7616	23.6975	25.8404	28.2129	30.8402	33.7502	36.9737	40.5447
18	19.6147	21.4123	23.4144	25.6454	28.1324	30.9057	33.9990	37.4502	41.3013	45.5992
19	20.8109	22.8406	25.1169	27.6712	30.5390	33.7600	37.3790	41.4463	46.0185	51.1591
20	22.0190	24.2974	26.8704	29.7781	33.0660	36.7856	40.9955	45.7620	51.1601	57.2750
21	23.2392	25.7833	28.6765	31.9692	35.7193	39.9927	44.8652	50.4229	56.7645	64.0025
22	24.4716	27.2990	30.5368	34.2480	38.5052	43.3923	49.0057	55.4568	62.8733	71.4027
23	25.7163	28.8450	32.4529	36.6179	41.4305	46.9958	53.4361	60.8933	69.5319	79.5430
24	26.9735	30.4219	34.4265	39.0826	44.5020	50.8156	58.1767	66.7648	76.7898	88.4973
25	28.2432	32.0303	36.4593	41.6459	47.7271	54.8645	63.2490	73.1059	84.7009	98.3471
30	34.7849	40.5681	47.5754	56.0849	66.4388	79.0582	94.4608	113.283	136.308	164.494
40	48.8864	60.4020	75.4013	95.0255	120.800	154.762	199.635	259.057	337.882	442.593
50	64.4632	84.5794	112.797	152.667	209.348	290.336	406.529	573.770	815.084	1163.91

(续表)

n	11%	12%	13%	14%	15%	16%	17%	18%	19%	20%
1	1.0000	1.0000	1.0000	1.0000	1.0000	1.0000	1.0000	1.0000	1.0000	1.0000
2	2.1100	2.1200	2.1300	2.1400	2.1500	2.1600	2.1700	2.1800	2.1900	2.2000
3	3.3421	3.3744	3.4069	3.4396	3.4725	3.5056	3.5389	3.5724	3.6061	3.6400
4	4.7097	4.7793	4.8498	4.9211	4.9934	5.0665	5.1405	5.2154	5.2913	5.3680
5	6.2278	6.3528	6.4803	6.6101	6.7424	6.8771	7.0144	7.1542	7.2966	7.4416
6	7.9129	8.1152	8.3227	8.5355	8.7537	8.9775	9.2068	9.4420	9.6830	9.9299
7	9.7833	10.0890	10.4047	10.7305	11.0668	11.4139	11.7720	12.1415	12.5227	12.9159
8	11.8594	12.2997	12.7573	13.2328	13.7268	14.2401	14.7733	15.3270	15.9020	16.4991
9	14.1640	14.7757	15.4157	16.0853	16.7858	17.5185	18.2847	19.0859	19.9234	20.7989
10	16.7220	17.5487	18.4197	19.3373	20.3037	21.3215	22.3931	23.5213	24.7089	25.9587
11	19.5614	20.6546	21.8143	23.0445	24.3493	25.7329	27.1999	28.7551	30.4035	32.1504
12	22.7132	24.1331	25.6502	27.2707	29.0017	30.8502	32.8239	34.9311	37.1802	39.5805
13	26.2116	28.0291	29.9847	32.0887	34.3519	36.7862	39.4040	42.2187	45.2445	48.4966
14	30.0949	32.3926	34.8827	37.5811	40.5047	43.6720	47.1027	50.8180	54.8409	59.1959
15	34.4054	37.2797	40.4175	43.8424	47.5804	51.6595	56.1101	60.9653	66.2607	72.0351
16	39.1899	42.7533	46.6717	50.9804	55.7175	60.9250	66.6488	72.9390	79.8502	87.4421
17	44.5008	48.8837	53.7391	59.1176	65.0751	71.6730	78.9792	87.0680	96.0218	105.931
18	50.3959	55.7497	61.7251	68.3941	75.8364	84.1407	93.4056	103.740	115.266	128.117
19	56.9395	63.4397	70.7494	78.9692	88.2118	98.6032	110.285	123.414	138.166	154.740
20	64.2028	72.0524	80.9468	91.0249	102.444	115.380	130.033	146.628	165.418	186.688
21	72.2651	81.6987	92.4699	104.768	118.810	134.841	153.139	174.021	197.847	225.026
22	81.2143	92.5026	105.491	120.436	137.632	157.415	180.172	206.345	236.439	271.031
23	91.1479	104.603	120.205	138.297	159.277	183.601	211.801	244.487	282.362	326.237
24	102.174	118.155	136.832	158.659	184.168	213.978	248.808	289.495	337.011	392.484
25	114.413	133.334	155.620	181.871	212.793	249.214	292.105	342.604	402.043	471.981
30	199.021	241.333	293.199	356.787	434.745	530.3117	647.439	790.948	966.712	1181.88
40	581.826	767.091	1013.70	1342.03	1779.09	2360.76	3134.52	4163.21	5529.83	7343.86
50	1668.77	2400.02	3459.51	4994.52	7217.72	10435.6	15089.5	21813.1	31515.3	45497.2

(续表)

n	21%	22%	23%	24%	25%	30%	35%	40%	45%	50%
1	1.0000	1.0000	1.0000	1.0000	1.0000	1.0000	1.0000	1.0000	1.0000	1.0000
2	2.2100	2.2200	2.2300	2.2400	2.2500	2.3000	2.3500	2.4000	2.4500	2.5000
3	3.6741	3.7084	3.7429	3.7776	3.8125	3.9900	4.1725	4.3600	4.5525	4.7500
4	5.4457	5.5242	5.6038	5.6842	5.7656	6.1870	6.6329	7.1040	7.6011	8.1250
5	7.5892	7.7396	7.8926	8.0484	8.2070	9.0431	9.9544	10.9456	12.0216	13.1875
6	10.1830	10.4423	10.7079	10.9801	11.2588	12.7560	14.4384	16.3238	18.4314	20.7813
7	13.3214	13.7396	14.1708	14.6153	15.0735	17.5828	20.4919	23.8534	27.7255	32.1719
8	17.1189	17.7623	18.4300	19.1229	19.8419	23.8577	28.6640	34.3947	41.2019	49.2578
9	21.7139	22.6700	23.6690	24.7125	25.8023	32.0150	39.6964	49.1526	60.7428	74.8867
10	27.2738	28.6574	30.1128	31.6434	33.2529	42.6195	54.5902	69.8137	89.0771	113.330
11	34.0013	35.9620	38.0388	40.2379	42.5661	56.4053	74.6967	98.7391	130.162	170.995
12	42.1416	44.8737	47.7877	50.8950	54.2077	74.3270	101.841	139.235	189.735	257.493
13	51.9913	55.7459	59.7788	64.1097	68.7596	97.6250	138.485	195.929	276.115	387.239
14	63.9095	69.0100	74.5280	80.4961	86.9495	127.913	187.954	275.300	401.367	581.859
15	78.3305	85.1922	92.6694	100.815	109.687	167.286	254.739	386.420	582.982	873.788
16	95.7799	104.935	114.983	126.011	138.109	218.472	344.897	541.988	846.32	1311.68
17	116.894	129.020	142.430	157.253	173.636	285.014	466.611	759.784	1228.17	1968.52
18	142.441	158.405	176.188	195.994	218.045	371.518	630.925	1064.70	1781.85	2953.78
19	173.354	194.254	217.712	244.033	273.556	483.973	852.748	1491.58	2584.68	4431.68
20	210.758	237.989	268.785	303.601	342.945	630.165	1152.21	2089.21	3748.78	6648.51
21	256.018	291.347	331.606	377.465	429.681	820.215	1556.48	2925.89	5436.73	9973.77
22	310.781	356.443	408.875	469.056	538.101	1067.28	2102.25	4097.25	7884.26	14961.7
23	377.045	435.861	503.917	582.630	673.626	1388.46	2839.04	5737.14	11433.2	22443.5
24	457.225	532.750	620.817	723.461	843.033	1806.00	3833.71	8032.99	16579.1	33666.2
25	554.242	650.955	764.605	898.092	1054.79	2348.80	5176.50	11247.2	24040.7	50500.3
30	1445.15	1767.08	2160.49	2640.92	3227.17	8729.99	23221.6	60501.1	154106	383500
40	9749.52	12936.54	17154.05	22728.80	30088.66	120392.88	466960	1750091	6331511	22114662
50	65617.2	94525.3	135992.2	195372.6	280255.7	1659760.7	9389019	50622288	260128294	1275242998

附录四

年金现值系数表(PVIFA$_{i,n}$)

n	1%	2%	3%	4%	5%	6%	7%	8%	9%	10%
1	0.9901	0.9804	0.9709	0.9615	0.9524	0.9434	0.9346	0.9259	0.9174	0.9091
2	1.9704	1.9416	1.9135	1.8861	1.8594	1.8334	1.8080	1.7833	1.7591	1.7355
3	2.9410	2.8839	2.8286	2.7751	2.7232	2.6730	2.6243	2.5771	2.5313	2.4869
4	3.9020	3.8077	3.7171	3.6299	3.5460	3.4651	3.3872	3.3121	3.2397	3.1699
5	4.8534	4.7135	4.5797	4.4518	4.3295	4.2124	4.1002	3.9927	3.8897	3.7908
6	5.7955	5.6014	5.4172	5.2421	5.0757	4.9173	4.7665	4.6229	4.4859	4.3553
7	6.7282	6.4720	6.2303	6.0021	5.7864	5.5824	5.3893	5.2064	5.0330	4.8684
8	7.6517	7.3255	7.0197	6.7327	6.4632	6.2098	5.9713	5.7466	5.5348	5.3349
9	8.5660	8.1622	7.7861	7.4353	7.1078	6.8017	6.5152	6.2469	5.9952	5.7590
10	9.4713	8.9826	8.5302	8.1109	7.7217	7.3601	7.0236	6.7101	6.4177	6.1446
11	10.3676	9.7868	9.2526	8.7605	8.3064	7.8869	7.4987	7.1390	6.8052	6.4951
12	11.2551	10.5753	9.9540	9.3851	8.8633	8.3838	7.9427	7.5361	7.1607	6.8137
13	12.1337	11.3484	10.6350	9.9856	9.3936	8.8527	8.3577	7.9038	7.4869	7.1034
14	13.0037	12.1062	11.2961	10.5631	9.8986	9.2950	8.7455	8.2442	7.7862	7.3667
15	13.8651	12.8493	11.9379	11.1184	10.3797	9.7122	9.1079	8.5595	8.0607	7.6061
16	14.7179	13.5777	12.5611	11.6523	10.8378	10.1059	9.4466	8.8514	8.3126	7.8237
17	15.5623	14.2919	13.1661	12.1657	11.2741	10.4773	9.7632	9.1216	8.5436	8.0216
18	16.3983	14.9920	13.7535	12.6593	11.6896	10.8276	10.0591	9.3719	8.7556	8.2014
19	17.2260	15.6785	14.3238	13.1339	12.0853	11.1581	10.3356	9.6036	8.9501	8.3649
20	18.0456	16.3514	14.8775	13.5903	12.4622	11.4699	10.5940	9.8181	9.1285	8.5136
21	18.8570	17.0112	15.4150	14.0292	12.8212	11.7641	10.8355	10.0168	9.2922	8.6487
22	19.6604	17.6580	15.9369	14.4511	13.1630	12.0416	11.0612	10.2007	9.4424	8.7715
23	20.4558	18.2922	16.4436	14.8568	13.4886	12.3034	11.2722	10.3711	9.5802	8.8832
24	21.2434	18.9139	16.9355	15.2470	13.7986	12.5504	11.4693	10.5288	9.7066	8.9847
25	22.0232	19.5235	17.4131	15.6221	14.0939	12.7834	11.6536	10.6748	9.8226	9.0770
30	25.8077	22.3965	19.6004	17.2920	15.3725	13.7648	12.4090	11.2578	10.2737	9.4269
40	32.8347	27.3555	23.1148	19.7928	17.1591	15.0463	13.3317	11.9246	10.7574	9.7791
50	39.1961	31.4236	25.7298	21.4822	18.2559	15.7619	13.8007	12.2335	10.9617	9.9148

(续表)

n	11%	12%	13%	14%	15%	16%	17%	18%	19%	20%
1	0.9009	0.8929	0.8850	0.8772	0.8696	0.8621	00.8547	0.8475	0.8403	0.8333
2	1.7125	1.6901	1.6681	1.6467	1.6257	1.6052	1.5852	1.5656	1.5465	1.5278
3	2.4437	2.4018	2.3612	2.3216	2.2832	2.2459	2.2096	2.1743	2.1399	2.1065
4	3.1024	3.0373	2.9745	2.9137	2.8550	2.7982	2.7432	2.6901	2.6386	2.5887
5	3.6959	3.6048	3.5172	3.4331	3.3522	3.2743	3.1993	3.1272	3.0576	2.9906
6	4.2305	4.1114	3.9975	3.8887	3.7845	3.6847	3.5892	3.4976	3.4098	3.3255
7	4.7122	4.5638	4.4226	4.2883	4.1604	4.0386	3.9224	3.8115	3.7057	3.6046
8	5.1461	4.9676	4.7988	4.6389	4.4873	4.3436	4.2072	4.0776	3.9544	3.8372
9	5.5370	5.3282	5.1317	4.9464	4.7716	4.6065	4.4506	4.3030	4.1633	4.0310
10	5.8892	5.6502	5.4262	5.2161	5.0188	4.8332	4.6586	4.4941	4.3389	4.1925
11	6.2065	5.9377	5.6869	5.4527	5.2337	5.0286	4.8364	4.6560	4.4865	4.3271
12	6.4924	6.1944	5.9176	5.6603	5.4206	5.1971	4.9884	4.7932	4.6105	4.4392
13	6.7499	6.4235	6.1218	5.8424	5.5831	5.3423	5.1183	4.9095	4.7147	4.5327
14	6.9819	6.6282	6.3025	6.0021	5.7245	5.4675	5.2293	5.0081	4.8023	4.6106
15	7.1909	6.8109	6.4624	6.1422	5.8474	5.5755	5.3242	5.0916	4.8759	4.6755
16	7.3792	6.9740	6.6039	6.2651	5.9542	5.6685	5.4053	5.1624	4.9377	4.7296
17	7.5488	7.1196	6.7291	6.3729	6.0472	5.7487	5.4746	5.2223	4.9897	4.7746
18	7.7016	7.2497	6.8399	6.4674	6.1280	5.8178	5.5339	5.2732	5.0333	4.8122
19	7.8393	7.3658	6.9380	6.5504	6.1982	5.8775	5.5845	5.3162	5.0700	4.8435
20	7.9633	7.4694	7.0248	6.6231	6.2593	5.9288	5.6278	5.3527	5.1009	4.8696
21	8.0751	7.5620	7.1016	6.6870	6.3125	5.9731	5.6648	5.3837	5.1268	4.8913
22	8.1757	7.6446	7.1695	6.7429	6.3587	6.0113	5.6964	5.4099	5.1486	4.9094
23	8.2664	7.7184	7.2297	6.7921	6.3988	6.0442	5.7234	5.4321	5.1668	4.9245
24	8.3481	7.7843	7.2829	6.8351	6.4338	6.0726	5.7465	5.4509	5.1822	4.9371
25	8.4217	7.8431	7.3300	6.8729	6.4641	6.0971	5.7662	5.4669	5.1951	4.9476
30	8.6938	8.0552	7.4957	7.0027	6.5660	6.1772	5.8294	5.5168	5.2347	4.9789
40	8.9511	8.2438	7.6344	7.1050	6.6418	6.2335	5.8713	5.5482	5.2582	4.9966
50	9.0417	8.3045	7.6752	7.1327	6.6605	6.2463	5.8801	5.5541	5.2623	4.9995

(续表)

n	21%	22%	23%	24%	25%	30%	35%	40%	45%	50%
1	0.8264	0.8197	0.8130	0.8065	0.8000	0.7692	0.7407	0.7143	0.6897	0.6667
2	1.5095	1.4915	1.4740	1.4568	1.4400	1.3609	1.2894	1.2245	1.1653	1.1111
3	2.0739	2.0422	2.0114	1.9813	1.9520	1.8161	1.6959	1.5889	1.4933	1.4074
4	2.5404	2.4936	2.4483	2.4043	2.3616	2.1662	1.9969	1.8492	1.7195	1.6049
5	2.9260	2.8636	2.8035	2.7454	2.6893	2.4356	2.2200	2.0352	1.8755	1.7366
6	3.2446	3.1669	3.0923	3.0205	2.9514	2.6427	2.3852	2.1680	1.9831	1.8244
7	3.5079	3.4155	3.3270	3.2423	3.1611	2.8021	2.5075	2.2628	2.0573	1.8829
8	3.7256	3.6193	3.5179	3.4212	3.3289	2.9247	2.5982	2.3306	2.1085	1.9220
9	3.9054	3.7863	3.6731	3.5655	3.4631	3.0190	2.6653	2.3790	2.1438	1.9480
10	4.0541	3.9232	3.7993	3.6819	3.5705	3.0915	2.7150	2.4136	2.1681	1.9653
11	4.1769	4.0354	3.9018	3.7757	3.6564	3.1473	2.7519	2.4383	2.1849	1.9769
12	4.2784	4.1274	3.9852	3.8514	3.7251	3.1903	2.7792	2.4559	2.1965	1.9846
13	4.3624	4.2028	4.0530	3.9124	3.7801	3.2233	2.7994	2.4685	2.2045	1.9897
14	4.4317	4.2646	4.1082	3.9616	3.8241	3.2487	2.8144	2.4775	2.2100	1.9931
15	4.4890	4.3152	4.1530	4.0013	3.8593	3.2682	2.8255	2.4839	2.2138	1.9954
16	4.5364	4.3567	4.1894	4.0333	3.8874	3.2832	2.8337	2.4885	2.2164	1.9970
17	4.5755	4.3908	4.2190	4.0591	3.9099	3.2948	2.8398	2.4918	2.2182	1.9980
18	4.6079	4.4187	4.2431	4.0799	3.9279	3.3037	2.8443	2.4941	2.2195	1.9986
19	4.6346	4.4415	4.2627	4.0967	3.9424	3.3105	2.8476	2.4958	2.2203	1.9991
20	4.6567	4.4603	4.2786	4.1103	3.9539	3.3158	2.8501	2.4970	2.2209	1.9994
21	4.6750	4.4756	4.2916	4.1212	3.9631	3.3198	2.8519	2.4979	2.2213	1.9996
22	4.6900	4.4882	4.3021	4.1300	3.9705	3.3230	2.8533	2.4985	2.2216	1.9997
23	4.7025	4.4985	4.3106	4.1371	3.9764	3.3254	2.8543	2.4989	2.2218	1.9998
24	4.7128	4.5070	4.3176	4.1428	3.9811	3.3272	2.8550	2.4992	2.2219	1.9999
25	4.7213	4.5139	4.3232	4.1474	3.9849	3.3286	2.8556	2.4994	2.2220	1.9999
30	4.7463	4.5338	4.3391	4.1601	3.9950	3.3321	2.8568	2.4999	2.2222	2.0000
40	4.7596	4.5439	4.3467	4.1659	3.9995	3.3332	2.8571	2.5000	2.2222	2.0000
50	4.7616	4.5452	4.3477	4.1666	3.9999	3.3333	2.8571	2.5000	2.2222	2.0000

第一章 总 论

一、单项选择题

1. 下列各项中，与传统的财务会计概念相对立而存在的是(   )。
   A. 现代会计   B. 企业会计
   C. 管理会计   D. 成本会计

2. 管理会计的服务侧重于(   )。
   A. 股东   B. 外部集团
   C. 债权人   D. 企业内部经营管理者

3. 下列说法正确的是(   )。
   A. 管理会计是经营管理型会计，财务会计是报账型会计
   B. 财务会计是经营管理型会计，管理会计是报账型会计
   C. 管理会计是对外报告会计
   D. 财务会计是对内报告会计

4. 管理会计不要求的信息质量特征是(   )。
   A. 相对精确   B. 及时
   C. 绝对精确   D. 相关

5. 管理会计与财务会计的关系是(   )。
   A. 起源相同、目标不同   B. 目标相同、基本信息同源
   C. 基本信息不同源、服务对象交叉   D. 服务对象交叉、概念相同

二、多项选择题

1. 下列各项中，可以作为管理会计主体的有(   )。
   A. 企业整体   B. 分厂
   C. 车间   D. 班组
   E. 个人

2. 下列关于管理会计的叙述，正确的是(   )。
   A. 工作程序较差   B. 可以提供未来信息
   C. 以责任单位为主体   D. 必须严格遵守公认会计原则
   E. 重视职工的作用

3. 下列各项中，属于管理会计与财务会计区别的是(   )。
   A. 会计主体不同   B. 基本职能不同
   C. 工作依据不同   D. 具体工作目标不同
   E. 方法及程序不同

4. 管理会计的基本职能包括( )。
   A. 预测　　　　　　　　　B. 决策
   C. 规划　　　　　　　　　D. 控制
   E. 考核

三、判断题

1. 因为管理会计只为企业内部管理服务，因此与对外服务的财务会计有本质的区别。
（　）

2. 管理会计是以提高经济效益为最终目标的会计信息处理系统。（　）

3. 在广义的管理会计范围中，管理会计既包括财务会计，又包括成本会计和财务管理。
（　）

4. 管理会计与财务会计相比，管理会计的职能倾向于对未来的预测、决策和规划；财务会计的职能侧重于核算和监督。（　）

5. 在准确性和及时性之间，管理会计更重视准确性，以确保信息的质量。（　）

第二章 变动成本法

一、单项选择题

1. 对于西装生产厂而言，下列成本属于间接材料成本的是(   )。
   A. 面料成本　　　　　　　　　B. 里料成本
   C. 面料裁剪边角料成本　　　　D. 西装纽扣成本

2. 对于汽车生产厂而言，下列人工属于直接人工的是(   )。
   A. 车间清洁工　　　　　　　　B. 机器人维修工
   C. 汽车装配工　　　　　　　　D. 汽车设计师

3. 下列成本可以被划归为直接人工的是(   )。
   A. 汽车制造厂人力资源部门经理　　B. 建筑公司的建筑工人
   C. 一家DIY商店的经理　　　　　　　D. 相机生产厂的客服经理

4. 在对运输公司的成本进行研究时，下列成本单位中最恰当的成本考核单位是(   )。
   A. 每件快递　　　　　　　　　B. 每个快递员
   C. 每件快递每公里　　　　　　D. 每公里

5. 下列人工成本，不属于直接人工的是(   )。
   A. 会计事务所的项目审计员　　B. 装修公司的会计师
   C. 心理咨询公司的心理咨询师　D. 快递公司的快递员

6. 对心理咨询公司而言，其最为恰当的业务量表示标志是(   )。
   A. 咨询客户数　　　　　　　　B. 心理咨询师数
   C. 经营收入　　　　　　　　　D. 咨询小时数

7. 有关固定成本特点的说法，正确的是(   )。
   A. 单位固定成本随业务量变动成正比例变动
   B. 固定成本总额随业务量变动成正比例变动
   C. 单位固定成本随业务量变动成反比例变动
   D. 固定成本总额随业务量变动成反比例变动

8. 在相关范围内，单位变动成本(   )。
   A. 在不同产量水平下各不相同　　B. 在各种产量水平下保持不变
   C. 随产量增加而增加　　　　　　D. 随产量增加而减少

9. 在变动成本法下，固定性制造费用和非生产成本应(   )处理。
   A. 作为期间成本　　　　　　　B. 作为产品成本
   C. 递延到下期　　　　　　　　D. 按在产品与产成品分摊

10. 变动成本法和完全成本法最重要的区别是对(   )的处理方式不一样
    A. 固定制造费用　　　　　　　B. 变动制造费用
    C. 固定生产成本　　　　　　　D. 变动生产成本

11. 下图所示成本可能是(   )。

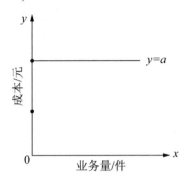

A. 单位变动成本　　　　　　　　B. 单位固定成本
C. 半变动成本　　　　　　　　　D. 变动成本

12. 在英国，家庭电费通常包括月基础费用和使用费用两个部分，月基础费用不管每月使用了多少电量都要缴纳，而使用费用按照电量使用度数乘以每度电的单价计算。如果将使用的电量看作业务量，则家庭电费相当于(   )。

A. 变动成本　　　　　　　　　　B. 半变动成本
C. 阶梯式混合成本　　　　　　　D. 延伸式变动成本

13. 越来越多的企业认识到员工对于企业的归属感对于企业文化来讲非常重要，因此不再轻易解雇员工，有些企业甚至从来没有解雇过任何员工。如果企业规模不扩张，人工成本对这些企业来讲，更接近于的成本是(   )。

A. 变动成本　　　　　　　　　　B. 固定成本
C. 延伸式变动成本　　　　　　　D. 半变动成本

14. 随着业务量的增长，单位固定成本将会(   )，单位变动成本将会(   )。

A. 下降，不变　　　　　　　　　B. 不变，下降
C. 上升，不变　　　　　　　　　D. 不变，上升

15. 由于最低保障工资水平。劳动保护法，以及工会等外部法规制度的要求，企业并不能随意决定其雇佣工人的单位小时工资水平。在这种情况下，工人的工资属于的成本是(   )。

A. 约束性变动成本　　　　　　　B. 酌量性变动成本
C. 约束性固定成本　　　　　　　D. 酌量性固定成本

16. 2011年曾经的手机行业巨无霸诺基亚，选择大举削减研发费用，进行业务转型，以度过企业最为艰难的阶段。研发费用最适合归于(   )。

A. 约束性变动成本　　　　　　　B. 酌量性变动成本
C. 约束性固定成本　　　　　　　D. 酌量性固定成本

17. 变动成本法与全部成本法分期营业净利润出现差额的根本原因在于(   )。

A. 变动生产成本水平出现了差异
B. 对固定性制造费用的处理方法不同
C. 销售费用、管理费用和财务费用计入损益表的位置和补偿途径不同
D. 计入当期损益表的固定性制造费用的水平出现了差异

18. 当期初无存货,期末有存货时,完全成本法确定的营业净利润( )变动成本法确定的营业净利润。
   A. 小于 B. 大于
   C. 等于 D. 大于或小于

19. 在单价和成本水平不变的条件下,当前、后期产量不变时,按完全成本法确定的营业净利润( )。
   A. 增加 B. 减少
   C. 不变 D. 或多或少或不变

20. 贡献边际是指产品的销售收入与相应的( )之间的差额。
   A. 变动成本 B. 固定成本
   C. 总成本 D. 单位售价

21. 在非常长的时间段内,企业的质检员的薪酬成本可以看作( )。
   A. 变动成本 B. 半变动成本
   C. 阶梯式混合成本 D. 延伸式混合成本

22. 在历史资料分析法的具体应用方法中,计算结果最为精确的方法是( )。
   A. 高低点法 B. 散布图法
   C. 回归直线法 D. 直接分析法

23. 在应用高低点法进行成本性态分析时,选择高点坐标的依据是( )。
   A. 最高的业务量 B. 最高的成本
   C. 最高的业务量和最高的成本 D. 最高的业务量或最高的成本

24. 散布图法在混合成本分解中,最大的缺陷在于( )。
   A. 计算非常复杂 B. 不够直观便捷
   C. 利用的信息量有限 D. 具有很强的主观性

25. 企业在管理中使用变动成本法,说明该企业的管理理念更注重的是( )。
   A. 成本控制 B. 生产
   C. 销售 D. 预算

26. 某企业过去6个月的成本信息如下:

月份	1	2	3	4	5	6
业务量	400	550	650	700	900	900
成本	1 000	1 200	1 500	1 600	2 000	1 800

在高低点法下,其单位变动成本为( )。
   A. 2 B. 1.6
   C. 1 D. 1.8

27. 变动成本率和边际贡献率的关系是( )。
   A. 变动成本率>边际贡献率 B. 变动成本率=边际贡献率
   C. 变动成本率<边际贡献率 D. 变动成本率=1 - 边际贡献率

28. 在产销平衡时，完全成本法与变动成本法的利润相比( )。
    A. 完全成本法利润大   B. 变动成本法利润大
    C. 两者利润一样大   D. 无法判断

29. 混合成本中，成本 y 与业务量 x 可以用函数 $y=a+bx$ 表示的是( )。
    A. 半固定成本   B. 延伸式变动成本
    C. 半变动成本   D. 阶梯式混合成本

30. 某企业期初存货为零，期末存货为200件，如果每件产品的固定性制造费用为4元，变动性制造费用为2元，则完全成本法利润减去变动成本法利润的结果是( )
    A. 800元   B. -800元
    C. 1 200元   D. -1 200元

二、多项选择题

1. 根据成本性态，我们可以把成本分为( )。
   A. 变动成本   B. 固定成本
   C. 制造成本   D. 混合成本

2. 在变动成本法下，期间费用包括( )。
   A. 财务费用   B. 销售费用
   C. 管理费用   D. 固定性制造费用

3. 在成本性态分析中，相关范围是指( )。
   A. 一定时间   B. 一定业务量
   C. 一定地域范围   D. 一定管理层级

4. 边际贡献率是指( )的百分比。
   A. 边际贡献总额占销售收入   B. 变动成本总额占销售收入
   C. 单位边际贡献占销售单价   D. 单位变动成本占销售单价

5. 下列属于酌量性固定成本的是( )。
   A. 研发费用   B. 设备折旧费
   C. 广告费   D. 职工培训费

6. 变动成本法下产品的成本包括( )。
   A. 直接人工   B. 直接材料
   C. 变动制造费用   D. 固定制造费用

7. 成本按其经济用途可以分为( )。
   A. 直接成本   B. 间接成本
   C. 生产成本   D. 非生产成本

8. 采用高低点法分解混合成本时，应选择( )作为低点和高点。
   A. (50，200)   B. (50，180)
   C. (70，300)   D. (70，280)

9. 对航空公司来讲,属于变动成本的是( )。
   A. 航空燃油费　　　B. 飞机起降费
   C. 飞机餐饮费　　　D. 租赁飞机的租金

10. 下列各项中,属于变动成本法特点的有( )。
    A. 强调不同的制造成本在补偿方式上存在的差异性
    B. 强调生产环节对企业利润的贡献
    C. 强调销售环节对企业利润的贡献
    D. 符合公认会计准则的要求

11. 下列各项中,属于完全成本法特点的有( )。
    A. 强调不同的制造成本在补偿方式上存在的差异性
    B. 强调生产环节对企业利润的贡献
    C. 强调销售环节对企业利润的贡献
    D. 符合公认会计准则的要求

12. 对皮鞋生产企业而言,下列成本属于变动成本的是( )。
    A. 皮革成本　　　　　　　　B. 厂房租赁费
    C. 皮革裁剪工人的工资　　　D. 每批皮鞋的试样费

三、判断题

1. 变动成本和固定成本的划分并不是绝对的,当时间和成本对象发生改变时,成本性态可能会发生改变。( )
2. 边际贡献就是企业毛利。( )
3. 变动成本法不符合公认会计准则的要求。( )
4. 当产量和销量相等时,变动成本法和完全成本法核算的利润一样。( )
5. 在管理实践中,固定成本是无法改变的。( )
6. 单位变动成本一定是恒定不变的。( )
7. 变动成本法更强调企业的生产,有利于提高企业绩效。( )
8. 贡献毛益率与变动成本率的和等于1。( )
9. 某企业需要按每一件产品5元的价格支付某项专利费,则对该企业来讲,这项专利费属于变动成本。( )
10. 某餐饮企业和物业公司签署了按照月销售收入的10%支付店面租金的租约,该餐饮企业的房租成本是固定成本。( )

四. 计算题

1. 某企业在2020年7～12月生产的甲产品的产量及成本资料如下:

月份	7	8	9	10	11	12
产量/件	40	42	45	43	46	50
总成本/元	8 800	9 100	9 600	9 300	9 800	10 500

要求：
(1) 采用高低点法进行成本性态分析。
(2) 采用回归直线法进行成本性态分析。

2. 某企业本月生产的有关成本资料如下：单位直接材料成本为10元，单位直接人工成本为5元，单位变动性制造费用为7元，固定性制造费用总额为4 000元，单位变动性销售管理费用为4元，固定性销售管理费用为1 000元。企业月初的存货量为0件，本月产量为1 000件，销量为600件，单位售价为40元。

要求：分别按两种成本法计算下列指标：单位产品成本；期间成本；销货成本；营业利润。

3. 假定某公司只产销一种产品，其产量、单价及成本资料如下：

基本资料		产品成本(完全成本法)数据	
生产量	4 000件	单位直接材料	5元
销售量	3 500件	单位直接人工	8元
期初存货量	0件	制造费用：	
单价	38元	单位变动制造费用	6元
		固定制造费用总额	28 000元
		推销及管理费用数据	
		单位变动销管费	4元
		固定销管费总额	21 000元

要求：
(1) 分别采用完全成本法和变动成本法计算企业的单位产品成本。
(2) 完全成本法下的毛利、税前利润分别是多少(注：可以不编写利润表)？
(3) 变动成本法下的贡献毛益总额、税前利润分别是多少(注：可以不编写利润表)？

4. 已知某厂只生产一种产品，第一、二年的产量分别为30 000件和24 000件，销售量分别为20 000件和30 000件；存货计价采用先进先出法。该产品的单价为15元/件，单位变动生产成本为5元/件，每年固定性制造费用的发生额为180 000元，销售及管理费用是固定的25 000元。

要求：分别采用变动成本法和完全成本法进行计算，确定第一、第二年的营业利润(编制利润表)。

第三章 本量利分析法

一、单项选择题

1. 根据本量利的基本公式，边际贡献、固定成本及营业利润三者之间的关系是( )。
   A. 营业利润=边际贡献+固定成本　　B. 边际贡献=营业利润－固定成本
   C. 营业利润=边际贡献－固定成本　　D. 边际贡献=固定成本－营业利润

2. 边际贡献首先应当补偿( )。
   A. 变动成本　　　　　　　　　　　B. 利润分配
   C. 固定成本　　　　　　　　　　　D. 总成本费用

3. 下列因素会使盈亏临界点发生变化的是( )。
   A. 销售量增加
   B. 总产量减少
   C. 变动成本总额随产量增加而同比例增加
   D. 固定成本减少

4. 图新公司生产A产品，2020年A产品的边际贡献率为40%，盈亏临界点销售额为500 000元。假定2020年A产品的营业利润为300 000元，那么销售收入总额为( )。
   A. 1 050 000元　　　　　　　　　　B. 1 250 000元
   C. 840 000元　　　　　　　　　　　D. 600 000元

5. 在销售量不变的情况下，盈亏临界点越高，则( )。
   A. 盈利区的面积越大，亏损区的面积越小
   B. 只引起盈利区的变化
   C. 盈利区的面积越小，亏损区的面积越大
   D. 只引起亏损区的变化

6. 边际贡献率与变动成本率之间的关系是( )。
   A. 变动成本率与边际贡献率互为倒数　　B. 变动成本率与边际贡献率之和等于1
   C. 变动成本率与边际贡献率之和小于1　　D. 变动成本率与边际贡献率之和大于1

7. 已知某企业生产某产品的固定成本为30 000元，单位变动成本为15元/件，产品变动成本率为50%，则该产品的盈亏临界销售量为( )。
   A. 1 000件　　　　　　　　　　　　B. 2 000件
   C. 1 500件　　　　　　　　　　　　D. 2 500件

8. 已知企业只生产一种产品，单位变动成本为45元，固定成本总额为60 000元，产品单价为120元。为了使安全边际率达到60%，该企业当期的产品销量应当为( )。
   A. 800件　　　　　　　　　　　　　B. 1 280件
   C. 1 333件　　　　　　　　　　　　D. 2 000件

9. 已知企业本年目标利润为2 500万元，产品单价为1 000元，变动成本率为40%，产品固定成本总额为700万元，则要达到目标利润，企业应销售产品( )。

   A. 80 000件　　　　　　　　　　B. 53 334件
   C. 41 667件　　　　　　　　　　D. 62 500件

10. 已知企业本年的目标净利润为3 000万元，所得税税率为25%，产品变动成本率为40%，产品固定成本总额为1 400万元，则为达到目标利润，企业至少应达到的产品销售额为( )。

    A. 9 000万元　　　　　　　　　B. 5 600万元
    C. 5 333万元　　　　　　　　　D. 以上都不对

11. 已知企业2021年的目标利润为40万元，预计该年固定成本为23万元，单位产品变动成本为21元，销售量为2万件，则该企业的产品单价定为( )比较合适。

    A. 21元　　　　　　　　　　　　B. 210元
    C. 31.5元　　　　　　　　　　　D. 52.5元

12. 某产品的盈亏临界点销售量为1 000台，实际销售了1 500台，每台的单位边际贡献为10元，则该产品的实际获利额为( )。

    A. 15 000元　　　　　　　　　　B. 10 000元
    C. 25 000元　　　　　　　　　　D. 5 000元

13. 在各种盈亏临界图中，( )更符合变动成本法的思路。

    A. 传统式　　　　　　　　　　　B. 边际贡献式
    C. 利量式　　　　　　　　　　　D. 单位式

14. 已知A企业为生产和销售单一产品的企业，企业计划本年度该产品的销售量为1 000件，销售单价为50元，单位变动成本为30元，固定成本总额为25 000元。请确定该产品的销售量、单价、单位变动成本、固定成本各因素的敏感程度由高到低的排序是( )。

    A. 单价>销售量>单位变动成本>固定成本
    B. 单价>单位变动成本>销售量>固定成本
    C. 单价>单位变动成本>固定成本>销售量
    D. 单价>销售量>固定成本>单位变动成本

15. 在利量式盈亏临界图中，若横轴代表销售量，则利润线的斜率代表( )。

    A. 单位边际贡献　B. 变动成本率　C. 边际贡献率　D. 单位变动成本

16. 已知某企业经营安全程度的评价结论是"值得注意"。据此可断定，该企业的安全边际率的数值为( )。

    A. 10%以下　　　　　　　　　　B. 10%~20%
    C. 20%~30%　　　　　　　　　　D. 30%~40%

17. 当企业的边际贡献总额等于利润时，其固定成本总额( )。

    A. 等于0　　　　　　　　　　　B. 不等于0
    C. 大于0　　　　　　　　　　　D. 小于0

二、多项选择题

1. 下列比率之间关系正确的是(　　)。
   A. 边际贡献率+保本作业率=1
   B. 边际贡献率+变动成本率=1
   C. 保本作业率+安全边际率=1
   D. 安全边际率+变动成本率=1
   E. 保本作业率+变动成本率=1

2. 本量利分析的基本假设有(　　)。
   A. 相关范围假设
   B. 模型线性假设
   C. 产销平衡假设
   D. 品种结构不变假设
   E. 盈亏临界点假设

3. 企业经营安全程度的评价指标包括(　　)。
   A. 安全边际量
   B. 安全边际额
   C. 边际贡献率
   D. 保本点作业率
   E. 安全边际率

4. 下列各项中，会引起利润增加的有(　　)。
   A. 单价上升
   B. 单价下降
   C. 单位变动成本降低
   D. 固定成本增加
   E. 销售量上升

5. 利润＝(实际销售量－保本销售量)×(　　)。
   A. 边际贡献率
   B. 单位利润
   C. 单位售价
   D. 单位边际贡献
   E. 单价－单位变动成本

6. 在传统式盈亏临界图中，下列表述正确的是(　　)。
   A. 在成本水平不变的情况下，单价越高，保本点越低
   B. 在成本水平不变的情况下，单价越高，保本点越高
   C. 在单价、单位变动成本不变的情况下，固定成本越大，保本点越高
   D. 在单价、固定成本不变的情况下，单位变动成本越高，保本点越高
   E. 在单价、固定成本不变的情况下，单位变动成本越高，保本点越低

三、判断题

1. 在传统盈亏临界图中，总成本既定的情况下，销售价格越高，盈亏临界点越高；反之，盈亏临界点越低。(　　)

2. 盈亏临界点的边际贡献等于总成本，超过盈亏临界点的边际贡献大于总成本，也就是实现了利润。(　　)

3. 企业的各种产品提供的边际贡献即是企业的营业毛利。(　　)

4. 单一品种情况下，盈亏临界点的销售量随着边际贡献率的上升而上升。(　　)

5. 销售利润率可以通过边际贡献率和安全边际率相乘求得。(　　)

6. 某一因素的敏感系数为负号，表明该因素的变动与利润的变动为反向关系；为正号则表明

是同向关系。( )
7. 一般情况下，单价的敏感系数大于销售量的敏感系数。( )
8. 成本按性态划分的基本假设同时也是本量利分析的基本假设。( )
9. 边际贡献式盈亏临界图的特点是将固定成本置于变动成本之上。( )
10. 既然本量利分析的各种模型是建立在多种假设的前提下的，那么在实际应用时就不能忽视它们的局限性。( )
11. 在利用综合边际贡献率法进行多品种本量利分析时，各产品的销售额比重是影响综合盈亏临界点销售额高低的要素之一。( )

四、计算题

1. 某公司为生产和销售单一产品的企业，该产品的单位售价为80元，单位变动成本为50元，固定成本总额为60 000元，预计正常销售量为4 000件。

要求：

(1) 计算该产品的单位边际贡献、边际贡献率、变动成本率。

(2) 计算盈亏临界点的销售量、销售额。

(3) 计算安全边际及安全边际率。

(4) 计算企业在预计销售量下可以实现的利润。

2. 某企业只生产和销售一种产品，2020年的单位变动成本为12元，变动成本总额为60 000元，共获得税前利润18 000元，若该企业计划2021年维持销售单价不变，变动成本率仍维持2020年的水平，为40%。

要求：

(1) 计算该企业2020年的保本销售量、安全边际量。

(2) 若该企业2021的计划销售量比2020年提高8%，可获得多少税前利润？

3. 远东公司本年度计划生产并销售A、B、C三种产品，其销售及成本的有关资料如下：

产品名称	A产品	B产品	C产品
销售量	200台	400件	300台
销售单价	100元	125元	600元
变动成本率	60%	56%	70%
固定成本总额	20 160元		

要求：

(1) 预测该公司本年度的综合保本销售额，以及各种产品的盈亏临界点。

(2) 根据三种产品的计划销售收入，预计将实现多少税前利润？

4. 某企业产销单一产品。产品单位售价为12元，每年的销售和管理费用为125 000元。过去两年该企业的产品价格、工资标准和成本水平极为稳定，预计下年度也不会有明显变化。其他相关资料如下：

项目	上年度	本年度
产销量	35 000 单位	50 000 单位
制造成本：直接材料	87 500 元	125 000 元
直接人工	80 500 元	115 000 元
制造费用	97 000 元	115 000 元
合计	265 000 元	355 000 元

要求：

(1) 计算盈亏临界点的销售量和销售额。

(2) 计算上年度和本年度的安全边际率。

(3) 预计下年度销售量为 54 000 单位，可实现多少利润？

(4) 如降价 10%，则必须在原有基础上增加多少销售量(以百分比表示)，才不会使营业利润减少？

(5) 如果下年度降价2元，则盈亏临界点销售量和销售额各为多少？如欲实现营业利润150 000元，则应销售多少产品？

5. 甲企业产销单一产品，2020 年有关数据如下：销售产品 4 000 件，产品单位售价为 80 元，单位变动成本为 50 元，固定成本总额为 50 000 元，实现营业利润 70 000 元。企业计划 2021 年度的目标利润为 100 000 元。

要求：

(1) 计算实现目标利润的销售量。

(2) 计算销售量、销售单价、单位变动成本及固定成本的敏感系数。

6. 某公司只生产和销售一种产品，单位售价为 10 元，每月销售量为 2 000 件，单位变动成本为 8 元，每月固定成本为 3 000 元。现在企业希望增加产品利润，有如下两种方案可供选择。

方案一：将售价降低 0.5 元，销售量可增加 35%。

方案二：不降低售价，但每月花费 500 元做广告，销售量可增加 20%。

要求：计算哪个方案更好？

五、案例分析题

案例一：加油站成本利润分析

某小镇有一个加油站，加油站内设有一个卖报纸和杂货的商店，该商店在本地社区的销售额每周达到 3 600 元。除此之外，来加油的顾客也会光顾这家商店。

经加油站负责人估计，平均每花费 100 元在汽油上的车主便另花费 20 元在商店的货品上。在汽油销售量波动时，这一比率仍维持不变。汽油的边际贡献率是 18%，而货品的边际贡献率是 25%。现行的汽油销售价格是每升 2.8 元，每周的销售量为 16 000 升。

加油站场地每周的固定成本是 4 500 元，每周的工人薪金是 2 600 元。加油站负责人非常关心将来的销售额。因为近期的一项公路发展计划将会影响加油站的生意，而汽油销售量是利润最敏感的因素。

问题：

1. 分析加油站当前每周的利润、汽油销售的保本量。
2. 分析如果由于公路发展计划使汽油销量跌到 8 000 升，加油站会损失多少利润？
3. 如果汽油销量已跌到 8 000 升，但又想保持当前的利润水平，假设成本没有改变，那么每升的汽油售价应该是多少？
4. 结合案例中的资料和上述计算结果，对加油站的前景提出建议。

案例二：酒店客房业务量分析

某度假村内设客房部、健身房、餐厅和商务中心。财务部编制了一份详细的营业旺季预算表。营业旺季历时 20 周，其中高峰期为 8 周。一般在高峰期，客房部所有房间都会被预订。在其余 12 周，双人房客满率为 60%，单人房客满率为 70%。散客每天为 50 人。各部门有关资料如下。

(1) 客房部：客房部拥有 80 个单人房和 40 个双人房，单人房每日变动成本为 26 元，双人房每日变动成本为 35 元。客房部固定成本为 713 000 元。

(2) 健身房：住客每人每天收费 4 元，散客每人每天收费 10 元。健身设施的固定成本为 54 000 元。

(3) 餐厅：平均每个客人每天给餐厅带来 3 元的边际贡献。固定成本为 25 000 元。

(4) 商务中心：出租商务中心可增加边际贡献总额 40 000 元。

问题：

1. 如果客房部的目标利润为 300 000 元，那么每间单人房和双人房的收费应为多少？
2. 客房部达到保本点时，单人房和双人房的最低收费应为多少？
3. 如果客房部的利润为 300 000 元，那么度假村的总利润可达到多少？

第四章 预测分析法

一、单项选择题

1. 下列各项中，属于因果预测分析法的是(   )。
   A. 趋势平均法　　　　　　　　B. 加权平均法
   C. 回归分析法　　　　　　　　D. 平滑指数法

2. 下列各项中，不属于定量分析法的是(   )
   A. 判断分析法　　　　　　　　B. 算术平均法
   C. 回归分析法　　　　　　　　D. 平滑指数法

3. 某企业生产的产品，每月固定成本为 2 000 元，产品单价为 20 元。企业计划本月销售产品 500 件，欲实现目标利润 1 000 元，该产品本月的单位变动成本应为(   )。
   A. 12 元　　　　　　　　　　　B. 13 元
   C. 14 元　　　　　　　　　　　D. 15 元

4. 下列各种销售预测方法中，没有考虑远近期销售业务量对未来销售状况产生不同影响的方法是(   )。
   A. 移动平均法　　　　　　　　B. 算术平均法
   C. 加权平均法　　　　　　　　D. 平滑指数法

5. 某企业利用 0.4 的平滑指数进行销售预测，已知 2019 年企业的实际销售量为 100 吨，预计销售量比实际销售量多 10 吨；2020 年实际销售量比预计销售量少 6 吨。预测该企业 2021 年的销售量为(   )。
   A. 106.6 吨　　　　　　　　　B. 103.6 吨
   C. 93.6 吨　　　　　　　　　　D. 63.6 吨

6. 如果产品的销售额或销售量在选定的历史期间呈现出某种上升或下降的趋势，就不能简单地采用(   )。
   A. 算术平均法　　　　　　　　B. 加权平均法
   C. 回归直线法　　　　　　　　D. 对数直线法

二、多项选择题

1. 下列各项中，属于预测分析内容的有(   )。
   A. 销售预测　　　　　　　　　B. 利润预测
   C. 成本预测　　　　　　　　　D. 资金预测

2. 下列各项中，可用于销售预测的定量分析法的有(   )。
   A. 判断分析法　　　　　　　　B. 趋势分析法
   C. 因果分析法　　　　　　　　D. 本量利分析法

3. 下列各项中，属于趋势分析法的有( )。
   A. 算术平均法   B. 平滑指数法
   C. 回归分析法   D. 判断分析法
4. 下列各项中，可用于成本预测的方法有( )。
   A. 指数平滑法   B. 回归分析法
   C. 高低点法   D. 趋势分析法

三、判断题

1. 运用加权平均法进行销售预测的关键是按照各个观察值与预测值不同的相关程度分别规定适当的权数。( )
2. 定量销售预测比定性销售预测更为精确。( )
3. 凡是顾客数量有限，调查费用不高，每位顾客意向明确又不会轻易改变的，均可以采用调查分析法进行预测。( )
4. 指数平滑系数取值越大，则近期实际销售量对预测结果的影响也越大；取值越小，则近期实际销售量对预测结果的影响也越小。( )

四、计算题

1. 某公司专门生产销售彩色电视机显像管，而决定显像管销售量的主要因素是彩色电视机的销售量。近5年，全国彩色电视机的实际销售量的统计资料和该公司彩色电视机显像管的实际销售量资料如下：

年 份	2016	2017	2018	2019	2020
显像管销售量/万只	25	30	36	40	50
电视机销售量/万台	120	140	150	165	180

要求：

(1) 采用算术平均法预测2021年公司彩色电视机显像管的销售量。

(2) 假设各年的权数依次是0.1、0.1、0.2、0.2、0.4，采用加权平均法预测2021年公司彩色电视机显像管的销售量。

(3) 假设2020年预测销售量为56万只，公司确定的平滑指数为0.3，采用平滑指数法预测2021年公司彩色电视机显像管的销售量。

(4) 预计2021年电视机的销售量为190万台，根据电视机和显像管之间的数量关系，采用回归直线法预测2021年公司彩色电视机显像管的销售量。

2. 某企业只生产一种产品，本年销售量为20 000件，固定成本为25 000元，利润为10 000元，预计下一年度销售量为25 000件(假设成本、单价不变)。

要求：采用敏感系数法预测下年的利润额。

3. 已知某公司产品的单位变动成本为20元，固定成本为500 000元，销售单价为25元/件。如果公司的目标是税后净利润为300 000元，适用的所得税税率为25%。

要求：用本量利分析法计算产品的保利销售量。

第五章　短期经营决策

一、单项选择题

1. 下列成本概念中，不属于相关成本的是（　　）。
   A. 边际成本　　　　　　　　　　B. 重置成本
   C. 沉没成本　　　　　　　　　　D. 可延缓成本

2. 如剩余生产能力无法转移，在下列何种情况下亏损产品应停产（　　）。
   A. 该亏损产品的单价大于其单位变动成本
   B. 该亏损产品的单位边际贡献大于0
   C. 该亏损产品的变动成本率大于1
   D. 该亏损产品的边际贡献大于0

3. 属于无关成本的有（　　）。
   A. 估算成本　　　　　　　　　　B. 重置成本
   C. 机会成本　　　　　　　　　　D. 沉没成本

4. 在短期经营决策中，企业不接受特殊价格追加订货的原因是买方出价低于（　　）。
   A. 正常价格　　　　　　　　　　B. 单位产品成本
   C. 单位变动成本　　　　　　　　D. 单位固定成本

5. 在存在专属成本的情况下，通过比较不同备选方案的（　　）来进行择优决策。
   A. 边际贡献总额　　　　　　　　B. 剩余边际贡献总额
   C. 单位边际贡献　　　　　　　　D. 单位剩余边际贡献

6. 通过比较各备选方案边际贡献的大小来确定最优方案的分析方法，称为（　　）。
   A. 差量分析法　　　　　　　　　B. 概率分析法
   C. 边际贡献分析法　　　　　　　D. 成本无差别点分析法

7. 当剩余生产能力无法转移时，出现以下（　　）情况时，企业不应接受追加订货。
   A. 订货价格低于单位完全成本
   B. 订货冲击原有生产能力
   C. 追加订货的边际贡献高于减少的正常收入，但余额少于追加的专属成本
   D. 以上都不对

8. 有关产品深加工决策中，产品（　　）为沉没成本。
   A. 加工前的变动成本　B. 加工前的固定成本
   C. 加工前的完全成本　D. 加工时的变动成本

9. 假设某厂有剩余生产能力1 000机器小时，有甲、乙、丙、丁四种产品，它们的单位边际贡献分别为4元、6元、8元和10元，生产一件产品所需的机器小时分别为4小时、5小时、6小时和7小时。在不需要追加专属成本的情况下，该厂应增产的产品是（　　）。
   A. 甲产品　　　　　　　　　　　B. 乙产品
   C. 丙产品　　　　　　　　　　　D. 丁产品

10. 设某厂需要零件甲,其外购单价为10元;若自行生产,单位变动成本为6元,且需要为此每年追加10 000元的固定成本,通过计算可知,当该零件年需要量为(　　)件时,两种方案等效。

　　A. 1 800　　　　　　　　　　　B. 2 000

　　C. 2 500　　　　　　　　　　　D. 3 000

11. 在管理会计中,将决策区分为短期决策和长期决策的依据是(　　)。

　　A. 决策的重要程度　　　　　　　B. 决策条件的肯定程度

　　C. 决策涉及的时间跨度　　　　　D. 决策解决的问题

12. 下列各项分析方法中,又被称为"悲观法"的是(　　)。

　　A. 大中取大法　　　　　　　　　B. 小中取大法

　　C. 大中取小法　　　　　　　　　D. 折中分析法

二、多项选择题

1. 按决策条件的肯定程度分类,决策可分为(　　)。

　　A. 确定型决策　　　　　　　　　B. 风险型决策

　　C. 非风险型决策　　　　　　　　D. 不确定型决策

2. 当剩余生产能力无法转移时,只要(　　)时,亏损产品就不应当停产。

　　A. 单价大于单位变动成本　　　　B. 变动成本率小于1

　　C. 收入大于变动成本总额　　　　D. 边际贡献率大于零

3. 按决策方案之间的关系分类,可分为(　　)。

　　A. 单一方案决策　　　　　　　　B. 互斥方案决策

　　C. 组合方案决策　　　　　　　　D. 战略决策

4. 无关成本主要有(　　)。

　　A. 沉没成本　　　　　　　　　　B. 联合成本

　　C. 估算成本　　　　　　　　　　D. 重置成本

5. 下列各项中,属于联产品深加工决策方法可能需要考虑的相关成本包括(　　)。

　　A. 联合成本　　　　　　　　　　B. 可分成本

　　C. 机会成本　　　　　　　　　　D. 专属成本

6. 在是否接受低价追加订货的决策中,如果发生了追加订货冲击正常任务的现象,就意味着(　　)。

　　A. 会因此而带来机会成本

　　B. 追加订货量大于正常订货量

　　C. 追加订货量大于绝对剩余生产能力

　　D. 因追加订货有特殊要求必须追加专属成本

三、判断题

1. 对于亏损产品来说,不存在是否应当增产的问题。　　　　　　　　　　　　　　(　　)

2. 利用成本无差别点做生产经营决策时，当业务量大于成本无差别点时，则应选择固定成本较高的方案。（　　）

3. 成本无差别点分析法适用于收入成本型方案的最优选择。（　　）

4. 决策中，我们只需要根据单位边际贡献额的大小即可进行最优决策。（　　）

5. 凡是亏损产品都应该停产。（　　）

6. 在不存在专属成本的情况下，通过比较不同备选方案的贡献毛益总额，能够正确地进行择优选择。（　　）

四、计算题

1. 某制造厂有一种通用设备，可以生产 A 产品，也可以生产 B 产品，两种产品预期的销售数量、销售单价和单位变动成本的信息如下：

项　　目	A 产品	B 产品
预期销售量/件	1 000	500
预期销售单价/元	11	26
预期单位变动成本/元	8	22

要求：利用差量分析法对该企业应该生产哪种产品做出较为有利的决策。

2. 某企业原来生产老产品 C，现拟利用现有生产能力开发新产品甲或乙，若开发甲，老产品需减产四分之一，若开发乙，老产品需减产三分之一。这三种产品的产量、售价、成本资料如下(假设产销平衡)：

产　品	C(实际数)	甲(预计数)	乙(预计数)
生产量	6 000 件	2 000 件	2 500 件
销售单价	80 元	90 元	85 元
单位变动成本	40 元	42 元	40 元
固定成本总额	60 000 元		

要求：根据上述资料做出开发哪种产品较为有利的决策分析。

3. 假定祥茂公司所需的某种零件的自制单位成本与外购单价资料如下：

自制方案		外购方案	
直接材料	2 元	600 件以内单位购价	6 元
直接人工	1 元		
变动制造费用	1 元	600 件以上单位购价	5 元
专属固定成本	800 元		

要求：

(1) 根据资料确定全年需用量在何种情况下采用外购方案？

(2) 根据资料确定全年需用量在何种情况下采用自制方案？

4. 南京炼油厂从原油中提炼出来的煤油，既可以作为煤油直接出售，也可进一步通过裂化加工形成汽油和柴油后再出售。煤油经裂化加工的收得率为：汽油 85%，柴油 5%，损失 10%。另外，裂化加工的加工费为每加仑 0.80 元。三种油每加仑的售价为：煤油 2.20 元，汽油 3.80 元，柴油 1.90 元，假定该厂现有煤油 20 000 加仑。

要求：对企业的销售方案做出决策，直接出售或煤油裂化加工哪种更可行？

5. 假定晨光机械厂只生产甲机床，全年最大生产能力为 100 台，正常产销量为 80 台。甲机床的销售单价为 1 000 元，其单位产品成本如下：

直接材料	300 元
直接人工	200 元
制造费用	
变动制造费用	100 元
固定制造费用	200 元
单位产品成本合计	800 元

要求：

(1) 现有外商前来订货 20 台，只愿出价每台 700 元，试问此项订货能否接受？

(2) 若外商前来订货 40 台，如果接受该项订货，晨光机械厂就将减少正常的产品销售量 20 台，但对方出价仍为每台 700 元，试问此项订货能否接受？

6. 假定永生公司现有的设备生产能力为 30 000 个机器小时，其利用率为 80%。现准备利用剩余生产能力开发新产品，有甲、乙、丙三种产品可供选择，三种产品的资料如下：

产 品 名 称	甲产品	乙产品	丙产品
单位产品定额工时/小时	2	3	5
单位销售价格/元	15	25	35
单位变动成本/元	5	15	20

另外，在生产丙产品时，需增加专属成本 2 000 元，假设三种产品市场销售不受限制。

要求：采用贡献毛益分析法进行决策，确定企业应开发何种产品。

7. 某制造厂有一种通用设备，可以生产 A 产品，也可以生产 B 产品，两种产品预期的销售数量、销售单价和单位变动成本如下：

项目	方案 1(A 产品)	方案 2(B 产品)
预期销售数量/件	1 000	500
预期销售单价/元	11	26
预期单位变动成本/元	8	22

要求：利用差量分析法对该企业应该选用哪个备选方案较为有利进行决策。

8. 某汽车齿轮厂生产汽车齿轮，可用普通铣床、万能铣床或数控铣床进行加工，有关资料如下：

成本项目	普通铣床	万能铣床	数控铣床
变动成本/元	2.40	1.20	0.60
专属成本/元	90	180	360

要求：利用成本无差别点分析法进行加工方案决策。

9. 某企业生产 A、B、C 三种产品，年度会计决算结果显示，A 产品盈利 75 000 元，B 产品盈利 19 000 元，C 产品亏损 60 000 元，其他有关资料如下(其中，固定成本 400 000 元按变动成本总额分配)：

项目	产品 A	产品 B	产品 C	合计
销售量/件	1 000	1 200	1 800	
单位售价/元	900	700	500	
单位变动成本/元	700	580	450	
单位贡献毛益/元	200	120	50	
贡献毛益总额/元	200 000	144 000	90 000	434 000
固定成本/元	125 000	125 000	150 000	400 000
利润/元	750 00	19 000	-60 000	34 000

要求：分析产品 C 是否应停产。

五、案例分析题

上海红运制鞋厂创制了一种高级室内拖鞋，年生产能力为 100 000 双。预计 2021 年可销售 80 000 双，每双售价 10 元，销售收入共计 800 000 元。根据销售预测编制的年度计划利润表如下：

年度计划利润表

单位：元

项目	单位成本	总成本
生产成本	8.125	650 000
其中：原材料	4.025	322 000
加工费	0.975	78 000
管理费用	3.125	250 000
销售费用	1.500	120 000
其中：门市部销售计件工资	0.500	40 000
管理费用	1.000	80 000
税前利润	0.375	30 000

注：管理费用 80%是固定成本。

年初东方宾馆直接来厂订货 30 000 双，但每双只愿出价 7.50 元，而且必须一次全部购置。此项业务不会影响该厂在市场上的正常销售量。

对东方宾馆的订货，厂长认为对方出价7.50元，大大低于生产和销售成本，而且还影响10 000双的正常销售，可能造成亏损，不应接受。生产科长算了一笔账，认为即使减少正常销售10 000双，按7.50元接受30 000双订货对企业还是有利的，应该接受。销售科长认为正常销售应该保证，接受30 000双订货，缺少的10 000双可采取加班的办法来完成，但需支付加班费每双1.80元，其他费用不变。生产科长对销售科长的意见竭力反对，认为多生产的10 000双肯定亏本，销售科长却坚持认为这样对企业更有利。他们带着这个问题要求会计科长答复。

问题：
1. 厂长的意见对吗？
2. 生产科长的账是怎样算的？企业的利润是多少？
3. 按销售科长的建议，企业的利润是多少？
4. 应该采用哪一个方案？
5. 如果加班生产10 000双，各方面费用要增加40 000元(包括加班费)，应如何决策？

第六章 长期投资决策

一、单项选择题

1. 在利率和计息期数相同的条件下，复利现值系数与复利终值系数(   )。
   A. 没有关系   B. 互为倒数
   C. 成正比   D. 系数加1，期数减1

2. 已知(P/F, 10%, 5)=0.621，则(F/P, 10%, 5)为(   )。
   A. 0.379   B. 1.610
   C. 1.464   D. 0.885

3. 若企业打算3年后一次取出本利和10万元，已知年度利率为6%，则企业现在应存入的款项为(   )。
   A. 8.396 2万元   B. 7.923 9万元
   C. 8.452 1万元   D. 7.627 2万元

4. 无限等额支付的年金称为(   )。
   A. 普通年金   B. 永续年金
   C. 递延年金   D. 先付年金

5. 假设以10%的年利率借得30 000元，投资于某个寿命为10年的项目，为使该投资项目成为有利项目，每年至少应收回的现金数额为(   )。
   A. 6 000元   B. 3 000元
   C. 5 374元   D. 4 882元

6. 某年金在前2年无现金流入，从第三年开始连续5年每年年初现金流入300万元，则该年金按10%的年利率折现的现值为(   )万元。
   A. 300×(P/A, 10%, 5)×(P/F, 10%, 1)
   B. 300×(P/A, 10%, 5)×(P/F, 10%, 2)
   C. 300×(P/F, 10%, 5)×(P/A, 10%, 1)
   D. 300×(P/F, 10%, 5)×(P/A, 10%, 2)

7. 下列项目中，不属于现金流出项目的是(   )。
   A. 各项税款   B. 垫支的流动资金
   C. 经营成本   D. 折旧和摊销费

8. 下列指标中，属于动态指标的是(   )。
   A. 投资报酬率   B. 现值指数
   C. 静态回收期   D. 流动比率

9. 某项目原始投资为200万元，投产后年平均净利润为40万元，则该项目的投资报酬率为( )。
    A. 20%
    B. 18.60%
    C. 21.62%
    D. 以上都不是

10. 下列哪项不是投资报酬率指标的优点( )。
    A. 简明
    B. 易算
    C. 易懂
    D. 考虑货币时间价值

11. 当净现值大于零时，内部收益率( )。
    A. 一定大于行业基准收益率或所定的折现率
    B. 一定小于行业基准收益率或所定的折现率
    C. 可能等于行业基准收益率或所定的折现率
    D. 难以确定

12. 当折现率与内部收益率相等时，( )。
    A. 净现值大于0
    B. 净现值等于0
    C. 净现值小于0
    D. 净现值难以确定

13. 下列表述不正确的是( )。
    A. 净现值是未来报酬的总现值与初始投资额现值之差
    B. 当净现值大于零时，说明该投资方案可行
    C. 当净现值大于零时，获利指数小于1
    D. 当净现值等于零时，说明此时的贴现率为内部报酬率

14. 已知某投资项目的原始投资额现值为100万元，净现值为25万元，则该项目的现值指数为( )。
    A. 0.25
    B. 0.75
    C. 1.05
    D. 1.25

15. 某投资项目各年现金净流量按13%折现时，净现值大于零；按15%折现时，净现值小于零。则该项目的内含报酬率一定是( )。
    A. 大于14%
    B. 小于14%
    C. 小于13%
    D. 小于15%

二、多项选择题

1. 年金是系列收付款项的特殊形式，它同时满足( )的条件。
    A. 永久性
    B. 连续性
    C. 等额性
    D. 延后性

2. 年金具体形式包括( )。
    A. 普通年金
    B. 先付年金
    C. 永续年金
    D. 递延年金

3. 下列各项中，其数值等于预付年金终值系数的有( )。
   A. (P/A，i，n)(1+i)　　　　　　B. {(P/A，i，n-1)+1}
   C. (F/A，i，n)(1+i)　　　　　　D. {(F/A，i，n+1)-1}
4. 现金流入的内容包括( )。
   A. 营业收入　　　　　　　　　B. 处理固定资产净收益
   C. 回收流动资金　　　　　　　D. 建设投资
5. 下列指标中，属于动态指标的是( )。
   A. 净现值　　　　　　　　　　B. 现值指数
   C. 内部收益率　　　　　　　　D. 速动比率
6. 静态投资回收期指标属于( )。
   A. 静态指标　　　　　　　　　B. 正指标
   C. 动态指标　　　　　　　　　D. 反指标
7. 内部收益率是指( )。
   A. 内含报酬率
   B. 投资利润率
   C. 能使投资项目的净现值等于零时的折现率
   D. 项目投资实际可望达到的报酬率
8. 某项目需要在第一年年初投资 76 万元，寿命期为 6 年，每年末产生现金净流量 20 万元。已知(P/A，14%，6)=3.887，(P/A，15%，6)=3.7845。若公司根据内含报酬率法认定该项目是有可行性的，则该项目的必要投资报酬率不可能是( )。
   A. 16%　　　　B. 13%　　　　C. 14%　　　　D. 15%

三、判断题

1. 货币的时间价值是在没有通货膨胀和风险的条件下的社会平均资本利润率。( )
2. 随着折现率的提高，未来某一款项的现值将逐渐增加。( )
3. 年金指的是定期的系列收支。( )
4. 预付年金现值系数等于同期普通年金现值系数乘以(1+i)。( )
5. 一定时期内每期期初等额收付的系列款项是普通年金。( )
6. 由于折旧会使税负减少，因此计算现金流量时，应将其视为现金流出量。( )
7. 对单个投资项目进行财务可行性评价时，利用净现值法和现值指数法所得出的结论是一致的。( )
8. 投资项目是否具有财务可行性，完全取决于该项目在整个寿命周期内获得的利润总额是否超过整个项目的投资成本。( )
9. 如果项目的全部投资均于建设起点一次投入，且建设期为零，经营期每年净现金流量相等，则计算内部收益率所使用的年金现值系数等于该项目静态回收期。( )
10. 静态投资回收期是净现值为零的年限。( )

四、计算题

1. 某人将 100 万元投资于一项事业,估计年报酬率为 6%,在 10 年中此人并不提走任何现金,第 10 年年末该项投资的本利和为多少?

2. 某人打算在 5 年后送儿子出国留学,如果 5 年末需要一次性取出 30 万元学费,年利率为 3%,在复利计息情况下,他现在应存入银行多少钱?

3. 某企业 10 年后需偿还到期债务 1 000 万元,如年复利率为 10%,则为偿还债务企业每年年末应建立多少等额的偿债基金?

4. 某人购入一套商品房,向银行按揭贷款 50 万元,准备 20 年内于每年年末等额偿还,银行贷款利率为 5%,他每年应归还多少钱?

5. 某公司拟购置一处房产,现有两种付款方案可供选择:①从现在起,每年年初支付 10 万元,连续支付 10 年;②从第 4 年开始,每年年初支付 15 万元,连续支付 10 年。假设该公司的资金成本率为 10%,应选择哪个方案?

6. 某公司拟于 2020 年购置一台大型冲床,需一次性投资 200 万元,购入后安装调试即可投入运营。该设备的使用寿命为 8 年,每年能为公司增加税前利润 50 万元。设备采用直线法计提折旧,预计净残值率为 5%。公司要求的最低报酬率为 10%,所得税税率为 25%。请计算设备各年现金净流量、设备的投资回收期和净现值,并根据净现值判断公司是否应该投资该设备。

7. 某公司拟投资一条新的生产线,建设期为 3 年,每年年初投入固定资产资金 500 万元。第 3 年年末完工投产,投产时为了与新生产线配套,购买了 5 年期 60 万元的专利技术,同时垫支流动资金 80 万元。该生产线的运营年限为 5 年,每年取得营业收入 1500 万元,支付付现成本 800 万元的。固定资产预计净残值 100 万元,采用直线法计提折旧。固定资产的折旧方法和预计净残值均与税法规定相同。假设该公司所得税税率为 25%,资金成本为 12%。请计算该生产线各年的现金净流量、内部收益率,并据此评价项目的可行性。

8. 某公司准备进行一项投资,现有甲、乙两个方案可供选择。甲方案需投资固定资产资金 200 000 元,使用寿命 5 年, 5 年后设备没有残值。5 年中每年营业收入为 150 000 元,每年付现成本为 50 000 元。乙方案需投资固定资产资金 330 000 元,使用寿命也为 5 年,5 年后净残值收入 30 000 元。5 年中每年的营业收入为 200 000 元,付现成本第一年为 60 000 元,以后随着设备陈旧,逐年增加修理费 40 000 元,另需垫支营运资金 50 000 元。公司所得税税率为 25%,资本成本为 10%。两个方案的固定资产均采用直线法计提折旧,折旧方法和预计净残值均与税法规定相同。公司应选择哪种方案?

9. 某企业拟用新设备更换使用 4 年的旧设备,有关资料如下:

项目	旧设备	新设备
账面原值/元	500	400
预计使用年限/年	10	8
尚可使用年限/年	6	8
目前变现价值/元	250	400
每年付现成本/元	120	90
预计净残值/元	50	40

注:新、旧设备均采用直线法折旧,折旧方法和预计净残值均与税法规定相同。

假定公司的资本成本为16%，所得税税率为25%。

要求：分别计算两个方案的平均年成本，确定公司是否应进行更新改造。

五、案例分析题

某俱乐部是一家深受青年男女青睐的健身俱乐部，每到周末就人满为患，生意兴隆，这要归功于总经理王总的出色管理。但目前，王总正在为一件事烦恼，俱乐部中的健身器材——40台跑步机已经使用了5年，到了该淘汰的时候。现有两家健身器材生产商的推销员正向王总推销自己公司的产品，使王总左右为难。

甲公司的推销员开价每台跑步机6 400元，预计5年后残值为每台800元。乙公司的推销员则提出以每年租金1 600元、年底付租金的租赁方式出租跑步机5年，5年结束后，跑步机归还乙公司，此项租约只要在90天前通知乙公司即可在年底取消。

被淘汰的跑步机已提取全部折旧，现可以600元出售。购置新的跑步机，不管哪个公司的产品每年每台均需要维护费用1 200元，而每年预计产生的总收入为240 000元。

王总虽未学过财务管理，但他知道在购置的情况下不到两年就可还本。同时，采用购置方式，可以得到利率为8%的贷款，因利息可以抵税，在公司所得税税率为25%的情况下，实际利率更低。若采取租赁方式，每台跑步机5年的总租金为8 000元，租金总额不仅超过购买价格，且无残值收入。因此，王总认为应该采取购置而不是租赁的方式。但王总将此方案提报给公司管理层讨论时，受到财务经理的反对，财务经理认为，即使不考虑通货膨胀，现在就付出6 400元不一定比未来5年间每年付1 600元有利，尽管利息有抵税作用，但租金支出也可以抵税，故到底采用何种方式比较有利，应通过财务分析才能确定。

问题：

(1) 财务经理的说法是否有道理？

(2) 在进行投资项目分析时，应采用何种方法进行决策？

(3) 该俱乐部跑步机应向甲公司购置还是向乙公司租用(若采用购置方式，税法规定折旧采用年数总和法，预计寿命5年，残值率为10%)？

(4) 在有通货膨胀的情况下，两种方式所受的影响是否一样？

第七章　全面预算

一、单项选择题

1. 编制全面预算的关键和起点是(　　)。
   A. 销售预算　　　　　　　　　B. 生产预算
   C. 现金预算　　　　　　　　　D. 三大报表预算

2. 现金预算属于(　　)。
   A. 业务预算　　　　　　　　　B. 财务预算
   C. 专门决策预算　　　　　　　D. 融资预算

3. 根据预算期内正常的可实现的某业务量水平而编制的预算称为(　　)。
   A. 弹性预算　　　　　　　　　B. 固定预算
   C. 增量预算　　　　　　　　　D. 零基预算

4. 直接材料预算以(　　)为基础编制，并同时考虑到期初期末材料存货水平。
   A. 销售预算　　　　　　　　　B. 经营预算
   C. 生产预算　　　　　　　　　D. 财务预算

5. 某企业在编制 2020 年度的生产预算时，确定预算年度各季度末的产成品存货按下一季度销售量的 10%计算，根据会计资料及销售预算的有关资料可知：A 产品 2019 年末存货为 50 件，2020 年第 1、2、3、4 季度的销售量分别为 400 件、500 件、600 件和 500 件，那么 A 产品二季度的生产量应为(　　)。
   A. 500 件　　　　　　　　　　B. 510 件
   C. 560 件　　　　　　　　　　D. 520 件

6. 下列项目中，可以总括反映企业在预算期间盈利能力的预算是(　　)。
   A. 专门决策预算　　　　　　　B. 现金预算
   C. 预计利润表　　　　　　　　D. 预计资产负债表

7. 下列项目中，能够克服固定预算方法缺点的是(　　)。
   A. 零基预算　　　　　　　　　B. 弹性预算
   C. 定期预算　　　　　　　　　D. 滚动预算

8. 编制生产经营的全面预算，通常以(　　)为期。
   A. 1 年　　　　　　　　　　　B. 季度
   C. 半年　　　　　　　　　　　D. 月

二、多项选择题

1. 下列预算属于业务预算的是（   ）。
   A. 销售预算   B. 销售及管理费用预算
   C. 产品成本预算   D. 预计损益表

2. 销售预算中，预算期间预计现金收入包括（   ）。
   A. 本期销售收入总额   B. 本期销售收入净额
   C. 前期应收销货款的收回 D. 本期销售收入中回收货款额

3. 现金预算的构成部分包括（   ）。
   A. 现金收入   B. 现金支出
   C. 现金收支差额   D. 现金的筹集与运用

4. 全面预算的作用主要有（   ）。
   A. 实现各部门的工作目标 B. 控制各部门的日常工作
   C. 控制各部门的经济活动 D. 为各个部门实际考核提供依据

5. 在编制直接材料预算时，预计材料的采购金额与下列哪些因素有关（   ）。
   A. 预算期期初直接材料存货量   B. 预算期生产量
   C. 预算期期末直接材料存货量   D. 单位产品材料耗用量

三、判断题

1. 预计生产量=预计销售量+预计期末产成品存货量-预计期初产成品存货量。（   ）
2. 企业生产经营预算通常是在生产预测的基础上进行预算的。（   ）
3. 直接人工预算是以销售预算为基础编制的。（   ）
4. 预计财务报表与实际财务报表的作用和格式都是类似的。（   ）
5. 零基预算是根据企业上期的实际经营情况，考虑本期可能发生的变化编制出的预算。（   ）
6. 弹性预算只是一种编制费用预算的方法。（   ）

四、计算题

1. 假设甲公司只生产一种产品，预算年度内四个季度的销售量经测算分别为 250 件、300 件、400 件和 350 件，销售单价为 200 元。根据以往的经验，销货款在当季可收到 60%，下一季度可收到其余的 40%。预计预算年度第一季度可收回上一年第四季度的应收账款 20 000 元。

   要求：计算本年各季度的现金收入。

2. 某企业生产和销售某种产品，2021 年四个季度的销售量预测数分别为 2 000 件、3 000 件、4 000 件和 3 000 件，销售单价为 80 元，该企业每季度的销售收入 60%于当季以现金收讫，40%于下一季度以现金收讫，2019 年度期初应收账款余额为 50 000 元。

   2021 年度期初产成品存量为 200 件，各季度的期末存量按下一季度销售量的 10%计算，年末预计存货量为 200 件。

单位产品材料耗用量为 2 千克，年初库存材料为 840 千克，各季度材料期末库存量按下一季度材料耗用量的 20%计算，年末预计库存材料 920 千克，该企业每季度采购的材料中，40%于当季以现金付讫，60%于下一季度支付。年初应付账款余额为 12 000 元，材料采购成本为 5 元/千克。

单位产品直接人工小时为 5 小时，小时工资率为 5 元/小时。

要求：

(1) 根据资料预测企业 2021 年度的销售预算及预计现金收入。

(2) 根据资料编制企业的生产预算、直接材料采购预算及预计采购现金支出。

(3) 编制企业的直接人工预算。

第八章 标准成本法

一、单项选择题

1. 在标准成本控制系统中,成本差异是指在一定时期内生产一定数量的产品所发生的( )。
   A. 实际成本与标准成本之差 B. 实际成本与计划成本之差
   C. 预算成本与标准成本之差 D. 预算成本与实际成本之差

2. 某企业甲产品消耗直接材料,其中 A 材料价格标准为 3 元/千克,数量标准为 5 千克/件,B 材料价格标准为 4 元/千克,数量标准为 10 千克/件,则甲产品消耗直接材料的标准成本为( )。
   A. 15元 B. 40元
   C. 55元 D. 65元

3. 某企业本年 1 月份实际生产 100 件 A 产品,实际工时 2 100 小时,变动制造费用实际分配率为 0.48 元,而标准分配率为 0.50 元,变动制造费用耗费差异为( )。
   A. 8元 B. -42元
   C. 50元 D. -50元

4. 下列变动成本差异中,无法从生产过程的分析中找出产生原因的是( )。
   A. 变动制造费用效率差异 B. 变动制造费用耗费差异
   C. 材料价格差异 D. 直接人工差异

二、多项选择题

1. 人工工时耗用量标准即直接生产工人生产单位产品所需要的标准工时,主要内容有( )。
   A. 对产品的直接加工工时 B. 必要的间歇和停工工时
   C. 不可避免的废品耗用工时 D. 生产中的材料必要消耗
   E. 不可避免的废品损失中的消耗

2. 在标准成本系统中,可将变动性制造费用成本差异分解为以下内容,包括( )。
   A. 耗费差异 B. 预算差异
   C. 开支差异 D. 效率差异
   E. 用量差异

3. 按照三差异法,可将固定性制造费用成本差异分解为以下内容,包括( )。
   A. 开支差异 B. 能力差异
   C. 效率差异 D. 预算差异
   E. 能量差异

4. 下列项目中,属于价格差异的有( )。
   A. 人工工时用量差异 B. 直接人工工资率差异
   C. 变动性制造费用耗费差异 D. 变动性制造费用效率差异
   E. 材料用量差异

三、判断题

1. 标准成本是在正常生产经营下应该实现的，可以作为控制成本开支、评价实际成本、衡量工作效率的依据和尺度的一种目标成本。（   ）
2. 制造费用差异按其形成原因可分为价格差异和数量差异。（   ）
3. 各种成本差异类账户的借方核算发生的有利差异，贷方核算发生的不利差异。（   ）
4. 计算数量差异要以标准价格为基础。（   ）
5. 直接处理法是指将本期的各种成本差异，按标准成本的比例分配给期末在产品、期末产成品和本期已销售的产品。（   ）
6. 采用递延法时，期末资产负债表中的在产品和产成品项目只反映标准成本。（   ）

四、计算题

1. 某企业采用标准成本法，A产品的正常生产量为1 000件，单位产品标准成本如下。

直接材料：0.1(千克)×150(元/千克)=15元

直接人工：5(小时)×4(元/小时)=20元

制造费用：

其中，变动费用 6 000 元/1 000 件=6 元

固定费用 5 000 元/1 000 件=5 元

单位产品标准成本为46元

本月生产A产品800件，实际单位成本为：

直接材料 0.11(千克)×140(元/小时)=15.4 元

直接人工 5.5(小时)×3.9(元/小时)=21.45 元

变动制造费用：4 000 元/800 件=5 元

固定制造费用：5 000 元/800 件=6.25 元

单位产品实际成本为48.1元

要求：

(1) 计算直接材料成本差异。

(2) 计算直接人工成本差异。

(3) 计算变动制造费用差异。

(4) 采用两差异法，计算固定制造费用差异。

(5) 采用三差异法，计算固定制造费用差异。

2. 某企业采用标准成本法计算产品成本，原材料在生产开始时一次投入，在产品直接材料成本约当产成品的系数为1(约当系数是指未完工产品折合成产成品的系数，用来定量反映未完工产品的耗费)，除直接材料外的其他费用陆续产生，其在产品约当产成品的系数为 0.5。有关资料如下。

(1) 甲产品标准成本如下：

成本项目	标准单价(标准分配率)	标准用量	标准成本
直接材料	0.6 元/千克	100 千克/件	60 元/件
直接人工	4 元/小时	5 小时/件	20 元/件
变动制造费用	2 元/小时	5 小时/件	10 元/件
变动成本合计			90 元/件
固定制造费用	1 元/小时	4.5 小时/件	4.5 元/件
单位产品标准成本			94.5 元/件

(2) 本月生产销售情况如下：

项目	数量
月初在产品数量	30 件
本月投产数量	125 件
本月完工产品入库数量	120 件
本月完工产品销售数量	20 件
月末在产品数量	35 件

有关成本计算的业务数据如下：月初结存原材料 5 000 千克，其标准成本 3 000 元，本月购入原材料 15 000 千克，实际成本 9 300 元；本月生产耗用原材料 11 250 千克。本月实际耗用工时 520 小时，每小时平均工资率 3.8 元。制造费用实际发生额 1 600 元(其中变动制造费用 1 092 元，固定制造费用 508 元)。

要求：

(1) 根据上述资料计算各项成本差异。

(2) 计算期末存货成本。

3. 某企业使用标准成本法，某一产品的正常生产能量为 1 000 单位，有关资料如下。

(1) 标准成本如下：

项目	标准单价	金额
直接材料	0.2 吨×100 元/吨	20 元
直接人工	5 小时×4 元/小时	20 元
变动制造费用	4 000 元/1 000 件	4 元
固定制造费用	6 000 元/1 000 件	6 元
标准单位成本		46 元

(2) 本月份生产 800 单位产品，实际单位成本如下：

项目	标准单价	金额
直接材料	0.22 吨×90 元/吨	19.80 元
直接人工	5.5 小时×3.9 元/小时	21.45 元
变动制造费用	4 000 元/800 件	5 元
固定制造费用	6 000 元/800 件	7.5 元

要求：对该产品进行成本差异分析(固定制造费用使用二因素法)。

4. 某服装企业本月实际产量 500 件，发生固定制造成本 1 500 元，实际工时为 900 小时；企业生产能力为 600 件，即 1 200 小时，每件产品固定制造费用标准成本为 3.2 元/件，每件产品标准工时为 1.6 小时/件。

要求：

(1) 按照两差异法计算固定制造费用的各项差异并验算。

(2) 按照三差异分析法计算固定制造费用的各项差异并验算。

5. 某企业采用标准成本计算制度计算产品成本。直接材料单位产品标准成本为 105 元，其中用量标准为 2.5 千克/件，价格标准为 42 元/千克。本月购入 A 材料 4 000 千克，实际价格每千克 45 元，共计 180 000 元。本月投产甲产品 1 400 件，领用 A 材料 3 640 千克。

要求：

(1) 计算购入材料的价格差异，并编制有关会计分录。

(2) 计算领用材料的数量差异，并编制有关会计分录。

(3) 采用"结转本期损益法"，月末结转材料价格差异和数量差异。

6. 东方公司运用标准成本系统计算产品成本，并采用结转本期损益法处理成本差异，有关资料如下。

(1) 标准成本为：

直接材料	6 千克×2 元/千克	=12 元
直接人工	5 小时×3 元/小时	=15 元
变动制造费用	4 小时×2 元/小时	=8 元
固定制造费用	3 小时×1 元/小时	=3 元

(2) 本期耗用直接人工 2 300 小时，支付工资 7 360 元，支付变动制造费用 5 100 元，支付固定制造费用 2 000 元；生产能量为 2 100 小时。

(3) 其他情况如下。

原材料：期初库存原材料 50 千克，本期购入 2 100 千克，单价 2.1 元/千克，耗用 2 100 千克，在生产开始时一次性投入。

在产品：期初在产品存货 50 件，完工程度 50%，期末在产品 70 件，完工程度 30%，本月投产 600 件，完工入库 576 件。

产成品：期初产成品存货 40 件，期末产成品存货 60 件。

(4) 成本计算账户设置："原材料""产成品""生产成本"等存货账户，均按标准成本计价。

(5) 成本差异账户设置 9 个："材料价格差异""材料数量差异""直接人工工资率差异""直接人工效率差异""变动制造费用效率差异""变动制造费用耗费差异""固定制造费用闲置能量差异""固定制造费用耗费差异""固定制造效率差异"。

要求：

(1) 计算单位产品标准成本。

(2) 计算产品标准成本差异(直接材料价格差异按采购量计算)。

(3) 计算本月"生产成本"账户的借方发生额合计数，并且写出相应的会计分录(可以合并编写)。

(4) 编写采用结转本期损益法处理成本差异的分录(将差异转入"主营业务成本"账户)。

(5) 计算并结转本月的主营业务成本。

(6) 计算企业期末存货成本。

五、案例分析题

案例一

精益机械制造公司为了能够有效地执行标准管理成本模式，并进一步提高管理水平，公司高层考虑通过信息化手段来解决管理问题，全面实施 ERP 系统。

精益机械制造公司信息技术部经理认为："要实现标准成本管理自动化，应先实现财务、采购、生产、库存的信息化，因为这些数据的来源是执行标准成本管理的前提。因此，每个相关部门的管理都必须非常规范。"

在经过反复考察之后，公司选择了用友软件作为合作伙伴，希望通过实施用友管理系统建立一套集生产、物料管理、财务、人力资源为一体的管理信息系统，更好地执行标准管理模式，提升企业竞争力。

项目于 2008 年 11 月启动。由于精益机械制造公司的管理很多都是按照公司总部的要求来做的，公司整体的管理比较规范，所以 ERP 的实施非常顺利。但是，项目在运行中还是遇到很多麻烦，信息技术部经理表示，由于成本标准和实际成本的计算关系到每个部门的业务数据和工艺路线，所以信息技术部要从其他部门得到相应的业务数据和生产工艺。精益机械制造管理层对此项目非常支持，给信息技术部提供了重要的基础数据和工艺路线。

系统开发完成后，在实施过程中难免会出现一些难以预料的问题，总是在一个问题解决后，新的问题又出现了。尽管实施过程比较痛苦，但是对整个精益机械制造公司的人来说也是非常值得的。首先，系统的应用使得数据的收集、计算变得非常方便，能够帮助公司自动、高效、准确地计算出各种成本对象的标准成本和成本差异。其次，标准成本管理软件与 ERP 中所有相关模块进行了整合，从而与物料清单、工艺路线、生产订单、车间、采购、库存、薪资、固定资产等企业价值链各个环节的资源、数据自动协同，全面实现了各种标准成本和成本差异的自动、高效、准确计算。

问题：

1. 你认为标准成本制度在企业能够实施的关键是什么？
2. 如果你是企业的领导者，将如何在企业推行标准成本制度？

案例二

宝钢集团于 1995 年着手推进标准成本制度，1996 年正式采用标准成本制度，包括标准成本的核算体系及管理体系。通过 5 年的推进，宝钢在成本管理上取得了飞速的发展，丰富了管理会计中有关标准成本的内涵。宝钢的标准成本制度依据各生产流程的操作规范，利用健全的生产、工程、技术测定(包括时间及动作研究、统计分析、工程实验等方法)，对各成本中心及产品制定了合适的数量化标准，再将该数量化标准金额化，作为成本绩效衡量与标准产品成本计算的基础。通过标准成本的整合、电算化，责任层层落实，组织起高效的成本网络，细化成本核算，量化故障成本等多种手段和方法，在降低成本方面取得了显著的成绩，连续几年取得的效益均为全国冶金行业首位。

具体来看，宝钢的措施主要有以下几个方面：第一，制定成本中心；第二，针对明细产品(产品大类+材质+规格)制定成本标准；第三，按消耗差异和价格差异揭示及分析成本差异；第四，认真进行成本核算。

问题：
1. 标准成本制度的具体内容是什么？
2. 实践中标准成本制度的应用价值大吗？哪些企业更适合应用标准成本制度？

第九章 责任会计

一、单项选择题

1. 下列各项中,属于责任会计主体的项目是( )。
   A. 责任中心　　　　　　　　B. 产品成本
   C. 生产部门　　　　　　　　D. 管理部门

2. 下列各项中,应作为成本中心控制和考核内容的是( )。
   A. 责任成本　　　　　　　　B. 产品成本
   C. 直接成本　　　　　　　　D. 目标成本

3. 在下列项目中,不属于利润中心负责范围的是( )。
   A. 成本　　　　　　　　　　B. 收入
   C. 利润　　　　　　　　　　D. 投资效果

4. 对于任何一个成本中心来说,应该与其责任成本相等的项目是( )。
   A. 产品成本　　　　　　　　B. 固定成本之和
   C. 可控成本之和　　　　　　D. 不可控成本之和

5. 投资中心的利润与其投资额的比率称为( )。
   A. 投资利润率　　　　　　　B. 税前利润
   C. 内部报酬率　　　　　　　D. 剩余收益

6. 某轮胎厂是某汽车公司的一个投资中心,该厂预计2017年投资600万元,预计净收益增加120万元,如果该公司的平均报酬率为20%,则该厂这项投资的剩余收益为( )。
   A. 150万元　　　　　　　　B. 105万元
   C. 45万元　　　　　　　　 D. 0

7. 某投资中心第一年经营资产平均余额100 000元,经营利润20 000元,第二年该中心新增投资20 000元,预计经营利润3 000元,接受新投资后,该部门的投资利润率为( )。
   A. 15.5%　　　　　　　　　B. 20%
   C. 17.5%　　　　　　　　　D. 19%

二、多项选择题

1. 下列各项中,属于责任中心的有( )。
   A. 成本中心　　　　　　　　B. 包装中心
   C. 销售中心　　　　　　　　D. 利润中心
   E. 投资中心

2. 在下列各项指标中,属于考核投资中心投资效果的有( )。
   A. 责任成本　　　　　　　　B. 营业收入
   C. 边际贡献　　　　　　　　D. 投资利润率
   E. 剩余收益

3. 下列项目中，属于责任中心考核指标的有（　　）。
   A. 产品成本　　　　　　　　B. 可控成本
   C. 利润　　　　　　　　　　D. 剩余收益
   E. 投资利润率

三、判断题

1. 作为第一层次业绩考评主体的企业所有者，是依据产权关系为基础的委托—代理关系对企业最高管理层进行业绩考评。这一层是管理会计确定内部责任单位、进行业绩考评的重点。（　　）

2. 企业越是下放经营管理权，越要加强内部控制。所以很多大型企业将各级、各部门按其权力和责任的大小划分各种责任中心，实行分权管理。（　　）

3. 利润中心获得的利润中有该利润中心不可控因素的影响时，可以不进行调整。（　　）

4. 企业内部转移价格无论怎样变动，企业的利润总额不变，变动的只是企业内部各责任中心的收入或利润的分配份额。（　　）

5. 以剩余收益指标评价投资中心的业绩时，可以使业绩考评与企业的目标协调一致，但该指标不利于不同部门之间的比较。（　　）

6. 对一个企业来说，变动成本和直接成本大多是可控成本，而固定成本和间接成本大多是不可控成本。（　　）

四、计算题

1. 公司某利润中心的有关数据资料如下：
   部门销售收入　　　　　　　　　　　　80 000 元
   部门销售产品变动成本和变动性销售费用　30 000 元
   部门可控固定成本　　　　　　　　　　5 000 元
   部门不可控固定成本　　　　　　　　　6 000 元
   要求：计算该责任中心的各级利润考核指标。

2. 某投资中心投资额为 100 000 元，年净利润为 20 000 元，公司为该投资中心规定的最低投资报酬率为 15%。
   要求：请计算该投资中心的投资报酬率和剩余收益。

五、案例分析题

案例一

经过多年的辛勤努力，李总经理一手将原来的小厂发展成现在拥有五个分公司的大企业。他习惯了以前的那种小厂管理方式——大事、小事，事事亲自过问，公司上上下下的所有事都由他来决定。这样，尽管李总经理每天忙得不可开交，但是公司经营还是一团糟；许多问题不能及时处理，分公司失去了不少客户和市场；由于整天急于应付大量繁杂的日常事务，他也没有精力去考虑企业的长远发展和战略规划，使得企业在同行业中的竞争地位日益下降。

问题：
李总的困境应如何摆脱呢？

案例二

罗斯公司是一家游艇专卖店，共包含以下四个部门，每个部门是一个利润中心并由一位经理负责。

销售部门：担任四个主要生产商的代理，销售各款新的包括从小型号到大型号的游艇。

租赁部门：按日租、周租或月租出租游艇给个人及企事业单位。该部门所出租游艇的型号与销售部门的一样。

二手部门：销售二手游艇，其货源是销售部门从以旧换新交易中回收的游艇，或租赁部门转来已使用多年的游艇。从销售部门取得的游艇的转让价格定为以旧换新交易中所指定的价值，从租赁部门取得的游艇则为该资产按直线法及6年起计算折旧后的净值。

维修部门：负责的工作包括维修客户的游艇；销售部门及二手部门的售后服务和保养工作；维修租赁部门出租的游艇；维修二手部门准备出售的游艇。维修部门按小时统一收费，所收取的费用除支付成本外，还为维修部门赚取一定的利润。

公司每月为各部门的经理进行一次绩效评估，主要评估每一个利润中心的销售利润，而每年的奖金大部分也取决于这些评估。销售及二手部门的薪金按月薪加销售佣金计算。平均来说，薪金及佣金各占一半。

问题：
1. 评述公司在现行的管理机制下可能存在的有关内部转让价格的问题。
2. 提出一些可减少这些问题而应采用的转让价格原则。

第十章　作业成本法

一、单项选择题

1. 作业成本法的计算是以( )为中心。
   A. 产品　　　　　　　　　　B. 作业
   C. 资源　　　　　　　　　　D. 责任中心

2. ( )是作业成本的核心内容。
   A. 作业　　　　　　　　　　B. 产品
   C. 资源　　　　　　　　　　D. 成本动因

3. 传统作业成本计算法的计算对象是( )。
   A. 资源　　　　　　　　　　B. 费用
   C. 最终产品　　　　　　　　D. 作业中心

4. 使用作业成本法计算技术含量高、生产量小的产品，其单位成本与使用传统成本法计算相比，一般会( )。
   A. 更高　　　　　　　　　　B. 更低
   C. 两者一样　　　　　　　　D. 无法判断

5. 下列属于增值作业的是( )。
   A. 原材料存储作业　　　　　B. 原材料等待作业
   C. 包装作业　　　　　　　　D. 质量检查作业

6. 作业成本计算法把企业看成最终满足顾客需要而设计的一系列( )的集合。
   A. 契约　　　　　　　　　　B. 作业
   C. 产品　　　　　　　　　　D. 成本

7. 在现代制造业中，( )的比重极大地增加，改变了产品成本结构和成本核算方式。
   A. 材料成本　　　　　　　　B. 人工成本
   C. 期间费用　　　　　　　　D. 间接费用

8. 作业消耗的一定是( )。
   A. 成本　　　　　　　　　　B. 时间
   C. 资源　　　　　　　　　　D. 货币

9. 下列( )属于产品数量动因作业。
   A. 原材料搬运作业　　　　　B. 订单作业
   C. 包装作业　　　　　　　　D. 产品设计作业

10. 下列( )属于工时动因作业。
    A. 原材料搬运作业　　　　　B. 产品设计作业
    C. 厂部作业　　　　　　　　D. 缝纫作业

11. 采购作业的作业动因是( )。
    A. 采购次数　　　　　　　　　B. 采购数量
    C. 采购金额　　　　　　　　　D. 采购人员
12. 产品设计作业的作业动因是( )。
    A. 产品设计种数　　　　　　　B. 设计人员人数
    C. 设计工作时数　　　　　　　D. 设计成本
13. ( )是将作业成本分配到产品或劳务中去的标准，也是将作业耗费与最终产出相沟通的中介。
    A. 资源动因　　　　　　　　　B. 作业动因
    C. 成本动因　　　　　　　　　D. 价值动因
14. ( )的多少决定着作业的耗用量。
    A. 作业量　　　　　　　　　　B. 产出量
    C. 机器工时量　　　　　　　　D. 人工工时量
15. ( )是为多种产品生产提供服务的作业。
    A. 不增值作业　　　　　　　　B. 产品作业
    C. 过程作业　　　　　　　　　D. 共同消耗作业

二、多项选择题

1. 作业按照受益范围，可以分为( )。
    A. 单位水平作业　　　　　　　B. 批量水平作业
    C. 产品水平作业　　　　　　　D. 能力水平作业
2. 与作业成本法相比，关于传统作业成本计算方法下列说法正确的是( )。
    A. 传统成本法低估了产量大而技术复杂程度低的产品成本
    B. 传统成本法高估了产量大而技术复杂程度低的产品成本
    C. 传统成本法低估了产量小而技术复杂程度高的产品成本
    D. 传统成本法高估了产量小而技术复杂程度高的产品成本
3. 成本动因选择主要考虑的因素有( )。
    A. 成本计量　　　B. 成本动因与所耗资源成本的相关程度
    C. 成本库　　　　D. 成本中心
4. 关于作业成本法，说法正确的是( )。
    A. 有利于提高成本信息质量，完全克服传统成本分配主观因素的影响
    B. 有利于分析成本升降的原因
    C. 有利于完善成本责任管理
    D. 有利于成本的预测和决策
5. 作业成本法产生的驱动因素包括( )。
    A. 企业成本中间接费用比例的逐渐上升　　B. 产品的多样性日益增加
    C. 计算机、条形码识别技术的发展　　　　D. 生产自动化水平的逐步提升

6. 下列关于作业成本法，说法正确的是(　　)。
   A. 非制造成本将与作业成本一样被分配到产品上
   B. 某些制造成本有可能被排除在产品成本之外
   C. 作业成本法的成本分配依据不同于传统成本会计制度
   D. 间接费用的分配率或作业费率，应以作业的生产能力水平为依据
7. 下列各项属于批量水平作业的是(　　)。
   A. 定购原材料   B. 机器安装调试
   C. 产品设计制图   D. 产品包装作业
8. 作业成本法下的资源包括(　　)。
   A. 货币资源   B. 信息资源
   C. 人力资源   D. 动力资源
9. 以下(　　)属于工时动因作业。
   A. 机加工作业   B. 订单作业
   C. 缝纫作业   D. 平整作业
10. 在作业成本法下，成本计算的对象是多层次的，大体上可以分为(　　)。
    A. 资源   B. 作业
    C. 产品   D. 作业中心

三、判断题

1. 作业成本法下的产品成本是完全成本。　　　　　　　　　　　　　　　　　(　)
2. 作业成本法也符合公认会计准则的要求，可以在企业中广泛推广。　　　　(　)
3. 对产品的包装作业属于批别动因作业。　　　　　　　　　　　　　　　　(　)
4. 生产废品的作业是一项不增值作业。　　　　　　　　　　　　　　　　　(　)
5. 资源消耗量的高低与最终的产出量有直接关系。　　　　　　　　　　　　(　)
6. 对每一批产品进行检验的作业属于价值管理作业。　　　　　　　　　　　(　)
7. 资源即使被消耗，也不一定都是对形成最终产出有意义的消耗。　　　　　(　)
8. 在作业成本法下，制造成本和非制造成本都被分配到产品上。　　　　　　(　)
9. 各成本库作业费率的计算方法是分配到成本库的成本总额除以该成本库的作业量。(　)
10. 作业成本法具有实施成本低、决策相关性高等优势。　　　　　　　　　　(　)

四. 计算题

某企业生产多种型号的天文望远镜，其间接费用的分配方式如下：

作业名称	作业动因	分配率
材料管理	配件数量	8元/个
加工	机器小时数	70元/小时
装配	装配线小时数	50元/小时
检验	检验小时数	20元/小时

某型号天文望远镜 AF-2000 每台消耗直接材料 300 元，由 20 个部件组成，加工消耗 3 个机器小时，装配消耗 1 个装配线小时，检验消耗 0.5 个检验小时。

要求：计算 AF-2000 的单位成本。

五、案例分析题

某美术学院毕业生孟海洋创立了一家网络艺术品销售公司，在网上销售油画作品，并提供装裱服务，目前年销售额已经达到了 1 500 万元。该公司雇佣并组织了大批在校学生担任公司的兼职油画师，并在公司的网站上向客户展示可以提供的油画作品。在顾客选定某个编号的油画作品以后，公司将安排某一油画师在规定的时间内，绘制该油画作品，在公司装裱后，将该油画作品快递给客户。

孟海洋一直苦于无法掌握一副油画作品合适的成本信息，而在产品定价、部门考核、薪酬支付等方面缺少足够的数据支撑，公司的兼职油画师们一直在向他抱怨支付的薪酬太低，无法与他们在油画作品上的辛劳付出相匹配。公司的财务部门负责人陈贤向孟海洋推荐作业成本法，他认为如果公司实施作业成本法，将有利于更科学地进行成本分析和管理决策。

问题：

1. 如果公司实施作业成本法，那么资源有哪些？
2. 如果公司实施作业成本法，公司所执行的作业可以包括哪些？
3. 以油画绘制为作业，那么其作业动因是什么？以争取客户和维持客户为作业，其作业动因又是什么？